Lothar Lorenz

ANGEHEUERT

Lothar Lorenz

ANGEHEUERT

An Bord der letzten Windjammer

PIETSCH VERLAG STUTTGART

Schutzumschlaggestaltung: Johann Walentek unter Verwendung
zweier Dias von Lothar Lorenz.

Bildnachweis:
Segelriß: »Sea Cloud« zur Verfügung gestellt von
Windjammer Segeltouristik GmbH, Hamburg

Fotos von Petra Deimer (S. 116),
Erwin Ehlers (S. 186),
Janusz Uklejewski (S. 12 oben, 17, 22, 38, 56);
alle übrigen Fotos von Lothar Lorenz

Meiner lieben Frau gewidmet, die für all' mein Tun viel, sehr viel Verständnis aufbrachte, und für meinen Sohn gedacht, dem eines Tages bestimmt auch Seebeine gewachsen sind.

ISBN 3-613-50167-8

1. Auflage 1992

Ein Unternehmen der Paul Pietsch Verlage GmbH & Co.

Typografie und Layout: Heinz Holzgräbe.
Satz: Alber Fotosatz GmbH, 7127 Pleidelsheim, Tel.: 07144/208662
Druck: Stuttgarter Druckerei GmbH, 7000 Stuttgart 80.
Bindung: Buchbinderei Wilhelm Nething, 7315 Weilheim.
Printed in Germany.

INHALT

Der Verlag empfindet es als eine besondere Auszeichnung für Lothar Lorenz, daß Karl Heinz Luckhardt, Oberbürgermeister der Stadt Kiel, einer Stadt, wo Segelgeschichte geschrieben wurde, diesem Prachtband seine Glückwünsche mit auf den Weg gibt.

Einen Hauch von Seefahrtsromantik verbreiten die Windjammer, wenn sie im Hafen festmachen oder unter vollen Segeln in See stechen. Wer einmal auf einem der Oldtimer mitgesegelt ist, sei es bei einem Ausflugstörn im hiesigen Segelrevier oder auf großer Fahrt, kann sich ein Bild vom »Abenteuer Seefahrt« machen.

Einen Eindruck von der Faszination und vom Abenteuer Windjammersegeln vermittelt der Kieler Fotograf und Autor Lothar Lorenz in dem vorliegenden Bildband »Angeheuert. An Bord der letzten Windjammer«. Unzählige Meilen hat der ehemalige Fahrensmann der »Christlichen Seefahrt« auf Großseglern zurückgelegt und viele Windjammertreffen und -paraden hautnah miterlebt.

Ich freue mich besonders, daß Lothar Lorenz auch Schiffe präsentiert, die in Kiel beheimatet oder in der Fördestadt vom Stapel gelaufen sind. So spiegelt dieser Bildband, der zum 750jährigen Stadtjubiläum erscheint, auch ein Stück maritimer Geschichte unserer Stadt wider. Diese Tradition lebt bis heute fort. Nach 1972, 1982 und 1987 kommen in diesem Jahr anläßlich des Stadtjubiläums erneut Segelschiffe aus aller Welt an die Förde zu einer Windjammerparade, die zugleich Auftakt der »Sail '92« ist. Auf dieses wohl einzigartige Ereignis geht Lothar Lorenz ebenfalls in diesem Buch ein, das den Liebhabern der traditionsreichen Großsegler sicherlich viel Freude bereiten und interessante Einblicke in die faszinierende Welt der Segelschiffahrt geben wird.

Karl Heinz Luckhardt
Oberbürgermeister der Landeshauptstadt Kiel
Im September 1992

Die Begegnung mit Großseglern, ... endlich wieder einmal die Füße auf Schiffsplanken setzen, die die große Welt bedeuten, das ist heute für viele Shiplover der Höhepunkt ihres Urlaubs.

Für mich war es vor über 35 Jahren das erste Mal, daß ich mit der See und der Seefahrt in Berührung kam. Können Sie sich vorstellen, daß einer so viele Jahre immer nur einem Ziel nachläuft – dem *Abenteuer Windjammersegeln?* Warum, wollen Sie wissen? Weil einfach alles super ist: die grenzenlose Freiheit auf den Meeren, die klare Luft, das herrliche Wasser und die traumhaften Ankergründe.

Auch für Joseph Conrad war die unendliche Weite des Meeres nicht nur ein literarischer Stoff. Die See war für ihn Leben und Vermächtnis! Seine Worte »Die See gibt, was immer du suchst«, geben uns und dem maritimen Bewußtsein einen besonders tiefen Sinn. »Die See ist unsere Brücke«, das ist der tragende Leitgedanke der Sail Training Association, STAG. Jeder, der die Einsamkeit sucht und einer gewissen Herausforderung nicht aus dem Wege geht, sollte seinen Seesack packen und *anheuern - an Bord der letzten Windjammer!*

Es ist kein elitäres Extremabenteuer, voller Gefahren oder fern aller Romantik. Im Gegenteil, für den Windjammerfreak kann das Erlebnis auf einem Großsegler schon morgen beginnen – gleichwohl im Hafen anläßlich einer Windjammerparade oder auf einem der Schiffe. Eine große Zahl Veranstalteradressen zu Windjammertörns finden Sie im Anhang. Die »Faszination Windjammer« kennt keine Grenzen.

So wie ich mich »hochgearbeitet« habe – angefangen mit der Begegnung mit Küstenseglern und Traditionsschiffen, bis hin zu den legendären Bluewater-Schiffen, so hat es ein jeder in der Hand, das merkwürdige, unbeschreibliche Gefühl beim Windjammersegeln selbst zu erleben. Es ist wie eine Droge, fürs Auge und für die Seele, und Drogen machen süchtig! Wann heuern Sie an – an Bord der letzten Windjammer?

KAPITEL 1

HABEN WINDJAMMER EINE ZUKUNFT?

Eine Betrachtung der großen Segelschiffsära

Kaiserwetter im Kaiserhafen! Neben weiteren Windjammern sind die weltgrößten Rahsegler »Sedov« und »Kruzenshtern« (vorn) in Bremerhaven zu Gast.

Windjammer, sind es nur unvergessene Zeitzeugen einer längst vergangenen Schiffahrtsepoche? In uns wird spürbar die Romantik wach, sobald wir uns mit den wohl zu Recht schönsten Schiffen befassen! Und diese Schiffe soll es nun überhaupt nicht mehr geben, sehen wir einmal von den Segelschulschiffen, die doch den Marinen der Welt vorbehalten sind, ab? Die Zeit der »stolzen Schwäne der sieben Meere« soll so einfach aus und vorbei sein – ohne Wenn und Aber? Ich denke voller Wehmut an das goldene Zeitalter der Tiefwassersegler — sie haben ausgedient? Sie sollen wirklich keine Zukunft mehr haben, wenn wir an dieser Stelle von den schwimmenden Museumsschiffen einmal absehen?

Wie hießen sie noch, – die großen Segelschiffe, die tüchtigen Kapitäne und ihre wagemutigen Mannschaften? Wer waren die furchtlosen Forscher, die mutigen tollkühnen Navigatoren, die ferne, fremde Kontinente entdeckten und Seefahrtsgeschichte geschrieben haben?

Aus historischen Quellen wissen wir heute, daß der Schiffbau und die Seefahrt vor weit über 8000 Jahren begann und mit der Entwicklungsgeschichte der Menschheit einherging. Sie läuft parallel mit der Besiedlungsgeschichte, wie der norwegische Forscher und Etnologe Thor Heyerdahl, auf den wir im folgenden Kapitel noch näher eingehen werden, es mit seinen abenteuerlichen Expeditionen »Kon Tiki«, »Rah« und »Tigris« nachgewiesen hat.

Aufschlußreiche Ausgrabungen am Nil, Euphrat und Tigris haben ergeben, daß es schon im 3. Jahrtausend v. Chr. Kielschiffe gab, die mit einem Rahsegel getakelt waren. Später spricht man davon, daß die Phönizier ausgezeichnete Seeleute waren und als die erste »Seefahrernation« in die Geschichte eingegangen sind. Aus Homers Überlieferungen wissen wir, daß die Griechen dem in nichts nachstanden. Wer erinnert sich nicht an die Irrfahrten und Abenteuer von Odysseus? Berühmte Hafenstädte wie Alexandria und Karthago tragen heute noch die Namen ihrer Erbauer und Eroberer.

Drehen wir das Rad der Zeitgeschichte weiter, so kommen wir zur großen Pax Romana. Der unermeßliche Reichtum und Wohlstand des Römischen Weltreiches wurde durch seine weitreichenden Handelbeziehungen aufgebaut. Diese Aktivitäten reichten im Osten bis China, im Westen bis zum Rhein und dem Atlantik und weiter von der Nordsee bis ans Schwarze Meer. Doch wie gewonnen, so zerronnen! Erste Seemächte entstanden, erste Seeschlachten wurden ausgetragen und entschieden über Sieg oder Niederlage einer ganzen Nation.

Es war überhaupt eine Zeit des Handels, des Wandels und der Kriege. Bis ca. zur Mitte des 5. Jahrhunderts n. Chr. ging der eigentliche Forschungs- und Entdeckungsdrang vom Mittelmeer aus. Danach traten mehr und mehr die Nordländer, die Barbaren, sprich: die Wikinger in den seefahrtsgeschichtlichen Vordergrund.

Gut erhaltene archäologische Funde lassen sogar den Schluß zu, daß schon in Urzeiten, also im 9. und 10. Jahrhundert die Nordmänner mit ihren hochseetüchtigen Wikingerschiffen die Nordmeere befuhren und tief in den Ostseeraum vordrangen. Es waren offene Schiffe, mit einem großen beweglichen Rahsegel und 15 zusätzlichen Riemen an jeder Seite des nur 1,5 Meter hohen Freibords, das bei festlichen Anlässen durch knapp 1 Meter große Schutzschilde verziert wurde. Aus dieser Zeit, um 800, stammt das guterhaltene 21 Meter lange Oeseberg-Schiff. Man hatte das Schiff, eine Karv aus Eichenplanken, 1903 in einem Grabhügel ganz in der Nähe des Oslo-Fjord entdeckt. Heute steht das restaurierte Wikingerschiff im Schiffahrtsmuseum von Oslo.

Der bekannteste Wikinger war zweifelsohne Erik der Rote. Er entdeckte um 985 Grönland und siedelte sich dort mit seiner Familie an. Seinen Söhnen Leif und Thorwald wird 1003 die Entdeckung »Vinland's«, das heutige Neufundland, also Amerikas nachgesagt.

Ohne näher auf die Zeit der Kreuzzüge eingehen zu wollen – es folgte das Zeitalter der Stadtstaaten, die wie Neapel, Genua und Venedig zunehmend an Einfluß gewannen. Der Vordere Orient versprach bisher ungeahnte Geschäfte. Vom 11. bis weit ins 16. Jahrhundert war die Republik Venedig die mächtigste Handelsmetropole Europas.

Im Norden hatte sich die Hanse als eine freie Handelsvereinigung gebildet. Ihr gehörten zeitweilig bis zu 200 Handelshäuser und Ratsherren einzelner Städte an. Die Macht der Hanse beruhte auf verschiedenen Handelsmonopolen und Vorrechten in nordischen Gewässern. Zur Zeit ihrer größten Blüte, Ende des 15. Jahrhunderts, zählte die Hanseflotte weit über 1000 Einheiten.

Ein Bild wie aus vergangener Zeit. Die Karavelle »Ayacanora« liegt vor geschichtsträchtiger Kulisse vor Anker und erinnert an die große Zeit der Entdecker.

Heißt es da nicht folgerichtig in einem bekannten Volkslied: »...schwer mit den Schätzen des Orients beladen...«, so bestand die Fracht der Hansekoggen vornehmlich aus kostbaren Gewürzen, edlen Teppichen, Gobelins und Tuchen wie Samt und Seide. Im Tauschgeschäft hatte man im zaristischen Rußland mit Fellen und Pelzen gehandelt, ganze Schiffsladungen Salz und Honig transportiert. In Norwegen gab es Klippfisch zum Eintauschen; Schweden verfügte über große Kupfererzvorkommen, und von Danzig und direkt von der Samlandküste bezog man das »Gold des Nordens«, Bernstein, das wiederum zu Rosenkränzen für die Christen und als Gebetsketten für die islamische Welt weiterverarbeitet wurde. Der Schiffahrtsverkehr wurde immer umfangreicher, die Schiffe immer größer, und ihre Reisen dauerten immer länger.

Eingangs der Hansezeit hatten die einmastigen Koggen eine Tragfähigkeit von 50 Tonnen. Dies änderte sich bis zum 15. und 16. Jahrhundert zunehmend. Die dickbauchigen Karavellen besaßen drei Masten und verfügten über beachtliche 400 Tonnen Tragfähigkeit. Nautische Hilfsmittel wurden neben dem schon bekannten Stundenglas und Tiefenlot erfunden. Zeitgleich mit der Erfindung des Astrolabiums, dem Quadranten und Urkompasses verlief die rasante Entwicklung in der Kartographie – sie revolutionierte die Seefahrt über die großen Meere schlechthin. In der stürmischen Ära der Entdeckungsreisen schickte schließlich jede Seefahrernation

Expeditionen mit unbekanntem Ziel auf das Meer. Der spätere Reichtum der Welthandelsnationen, Portugal, Spanien, der Niederlande und England, einschließlich der Macht der Kirche, beruhte nicht zuletzt auf ihren maritimen Aktivitäten. Die erste Navigationsschule in Sagres, Portugal, wurde auf Geheiß des Prinzen Heinrich (1394 – 1460), der später als »Heinrich der Seefahrer« in die Geschichte einging, errichtet. Seefahrer wie Bartholomeo Diaz und Vasco da Gama machten von sich reden. Diaz erreichte 1487 den Südzipfel Afrikas, und Vasco da Gama, 1498, gilt als Entdecker Vorderindiens

Die Entdeckung Amerikas, wie wir heute wissen, blieb der spanischen Krone vorbehalten. Der Genuese Christoph Kolumbus sticht im August 1492 mit drei Schiffen in See und erreicht noch im gleichen Jahr, am 12. Oktober die Neue Welt. Er glaubte den Seeweg nach Indien gefunden zu haben. Wir aber wissen, daß es Amerika war! Nach vier Entdeckungsfahrten stirbt er fernab der Meeresküste am 20. Mai 1506 im kastilischen Valladolid. Den nächsten großen Meilenstein in der Entdeckungsgeschichte der Seefahrt setzte der portugiesische Edelmann Fernando Magellan. Er findet 1520 den Weg zum Stillen Ozean und ist somit der erste Weltumsegler!

Unter Königin Elisabeth I. kam es endlich zu Aufbau und Ruhm für die englische Flotte. Damit verbunden sind die unvergessenen Taten des berüchtigten Sir Francis Drake und die Kolonisierung Nordamerikas. Das berühmteste Auswandererschiff, die »Mayflower« erreichte mit 120 »Pilgervätern« im Jahr 1620 die Küste vom heutigen Massachusetts. Es begann ein maritimer Wettlauf – jede europäische Nation hatte wirtschaftliche Interessen am Überseehandel! Chronisten wissen in diesem Zusammenhang aber auch vom traurigsten Kapitel der Menschheit und der Seefahrt zu berichten – dem Sklavenhandel. Engländer, Franzosen, Holländer, Dänen und nicht zuletzt Portugiesen, wirklich alle beteiligten sich an diesem äußerst fragwürdigen Dreiecksgeschäft. Mit Geräten und Werkzeugen aus Eisen und Stahl segelten die »Seelenverkäufer« schon im 17. Jahrhundert an die Westküste Afrikas. Man tauschte mit örtlichen Sklavenhändlern die »Schwarze Fracht« für die riesigen Baumwollfelder der reichen Südstaatler ein. Dabei nutzte man den Nordost-Passat zum Sprung über den großen Teich.

Als »Methusalem« der Windjammer segelte die »Star of India« schon Mitte des vorigen Jahrhunderts auf der Ostindien-Route. Heute liegt die Bark in San Diego als Museumsschiff fest vertäut.

Die Cutty Sark-Trophäe.

Mit den »billigen Arbeitskräften« machte man das Geschäft, um dann für den Rückweg von den Tabakpflanzern und Zuckerrohrplantagenbesitzern entsprechende Fracht an Bord zu nehmen.

Doch kommen wir zurück zu den Küsten Europas, zur Marine Frankreichs, die bisher noch nicht groß in Erscheinung getreten war. Vom Sonnenkönig Ludwig XIV. und seinem Finanzminister Jean-Baptiste Colbert kamen 1637 erste entscheidende Impulse. Im 17. und 18. Jahrhundert waren es Werften Frankreichs, die die besten Schiffe bauten – es waren Kriegsschiffe!

Wen wundert es, daß die beiden bekanntesten Seefahrer dieser Zeit aus England und Frankreich stammen. Der französische Graf und Kapitän Louis de Bougainville (1729-1811) hatte die Südseeinsel Tahiti entdeckt. Der Engländer James Cook landete 1769/70 in Neuseeland und an der Ostküste Australiens. Seine zweite Entdeckungsfahrt, die ihn abermals in den Südpazifik, bis an den Rand der Arktis führte, brachte ihm große Anerkennung ein. Mit dieser Reise revolutionierte der englische Forscher die bisherigen Vorstellungen vom Pazifik.

Als einstiger Frachtensegler »San Antonio« und späterer Kreuzfahrtsegler »Ariadne« zeigt der Dreimastschoner heute als Schulsegler die Stadtflagge von Elsfleth, Seemannsschule, im Gösch.

Maritime Impressionen auf der Kieler Förde und auf dem Klüverbaum der »Grönland«

Und noch ein weiteres abenteuerliches Schicksal sollte mit seinem Namen verknüpft sein: Die Meuterei auf der »Bounty«! Es handelt sich hier also nicht um das Phantasiegebilde eines Romanschreibers. Die spannende Geschichte hat das Leben selbst geschrieben. Sie ereignete sich tatsächlich am 28. April 1788 in der Nähe der Insel Tofoa. Die Verschwörung des Steuermanns Fletcher gegen seinen Kapitän und dessen Aussetzung in einer kleinen Pinasse ist in die große Weltliteratur eingegangen und dient mittlerweile als abenteuerliche Hintergrundstory vieler berühmter Filmwerke.

An dieser Stelle ein vollständiges Spiegelbild der über 8000jährigen Geschichte der Segelschiffe aufzeigen zu wollen, hieße wirklich Unmögliches zu vollbringen. Es würde den vorgegebenen Rahmen sprengen. Ausgehend von der Fragestellung, ob denn die Windjammern überhaupt noch eine Zukunft haben, stellen wir fest, daß die Seefahrt eine Welt voller Gegensätze war und wohl auch bleiben wird! So auch der damit verbundene Kampf mit den Naturgewalten, auf den wir später noch in folgenden Kapiteln eingehen werden. Einen weiteren unrühmlichen Abschnitt in der Segelschiffahrt dürfen wir aber bei allen Sachzwängen nicht übergehen: den Walfang!

Sehen wir einmal von den Anfängen des Walfangs ab, den es ja nachweislich seit Menschengedenken gibt, so besagen zuverlässige Quellen, daß Holländer schon 1596 den gewinnbringenden Reichtum am Walfang vor Spitzbergen entdeckten. Gut ein Vierteljahrhundert später war die Walfängerei bereits industrialisiert. 1622 sahen Holländer, Engländer, Franzosen, Dänen und selbstverständlich auch die Deutschen bei Grönland ihre besten Fanggründe. Eine Statistik aus dem Jahre 1669 besagt, daß allein in den Häfen Bremen, Hamburg und Lübeck 46 Walfangschiffe beheimatet waren – neben 138 holländischen Schiffen eine stattliche Anzahl! Und noch eine Gegenüberstellung soll die enorme Zunahme der Fangaktivitäten verdeutlichen: Für 1669 hat Wanda Oesau, Hamburgs hervorragende Walexpertin, 37 Fangausfahrten ermittelt. Sechs Jahre darauf sind es bereits 83 Fangreisen. Die Arbeit war hart und gefährlich und verlangte von den Männern einfach alles – oftmals das Leben! Allein für 1777 hat Wanda Oesau sieben Schiffe mit insgesamt 460 Mann Besatzung ermittelt, die vom Wintereinbruch überrascht wurden und im mörderischen Grönlandeis eingeschlossen waren. 320 Männer kehrten nicht heim. Ein hartes Schicksal – auch für die Daheimgebliebenen! An einer anderen Stelle wird berichtet, daß man – obwohl die Fangsaison nun wirklich kurz, also nur zwei, drei Monate andauerte, schon Mitte des 18. Jahrhunderts die Fanggebiete auf das offene Meer ausdehnen mußte, so sehr hatte man den Grönlandwal dezimiert. Der nicht minder scheußliche Robbenschlag in den späteren Jahren konnte die Fangausfälle nicht ausgleichen. Der Wal hatte von vornherein den ungleichen Kampf verloren. Für die Walfänger war es oft ein Wettlauf auf Gedeih oder Verderb. Zeitweilig lagen be-

nächste Seite:
»Großherzogin Elisabeth«, von ihren Freunden kurz »Lissi« genannt, legt sich hier bei der Rum-Regatta in der Flensburger Förde mächtig ins Zeug.

Very british! Die nahezu baugleichen STA-Sisters »Sir Winston Churchill« und »Malcolm Miller« sind kaum auseinanderzuhalten, wären da nicht solche Kleinigkeiten wie die »Nase« und die Schilder, die von einem roten Löwen gehalten werden. Das Galionsschild der »Winston Churchill« ziert das STA-Wappen, das der »Malcolm Miller« trägt das familieneigene Wappen.

reits im Jahr 1622, also gleich zu Beginn des kommerziellen Walfangs, weit mehr als 300 Schiffe vor der Südküste Spitzbergens auf Reede, um den Wal in den Kochereien zu verarbeiten. Selbst zu den Spitzenzeiten der Salpeterfahrten nach Chile kam es nicht vor, daß sich solch eine Menge Segelschiffe ansammelte. Wenn es hochkam, dann waren es 150, maximal 180 Windjammer, die auf Reede lagen. Übertragen Sie einmal die Anzahl der Schiffe auf die heutige Zeit – 300 Großsegler, in Worten: dreihundert Walfänger! Welch ein Ausmaß, ... und das vor über 300 Jahren!

Doch der absolute Boom sollte erst im 18. Jahrhundert kommen, als man den Walfang vor den Kolonien Neuenglands betrieb.

rechte Seite:
Setzt die große polnische Schiffbau-Tradition fort, die Brigg »Fryderyk Chopin«.

FRYDERYK CHOPIN
GDAŃSK

Nantucket-Island war die erste Hochburg. Tausende, Abertausende waren auf den Weltmeeren unterwegs, um dem Wal nachzustellen, ihn zu jagen, ihn zu töten! Manchmal waren Schiffe über zwei, ja drei Jahre unterwegs. Mit zunehmender Größe und Tiefgang der Walfangschiffe griff das »Walfieber« auch auf das Festland über. Kleine zuvor verträumte Ortschaften wurden quasi über Nacht zu Walfangzentren.

Providence, Sag Harbor und der uneingeschränkte Mittelpunkt New Bedford – alles drehte sich um den Wal. Die gesamte Ostküste war in dieser Zeit zumindest mittelbar am Walfanggeschäft beteiligt. Ein ungleiches Geschäft, um es an dieser Stelle nochmals auf den Punkt zu bringen. Es schreit einfach zum Himmel, seit mehr als 350 Jahren wird diesem dreckigen Geschäft nachgegangen. Selbst heute gibt es noch Nationen, die vom Walfang nicht ablassen – doch davon an anderer Stelle mehr.

Wollen wir uns nun der Neuzeit zuwenden. Ein neues Zeitalter hat Einzug gehalten – das Zeitalter der Dampfmaschinen-Schiffahrt! Nehmen wir es richtig, so müssen wir tief in die Vergangenheit zurückschauen. Denn selbst der geniale Leonardo da Vinci (1452-1519) befaßte sich mit dem Problem des mechanischen Antriebs. Doch erst mit der Erfindung des Dampfkessels und der Fortentwicklung als Dampfmaschine kam es zur entscheidenden Wende im Schiffbau und in der Schiffahrt. Man wollte frei sein, unabhängig vom Wind und von der Windrichtung. Der uralte Traum der Menschheit, sich ohne Segel über die Meere fortzubewegen, schien wahr zu werden. Und dies in einer Zeit, als auch die Windjammer ihren höchsten Stand der Entwicklung erreichten. Bis jedoch ein ökonomisch vertretbarer Antrieb geschaffen wurde, sollten abermals Jahrzehnte vergehen. Aber was sind schon 30, 40 Jahre in der langen Entwicklungsgeschichte der Seefahrt!

Beginnen wir also das neue Kapitel im Jahr 1769, als der geniale Erfinder und Urvater der Dampfmaschine James Watt in Glasgow sein Patent anmeldete. 1783 wurde das erste Dampfschiff, die »Pyroscaphe« erbaut. Das Schiff war 45 Meter lang, hatte eine Verdrängung von 182 Tonnen und wurde mit einem Schaufelradantrieb fortbewegt. Die erste Probefahrt dauerte genau 15 Minuten.

Die Zeit blieb nicht stehen, der Fortschritt auch nicht, auch wenn es hier und da Rückschläge gab, es wurde weiter experimentiert! Der bekannte Botschaftsrat Robert Livingston und der Amerikaner Robert Fulton bauten das erste wirklich wirtschaftlich erfolgreiche Dampfschiff, die »Clemont«. Das Schiff erreichte auf mehreren Testfahrten auf dem Hudson-River eine Geschwindigkeit von 4,5 Knoten. Bis 1814 versah die »Clemont« ihren Dienst in der Passagierfahrt. Durch derartige Erfolge begünstigt, bekam nun die Entwicklung einen rasanten Auftrieb. Kritiker konnten den Lauf der Geschichte nicht mehr aufhalten. War es vielleicht das Ende der Segelschiffahrt? Mitnichten! Auch in Europa und gerade in Deutschland war die Entwicklung der Schiffahrt nicht stehengeblieben. Es sei hier nur angemerkt, daß die Experimentierphase mit den dampfgetriebenen Schaufelradschiffen von den deutschen Pionieren zugunsten der Weiterentwicklung der Windjammer einfach übersprungen wurde, wenngleich der Siegeszug der Dampfschiffahrt nicht mehr aufzuhalten war, oder doch?

Es war Mitte des 19. Jahrhunderts, man spricht vom

Am Wahrzeichen in den Rahsegeln und am Plattheck, vier gekreuzte Eisenschäkel, erkennt man die polnische Barkentine.

»Heckansichten«. Hier aufwendig und repräsentativ verziert, der Achtersteven des Schulseglers aus Livorno.

Die »La Belle Poule« und »L'Étoile«, Schwesternschiffe aus Brest, sind bei jedem Windjammertreffen gern gesehene Gäste.

Lockruf der See! Der absolute Höhepunkt lag zwischen 1830 und 1880. Wahre Handelsströme hatten sich von und nach Übersee aufgebaut, und die Auswanderungsströme von Europa in die Neue Welt waren nicht minder groß. Schon 1820 betrug das Frachtaufkommen mit Auswanderungswilligen nahezu 15 Prozent. In der Hauptsache waren es schottische Handwerker, irische Kleinbauern und das Millionenheer der Land- und Lohnarbeiter, die der Armut und Hungersnot entrinnen wollten. Der ungewisse Weg in die Zukunft war ihnen immer noch lieber als das karge, harte und entbehrungsreiche Leben in der angestammten Heimat. Ihre Unterbringung an Bord war denn auch oftmals mehr als abenteuerlich und gar menschenunwürdig. Für viele Auswanderer war es oftmals die erste, aber auch die letzte Reise, so hoch war die Sterblichkeitsrate.

Haupteinwanderungsländer waren Kanada, die Vereinigten Staaten, aber auch Südamerika und Neuseeland. Australien wurde nach der Entdeckung durch Cook zur Hauptsträflingskolonie der britischen Regierung.

Und noch etwas sollte den Schiffbau und die Schifffahrt unter Segeln maßgeblich beeinflussen: In der zweiten Hälfte des vorigen Jahrhunderts setzte der Goldrausch von Kalifornien und Australien ein! 1849-1860 war die große Zeit der Yankee-Clipper. An der gesamten Ostküste der USA bestach dieser schlanke Schiffstyp mehr wegen seiner hervorragenden Segeleigenschaften als durch seine besondere Größe oder Tragfähigkeit.

Ganz in weiß – »Falken« und »Gladan«, zwei Gaffelschoner aus Karlskrona.

Wie hieß es da noch: »The golden rush to Sacramento« – diese Zeit verlangte nach außergewöhnlich schnellen Seglern! Geniale Konstrukteure wie McKay aus Boston, William Webb und John W. Griffiths aus New York schufen wahre Wunderwerke, die bis in unsere Tage unvergessen geblieben sind. Mit ihren Klippern (von »clip« = schneiden), die die See durchschnitten, wurde der bisherige Schiffbau nachhaltig revolutioniert. Auf den Docks wurden damals Segler auf Segler gebaut. Der Rumpf des Windjammers war wie eh und je aus Holz – nun aber mit einem veränderten Längen-Breitenverhältnis. Von 4:1 ging man auf 5:1 oder gar, wie bei den legendären »Cutty Sark«, auf 6,8:1. Die hervorstechendsten Klipper-Merkmale waren die schnittigen Linien, der konkav geschwungene Steven nebst hohem Bug, und die größte Breite des Schiffes legte man hinter den Schiffsmittelpunkt. Die »Windhunde der See«, wie der amerikanische Volksmund die Schnellsegler nannte, erhielten so bei einer Schwerwetterfahrt genügend Auftrieb und verloren keine Fahrt. Alles, wirklich alles war auf Schnelligkeit ausgerichtet. Die »California-Clipper« mit den leicht nach hinten geneigten Masten, die oft über 60 Meter in den Himmel ragten, die gewaltigen Segelpyramiden und eben die Fracht, die auf dem schnellstmöglichen Weg an die Westküste der USA befördert werden mußte. Überlandverbindungen, wie den Panamakanal gab es ja noch nicht.

Wir sehen, daß die US-Clipper nicht allein durch ihre Schönheit und Eleganz bestachen. Die hochgetakelten Vollschiffe schafften bisher kaum möglich gehaltene Etmale auf der Strecke New York–San Francisco. Die von dem berühmtesten Schiffbaumeister Neuenglands, Donald McKay, erbaute »Lightning« hat ein Rekordetmal von 436 Seemeilen ersegelt. Ein Rekord jagte den nächsten, eine Bestmarke die andere. Vom britischen Klipper »Champion of the Seas« weiß ein Chronist zu berichten, daß er vor dem Wind ein 465-Etmal, also eine Durchschnittsgeschwindigkeit von nahezu 20 Knoten erreichte. Der Ost-Westtörn um das berüchtigten Kap Horn dauerte gut und gern 150 Tage und mehr. Fahrten von über 200 Tagen waren keine Seltenheit. Die neue Generation der schnittigen Großsegler schaffte die Strecke in gut 100 Tagen. Ausnahmeschiffe, sie stammten allesamt von der McKay-Werft, segelten die mörderischen Meilen von den Piers des New Yorker East River nach dem verheißungsvollen »Golden Gate« in San Francisco in weniger als 100 Tagen. Die »Sea Witch« benötigte exakt nur 97 Tage, die »Surprise« schaffte es sogar in 96 Tagen. Doch des »Meisters allerliebstes Kind« war die legendäre »Flying Cloud«, die wegen ih-

rer unübertroffenen Schnelligkeit zu Weltruhm gelangte. Ihre Rekordfahrt, nach nur 89 Tagen und 21 Stunden konnte die »Fliegende Wolke« in der Frisco-Bay die Anker werfen, wurde in der noch jungen Seefahrtsgeschichte der USA als nationales Ereignis gefeiert. Die Bestmarke, von Kapitän J. P. Creesy und seine 100köpfige Besatzung später nochmals um 21 Stunden verbessert, sollte Legende werden und über 135 Jahre Bestand haben. Erst 1989 gelang es einem US-Team, mit der speziell konstruierten Yacht »Thursday Child« den Jahrhundert-Rekord mit 80 Tagen und 20 Stunden zu unterbieten.

1855-1857 gingen die profitablen Fahrten der Windjammer auf der »Goldenen Straße der California-Route« dem Ende zu, und man setzte die freigewordenen Kapazitäten in neue einträgliche Geschäfte ein. Hier ist vom lukrativen Opiumschmuggel wie vom legalen Teehandel die Rede, der bis 1915 fest in britischen Händen lag. Für die schnellen US-Clipper war es nochmals eine Sternstunde – wenngleich nur von kurzer Dauer!

Kurzum: Der Einbruch im US-Frachtenmarkt stürzte die ganze Nation in eine schwere Wirtschaftskrise, wobei auch die Schiffbaubetriebe in Mitleidenschaft gezogen wurden. Die ruhmreiche Überlegenheit der amerikanischen Schiffahrt ging mit dem einschneidenden Auftragsmangel der Werften zu Ende, wobei der Bürgerkrieg (1861-1865) der Nordstaaten mit den konföderierten Südstaaten keine durchgreifende Änderung nach sich zog.

Andere Nationen machten von sich reden, allen voran England. Dank dem industriellen Fortschritt und der neuen Komposit-Bauweise wurden die Briten jetzt wieder die führende Schiffbau-Nation in der Welt, ebenso wie in der Schiffahrt!

Wer hat nicht von den spektakulären Rennen der Ostindienfahrer gehört und von den Teeklippern, die Ende der 50er, Anfang der 60er Jahre im vorigen Jahrhundert auf der beschwerlichen Route Hinterindien – Großbritannien ausgetragen wurden? Es waren Reisen um die halbe Welt, oftmals auch um den ganzen Globus, weil man »westwards ho« den Nordost-Passat nutzte.

Von der wohl bekanntesten Teeklipper-Regatta ist überliefert, daß sie 1866 unter den fünf Windjammern »Ariel«, »Teaping«, »Serica«, »Taitsing« und »Fiery Cross« ausgetragen wurde und 99 Tage dauerte. Die Strecke Futschou – London, das sind nicht weniger als 13 400 Seemeilen, wurde mit einer wirklich minimalen Differenz von nur 12 Minuten von der »Ariel« vor der zweitplazierten »Teaping« gewonnen, was ihr die stolze Siegprämie von 9000 Pfund Sterling einbrachte. Es war

DAR MLODZIEZY
GDYNIA

Das Feuerlöschboot »Kiel« empfängt die »Gorch Fock« anläßlich der Heimkehr von ihrer ersten Weltreise mit großem Bahnhof.

ein packendes Rennen, selbst die drittplatzierte »Serica« konnte noch innerhalb derselben Tide an den East Indian Docks vor London festmachen. Und von einem weiteren »Wettlauf der Giganten der Meere« weiß die Geschichte zu berichten: Die »Thermopylae« lieferte sich 1872 mit ihrer Erzrivalin »Cutty Sark« ein erbittertes Rennen. Das längst überfällige Wettrennen der beiden Konkurrentinnen wurde zeitgleich in der Mündung des Shanghai-Flusses gestartet. Im Indischen Ozean hatte Kapitän Moodie mit seiner »Cutty Sark« schon einen gewaltigen Vorsprung von 400 Meilen ersegelt, als sein Schiff von einem folgenschweren Schicksalsschlag getroffen wurde. Ein fürchterlicher Sturm zerbrach das Rudergeschirr und die Möglichkeit auf einen Sieg über die »Thermopylae«. Hoffnungslos abgeschlagen erreichte sie eine Woche später den Hafen von London. Nach errechneter Zeit, also abzüglich der einen Woche, wo man auf offener See ein Behelfsruder fertigte, wäre die »Cutty Sark« die Gewinnerin gewesen. In späteren Wollrennen ging sie dann noch öfters als Siegerin hervor. Auch einmal gegenüber ihrer alten Rivalin gewann sie solch ein Rennen. Anschließend folgten Trampfahrten, teils unter anderen Eignern, Namen und fremder Flagge.

Der »Union Jack« sollte erst 1922 wieder an Bord der einstigen Schönheit wehen. Dem letzten Besitzer, dem passionierten Kapitän Wilfred Dowman, ist es zu verdanken, daß der legendäre Klipper nach seiner bewegten Vergangenheit auf allen Weltmeeren, heute als Museumsschiff in Greenwich in einem Trockendock der

linke Seite:
Die »Dar Mlodziezy« (Geschenk der Jugend) hat 1982 ein großes Erbe angetreten. Sie folgte im Kielwasser der »Dar Pomorza«, die heute in Gdingen als Museumsschiff auf dem Altenteil liegt.

Vollendete Illumination und imposanter Anblick! Die »Libertad« hat ihre Lichterketten über die Toppen gesetzt.

breiten Öffentlichkeit zugänglich ist. Mit großem finanziellen Aufwand restaurierte der Retter den Windjammer und setzte ihn später als Schulschiff ein. 1953, nach Dowmans Tod, rief seine Witwe eine Stiftung zum Erhalt der »Cutty Sark« ins Leben. Und schon ein Jahr darauf, im August 1954, wurde sie, unter Leitung von Prinz Philip Herzog von Edinburgh als Gründungsmitglied, ihrer Bestimmung übergeben. Seither erinnert uns die »Cutty Sark« an die große Zeit der Segelschiffahrt – die wirklich alles andere als romantisch war!

Zuschauer-Fieber! Großer Andrang herrscht an der Kieler Förde anläßlich der Windjammer-Auslaufparade.

linke Seite:
Die »Georg Stage«, das kleinste Vollschiff der Welt aus Dänemark.

Der mörderische Wettlauf, immer schneller als die Konkurrenz zu sein, nahm in der letzten Phase der glorifizierten Klipperära bisweilen groteske Formen an. »The Tweed« schaffte die Strecke London – Bombay in nur 77 Tagen, ein einsamer Rekord; genau wie der Melbourne – Liverpooltörn eines anderen Klippers in sagenhaften 63 Tagen oder von Futschou nach Gravesend gegen den Monsun in nur 91 Tagen. Gehetzt vom Wettfieber der ganzen britischen Nation, waren die schnellen Großsegler von ihren rekordsüchtigen Eignern oftmals übertakelt gewesen, nur um noch mehr Fahrt zu machen. Mancher Windjammer, so steht es in Schiffahrtsarchiven, hatte kaum eine wirtschaftlich vertretbare Fracht an Bord. Es war ein äußerst fragwürdiger Ruhm, dem da einige Besitzer mit ihren oftmals draufgängerischen Kapitänen nacheilten. Oder war es nur der verzweifelte Versuch, den unaufhaltsamen Triumphzug der Dampfschiffe mit immer neuen Rekordfahrten zu begegnen? Wie wir wissen, war alles vergebens,... der Niedergang der ruhmreichen Fullrigger war abzusehen und selbst von den sieben größten Fünfmastrahseglern der Welt, »France I«, »France II«, »Maria Rickmers«, »København«, »Potosi«, »Preussen« und »R. C. Rickmers« nicht mehr aufzuhalten. Weder Ferdinand Laeisz mit seiner großen

Galionsfiguren sind seit jeher ein Schmuckstück und Erkennungszeichen der Großsegler und stehen nicht selten im Zusammenhang mit dem Namen des jeweiligen Windjammers.
Bugzier der »Gorch Fock« ist ein stilisierter Albatros.

Flying-P-Liner-Flotte (19 Einheiten) noch der letzte große Windjammer-Besitzer, Gustav Erikson aus Finnland mit seinen diversen Ankäufen, konnten den Lauf der Zeit zurückdrehen!

Wir schreiben das Jahr 1869: In den Vereinigten Staaten war eine erste Eisenbahnverbindung »from coast to coast« fertiggestellt worden. Der rasante technische Fortschritt und nicht zuletzt der ungebrochene Wille zum Überleben sowie der großartige Pioniergeist der wagemutigen Auswanderer brachte einschneidende Änderungen mit sich. Obgleich der neue Weg in den goldenen Westen durch Indianergebiete noch immer viel Blutzoll von den Siedlern forderte, so brauchte man nicht mehr um das schreckliche Kap Horn zu segeln. Erstmals in der Siedlungsgeschichte von Amerika führte der beschwerliche »american way of life« nicht mehr allein durch die »roaring forties« und »howling fifties«, die brüllenden 40er und heulenden 50er Breitengraden. Unzählige Totalverluste und menschliche Schicksalsschläge sind mit diesem Seegebiet verknüpft.

Nur wenige Tiefwassersegler schafften den Westtörn ums Kap vom Breitengad 50 Süd bis 50 Süd in weniger als einer Woche. Zwei bis drei Wochen waren in dieser Ausgeburt der Hölle eher die Regel. Nicht wenige Male war es ein monatelanger qualvoller Kampf mit dem Meer und den ständigen Starkwinden. Wie schrecklich und unbarmherzig mußte es wohl auf dem deutschen Vollschiff »Susanna« zugegangen sein? Ein Chronist weiß zu berichten, daß sie nicht weniger als 99 Tage für die Umrundung dieses Hexenkessels benötigte.

Der elementare Kampf mit den Urgewalten, die gefährlich driftenden Eisberge, gewaltige Sturzseen und der nimmermüde Titanenkampf der Stürme, mit peitschender Gischt und lebensbedrohlichen Hagelschauern waren das Reifezeugnis für Schiff und Besatzung. Es war wohl die härteste Prüfung, die wirklich nur das allerbeste an Mensch und Material bestehen ließ. Für uns ist es heute unvorstellbar, welche Gefahren in diesem Seegebiet, das auf einer Seekarte doch »nur« 900 Seemeilen ausmacht, stecken. Undurchdringliche Nebelbänke, eisige Minustemperaturen – zu jeder Jahreszeit, dazu orkanartige Böen mit Geschwindigkeiten von 150 und mehr Kilometern in der Stunde, die zudem noch urplötzlich, von der einen zur anderen Sekunde ihre Richtung wechseln können und die See zu haushohen Wellenbergen türmten, rangen den Männern allergrößte Kraftanstrengungen wie seemännisches Können ab. Und dies alles, wohlgemerkt: für eine überaus schlechte Bezahlung. Ihnen allen zollen wir höchsten Respekt und Wertschätzung.

Unbeschreibliche Strapazen mußten die nicht selten erst 15 und 16jährigen Männer durchstehen. Bei Tag und Nacht, die so tiefschwarz war, daß man selbst seine ei-

rechte Seite:
Vor der unverkennbaren Kulisse des Kolumbus-Centers in Bremerhaven liegt die Brigg »Outlaw«.

OUTLAW
(VALLETTA)

gene Hand nicht mehr vor den Augen sah. Unheimlich, wie am Tag des jüngsten Gerichts – die gespenstisch phosphoreszierende See, wo der nächste Augenblick über Sein und Nichtsein entscheiden konnte. Wie schrecklich mußte es gewesen sein, tagelang bei karger oft hundsmiserabler Kost, kaum Schlaf zu bekommen, völlig erschöpft in regennasser steifgefrorener Kleidung am Leib um das nackte Überleben zu kämpfen – wir können es nur erahnen, nachvollziehen...?

Wollen wir die Betrachtung dieser düsteren Zeiten, in denen sich das maritime Weltbild erst mit zunehmender Industrialisierung veränderte, durch die zutreffenden Worte des polnischen Seefahrtschriftstellers und Kapitäns Joseph Conrad beenden: »Das Meer verändert sich niemals, und seine fortwährende Bewegung ist, trotz aller Sagen der Menschheit, in tiefe Dunkelheit gehüllt.«

Selbst mit dem wohl bekanntesten Windjammer aller Zeiten, der 1869 in Dumbarton am Clyde vom Stapel gelaufenen »Cutty Sark«, war der technische Fortschritt nicht aufzuhalten. Neben der eingangs erwähnten Revolution mit der transkontinentalen Eisenbahnverbindung war es der gleichfalls 1869 von Ferdinand de Lesseps erbaute Suez-Kanal, der den Weg der Dampfschiffahrt nach dem Fernen Osten beträchtlich verkürzte. Die Strecke Bremen–Bombay, um das Kap der Guten Hoffnung mißt 11 120 Seemeilen. Sie verkürzte sich nun durch diesen neuen Schiffahrtsweg um über 4500 Seemeilen, auf 6600 Seemeilen. Jeder noch so langsame Dampfer war auf dieser Strecke den schnelleren Windjammern haushoch überlegen.

Es sollte aber noch Jahre dauern, bis die dampfmaschinengetriebenen Schiffe die absolut dominierende Rolle in der Weltschiffahrt übernehmen konnten. Übrigens: Der Grund lag in den enormen Betriebskosten! Je weiter sich ein Dampfschiff von den heimischen Kohlengruben entfernte, desto knapper und teurer wurde der kostbare Brennstoff. Dagegen waren die Betriebskosten der Großseglerflotte äußerst gering – gab es den Wind doch kostenlos! So gesehen waren die Windjammer noch zu Beginn dieses Jahrhunderts als Frachtensegler von imponierender Größe mit den Dampfschiffen durchaus konkurrenzfähig. Bis zu 6000, ja 7000 Tonnen Ladung konnten die »Giganten der Meere« befördern. Diese »Bulktrader« vollbrachten wahre Glanzleistungen. Sie holten von den Küsten Chiles Nitrat, Guano aus Peru und von den Kornkammern Amerikas kommend, spricht man heute noch von den unvergleichlichen Transatlantikrennen der gewaltigen Weizensegler. Wie wir schon an anderer Stelle gesagt haben, gehörte zu ihnen auch eine Vielzahl Vier- und Fünfmaster, die unter deutscher Flagge liefen.

Der schier undurchdringliche Mastenwald war in den Häfen noch bis weit in die zwanziger Jahre ein alltägliches Erscheinungsbild. Auf der Reede vor Valparaiso und Iquique, dem Hauptumschlagshafen für Salpeter, lagen zeitweilig mehr als 60, ja 80 Rahsegler vor Anker, um auf ihre Fracht zu warten. Hafenliegezeiten von sechs und mehr Wochen waren keine Seltenheit!

Um das Jahr 1900 zählte die Welthandelsflotte nicht weniger als 12 300 größere Segelschiffe. Und selbst die Gesamtzahl der deutschen Seglerflotte belief sich im selben Zeitraum noch auf 2400 Einheiten. In Ost, West, im Norden und gerade auf der südlichen Halbkugel unserer Erde waren die Barken, Vollschiffe und gaffelgetakelte Schoner unterwegs, um ihre Fracht von einem Ende der Welt zum anderen zu befördern. Wie mag es in Manchester und Liverpool, den Urzellen der Spinnerei und des Webereihandels, ausgesehen haben, wo die Langtörnsegler dichtgedrängt an den Piers und an den Dalben lagen, um australische Schafwolle und Baumwolle aus Kalkutta zu löschen?

Welch ein Anblick muß es in den Häfen gewesen sein? Die Vielzahl der Plattbodenschiffe, die bei Ebbe trockenfielen, um ihre kostbare Fracht zu löschen oder zu laden. Ein emsiges Schaffen, ganz ohne Krananlagen! Und dann die wahren Windjammer, die zu Hunderten in Hamburg, London oder Marseille an den Duckdalben lagen, um ihre Ladung in kleinere Leichter ein-, aus- oder umzuladen. Ein einziges Gewirr von Masten, Spieren, Rahen und dem filigranen Geflecht der Takelage zeichnete sich am Himmel ab. All dieses soll nun der Vergangenheit angehören,... soll es wirklich nicht mehr geben? Mitnichten!

Doch was war geschehen, wie konnte es dazu kommen, daß die eleganten Großsegler der vergangenen Tage von der Bildfläche verschwunden sind? Wie kam es zum Abgesang dieser stolzen Frachtensegler, wenn nicht Meuterei, Schiffbruch, Strandung die Ursachen waren oder Kollision ausschied, was war es dann? Was die unbarmherzige Natur, die mörderische See nicht zu schaffen vermochte, das vollbrachte die Menschenhand: den Exitus der Segelschiffahrt! Mit der Ermordung des österreichischen Thronfolgers Erzherzog Franz Ferdinand in Sarajewo nahm 1914 das Schicksal seinen Lauf. Englische wie französische Salpeterschiffe wurden von der jeweiligen Kriegsmarine beschlagnahmt, um den Nachschub für die Munitionsfabriken sicherzustellen. Ein tödliches Unterfangen für die Windjammer, wie auch ihr Einsatz an den verschiedenen Fronten des Seekriegs. Der Niedergang der legendären Epoche der Windjammer war nun nicht mehr aufzuhalten. Selbst mit der großen Åland-Flotte des Finnen Gustav Erikson und durch die für ihre Schnelligkeit berühmt gewordenen Flying-P-Liner des Hamburger Reeders Ferdinand B. Laeisz bekam der verhängnisvolle Lauf der Segelschiffahrt keine neuen Impulse. Diese sollten sich erst Mitte der fünfziger Jahre dieses Jahrhundert ergeben – aber mit ganz anderen Vorzeichen!

rechte Seite:
Über 90 Jahre alt und noch kein bißchen müde, die Galeas »Carola« aus Travemünde.

Im Kielwasser der schmucken »Anny von Hamburg« erkennen wir einen exotischen Gast, die »Capitan Miranda« aus Montevideo, Uruguay.

Großsegler jeglicher Couleur und Größe, einst ausschließlich als kommerzielle Frachtensegler eingesetzt, bekamen auf einmal wieder neue Aufgaben, mithin wieder eine Zukunft. Diese Tatsache, daß sich gerade in der heutigen hektischen und schnellebigen Zeit, in der doch anscheinend alles auf Profit ausgerichtet ist, sich spürbar eine deutliche »Renaissance der Windjammer« abzeichnet, läßt in mir Herzblut fließen! Neben ihrem vielfältigen Einsatz als schwimmende Ausbildungsstätten für den seemännischen Nachwuchs, sowohl in der Marine als auch für die Handelsschiffahrt und Fischerei, gibt es zweifellos auch noch andere Gründe ihrer Wiedergeburt. Dazu gehören mit Sicherheit die Brennstoffersparnis und nicht zuletzt die zunehmende Ölverknappung als ein ernstzunehmender Kostenfaktor. Weiter die Sicherheitsbestimmungen im Schiffbau wie in der Schiffsführung, die sicheren Weltschiffahrtswege, und last but not least macht es die rasante Entwicklung hochmoderner nautischer Technologie möglich, daß die Begegnung und die Herausforderung mit den elementaren Naturgewalten kalkulierbarer geworden ist. Und für die Allgemeinheit dürfen zuletzt nicht der optische Reiz und die ungetrübte Windjammer-Romantik vergessen werden. Diese Schiffe haben sich in unserer Zeit als eine besondere Art der Begegnungsstätte etabliert, die nicht nur den Shiplover in ihren Bann zieht.

Nein, mehr noch: Heute fördern die Windjammer die Harmonie und das Zusammentreffen mit fremden Völkern, gleich welcher Nationalität, und tragen so zur Völkerverständigung bei. Welch kaum gekannte grenzüberschreitende Offenheit erleben wir in diesen Tagen. Mit Sicherheit hat die politische Weitsicht eines Mannes dazu beigetragen, daß sich gerade die Ostgrenzen in solch einer kurzen Zeit geöffnet haben. Der ehemalige Staatspräsident der Sowjetunion, Michail Gorbatschow, der Vordenker von Glasnost und Perestroika, machte es möglich, daß heute kleine zahlende Touristen-Gruppen auf russischen Windjammern mitgenommen werden – tragen sie doch erheblich zu deren Erhaltungskosten mit bei. Der Tragweite seiner Worte und Taten ist es zu verdanken, daß Windjammerfreaks aus aller Welt zum Ausbildungsbetrieb auf der »Sedov« (lief als »Magdalene Vinnen« vom Stapel, später »Kommodore Johnson«), »Kruzenshtern« (ehemals »Padua«) und dem Neubau »Mir« (»Frieden«) auf Zeit anheuern können. Mit russischen Kadetten an allen Bordroutinen, wie Wachdienst, Segelmanövern und anderen Arbeiten teilnehmen, wer hätte das bis vor kurzem gedacht? In der Tat, diese Spezies von Segeltourismus belebt die Windjammerszene deutlich; haben sich doch schon Vereine um den Erhalt dieser Segelschiffe (siehe Adressenteil) gebildet.

Andere, auch vornehmlich östliche Länder ziehen gleichauf. Erfolgreich setzt Polen seinen Jugendsegler »Pogoria« für Fahrten ins westliche Ausland ein. Die 1980 gebaute Barkentine hält genau 1000 m^2 Segelfläche am Wind und ist als Charterschiff in allen großen Häfen

»Mandalay«, ein schmucker Vertreter der Windjammer-Barefoot Cruises, Miami, liegt vor der herrlichen Kulisse der Grenadinen vor Anker.

Europas, der USA und Kanadas bekannt. Der jüngste Neubau, der 1992 in Gdingen vom Stapel gelaufene Großsegler »Fryderyk Chopin« befindet sich gerade auf Präsentations- und Goodwill-Tour.

Wie alles begann... 1954, buchstäblich in allerletzter Minute nahm die Rückbesinnung auf die Seefahrt unter Segeln ihren Wiederanfang. Bernhard Morgan und einige weitere Segelsportler engagierten sich als Bewahrer traditioneller Segelaktivitäten und gründeten zudem die »Sail Training Association«, kurz S. T. A. Ihre Zielsetzung war denkbar einfach und doch so genial: Sie lautete, Windjammer-Regatten am Leben zu erhalten und turnusmäßig alle zwei Jahre mit Leben zu erfüllen. Diese Idee hat sich bis auf den heutigen Tag bewährt.

Sie stand unter günstigen Vorzeichen, beruhte sie doch auf die Ausstrahlung, ... auf die Faszination der Windjammer, die im sportlich fairen Wettstreit aufeinandertrafen und so zum Wohle der Völkerverständigung beitrugen. Der Anfang war gemacht!

Mittels Förderung durch einflußreiche Sponsoren wie Reedereikaufleute, Kapitäne und durch die Unterstützung von kompetenten Entscheidungsträgern der Royal Navy, allen voran der britische Admiral Mountbatten, war es nur noch eine Frage der Zeit, ihr Vorhaben in die Tat umzusetzen. Im Juli 1956 war es endlich soweit. Unter der Schirmherrschaft des Herzog von Edinburgh, seiner Königlichen Hoheit Prinz Philip, wurde das erste Windjammertreffen in der kleinen südenglischen Hafenstadt Dartmouth erfolgreich gestartet.

Schon einmal, 1938, wurde ein Versuch unternommen, um internationale Segelschulschifftreffen zu organisieren – leider vergebens! In Stockholm hatte der einflußreiche Reeder Arnold Schumburg Nationen wie Dänemark, Deutschland, Estland, Finnland, Polen und eben Schweden zu einem Gründungstreffen zusammengerufen. Aber der Zweite Weltkrieg machte alle großartigen Pläne zunichte. Nun, knapp zwanzig Jahre später war es endlich soweit. Urplötzlich waren sie wieder da – die legendären Königinnen der Meere, zum ersten Windjammertreffen der Nachkriegszeit.

Die erste Regatta nach dem Zweiten Weltkrieg führte insgesamt 22 Großsegler aus elf Nationen in der südenglischen Hafenstadt Torbay zusammen – der gemeinsame Zielhafen war Lissabon. Dänemark schickte das Vollschiff »Georg Stage« ins Rennen, aus Norwegen kamen die »Sørlandet« und die »Christian Radich«. Nicht allein die imposanten Rahsegler, auch die schmucken Gaffelschoner »Falken«, »Gladan« und »Flying Clipper« aus Schweden trugen zum bunten Bild bei. Der Anfang war gemacht, und dank der großen internationalen Beteiligung wurde diese faszinierende Idee wie im Flug um die Welt getragen. Es war die Geburtsstunde der neuzeitlichen Segelschiffrennen!

Erstmals segelte eine Windjammer-Armada nach einem sportlichen Reglement um die Wette. Weiter mit dabei: die portugiesische Bark »Sagres«, der schmucke Dreimastschoner »Creole« aus Griechenland, die belgische Barkentine »Mercator« und viele andere Segelschiffe. Den unzähligen Besuchern am Ufer des Dart River, wo sich die Fullrigger, Barken und Schoner vereinigten, zeigte sich ein grandioses malerisches Bild – wie aus längst vergangenen Tagen!

Weitaus größere Windjammertreffen (siehe »Großsegler-Regatten« im Anhang) sollten folgen. Das nächste Treffen der Großsegler fand zwei Jahre darauf, 1958, in Brest statt. Erstmalig war auch die sehr schöne Italienerin »Amerigo Vespucci« dabei – wenngleich das Vollschiff nicht an den anschließenden Regatten teilnahm. In diesem Jahr segelte man auf zwei Routen. Die Windjammer der A-Class lieferten sich ein spannendes wie taktisches Rennen von Brest zu den Kanaren. Die kleineren B-Segler segelten von Brest nach La Coruña, Spanien. Die beiden Schwesterschiffe Frankreichs »La Belle Poule« und »L'Étoile« gaben hier ihren Einstand. Eine großartige Veranstaltung, ein großer Erfolg für die Organisatoren, Skipper und ihre Besatzungen. Begeisterte Zuschauer hegten die Hoffnung, daß es weitergehen sollte – und es ging weiter! Zwei Jahre darauf, 1960, war Oslo der eindrucksvolle Schauplatz eines Windjammer-Treffens, das unter der Schirmherrschaft von König Olaf von Norwegen stand. Abermals waren neue Teilnehmer von weither angereist. Neben dem kleinsten Vollschiff der Welt, der »Danmark«, hatte sich die Bark »Eagle« (ehemals »Horst Wessel«), der US Coast Guard auf den Weg gemacht. Dicht an dicht lagen die großen Schulsegler mit den Yachten und Baltik-Schonern an den Pipervik-Piers, unweit vom Rathaus, also genau im Zentrum der gastfreundlichen Stadt Oslo. Manch eine Tageszeitung verglich dieses Bild mit dem der vergangenen Tage, wo die Windjammer noch als Frachtensegler unterwegs waren: die über die Toppen geflaggten Schiffe, ihre schönen bunten Galionsfiguren, die unzähligen Masten und das unüberschaubare Heer der Besucher. Ein buntes, abwechslungsreiches Programm zog sich durch die fünf ereignisreichen Tage, wobei die Beteiligung und die rege Anteilnahme innerhalb der breiten Öffentlichkeit jetzt ungeahnte Ausmaße annahmen. Wo selbst der anhaltende Regen am Abschlußtag die vielen Besucher vom eigentlichen Höhepunkt dieser Veranstaltung nicht abhielt, »life« dabei zu sein, als die Windjammerparade am Ausgang des Oslofjords vom Regenten König Olaf gestartet wurde. Das Führungsschiff war kein Geringeres als das Vollschiff »Christian Radich«, das schon 1956/57 als Hauptdarstellerin des Films »Windjammer« Weltruhm erlangte.

rechte Seite:
So alt und doch so jung – der Veteran aus Bremerhaven! Die nordische Yagst »Grönland« wurde 1867 für Deutschlands erste Arktisexpedition gebaut. Heute segelt die alte Dame noch aktiv in der großen Flotte der STAG-Familie mit.

T S
G117

Ursprünglich hatte die »Atlantis« einen roten Außenbordanstrich und wies allen Seeleuten den rechten Weg ins offene Fahrwasser. Heute mit tiefblauem Outfit und unter dem Malteserkreuz, macht sie Furore als Kreuzfahrtsegler der Nobelklasse.

Eine Regatta führte von Oslo nach Ostende, wo sich erstmalig die 1958 bei Blohm & Voß in Hamburg erbaute »Gorch Fock II« beteiligte. Sie gewinnt auch das zweite Großseglerrennen, das anläßlich der Olympischen Spiele von Rom im Mittelmeer stattfindet und von Cannes nach Neapel führt.

Der Turnus, wonach sich alle zwei Jahre Windjammer aus aller Welt zum Zweck der Völkerverständigung treffen, wurde noch bis 1986 beibehalten. So gesehen gab die Landeshauptstadt von Schleswig-Holstein Anlaß genug, um die großen Rahsegler für 1962 nach Kiel einzuladen. Kiel, an einem der schönsten Segelreviere der Welt gelegen, feierte vom 17. bis 24. Juni 1962 den 80. Jahrestag der Kieler Woche. Demnach ist Kiel der erste deutsche Austragungsort solch einer maritimen Großveranstaltung nach dem Kriege gewesen. Sieben große Windjammer bereichern das sportliche Erscheinungsbild der Stadt – die auch als das Mekka der Sportsegler bekannt ist.

Die eigentliche S. T. A.-Regatta wurde nur wenige Wochen später abermals im englischen Kanal-Gebiet ausgetragen. Die Flotte traf sich wie zuvor im südenglischen Dartmouth, dem Sitz der britischen Marineakademie. Am 11. August 1962 versegeln die Windjammer in die Tor Bay. Dort wurden die Regattateilnehmer von Prinz Philip, der sich an Bord der königlichen Yacht »Britannia« aufhielt, auf Südwestkurs geschickt. Und der verhieß in diesen Tagen nichts Gutes – ein fürchterlicher Sturm hatte sich zusammengebraut und zwang etliche Segler der B-Klasse zur Aufgabe. Rotterdam war via einer Wendemarke, die außerhalb des britischen Kanals lag, der Zielhafen. Wie wir wissen, war es für einige ein Nothafen, den sie nur noch mit gebrochenen Masten und zerfetzten Segeln erreichten.

Und wieder werden neue Maßstäbe gesetzt, als erstmalig 1964 eine Transatlantikregatta gestartet wird. Unter großer internationaler Beteiligung führte der nahezu 4000 Seemeilen lange Törn von Lissabon den Tejo abwärts über den Atlantik nach St. Georges Harbour, Bermudas. Als erstes und schnellstes Schiff, also nach gesegelter wie berechneter Zeit (Handikap-), durchschnitt das Segelschulschiff der deutschen Bundesmarine »Gorch Fock« die Ziellinie in exakt 24 Tagen und sechs Stunden. Als Höhepunkt der Veranstaltung, versegelten die Vollschiffe und Barken anschließend von ihren Ankerplätzen in die Hamilton-Bay und nahmen per Geschwaderfahrt Kurs auf den Hudson-River. Flußaufwärts nach New York – welch ein majestätischer Anblick bot sich dort! Bis zur Georg-Washington-Bridge zogen nicht wenige Windjammer unter Vollzeug. Das hatte man noch nie gesehen. Vorbei ging es an Miss Ellie, wie die New Yorker ihre Freiheitsstatue auf Conny Islands liebevoll nennen, entlang den großen Docks, den riesigen Piers der großen Ozeanliner und dem gewaltigen Meer der Wolkenkratzer. Einmalig! In Manhattan empfingen weit über hunderttausend begeisterte Schlachtenbummler die »Operation Sail '64«-Teilnehmer. Selbst die showverwöhnten Amerikaner hatten solch eine Superlative noch nicht gesehen. Und die jungen Besatzungsmitglieder bekamen ihrerseits erstmalig die offene, lebensbejahende Art mit, mit der in Amerika gelebt und gefeiert wird. Paraden quer durch Manhattan, Konfettiregen, Cheerleaders in poppigem Outfit, jede Menge Blechmusik und links wie rechts des Broadways eine hellauf begeisterte Menschenmenge. Es gab wohl niemanden, der an diesem Riesenspektakel keine Anteilnahme zeigte. Dankbar wurden die Bilder aus dem Schmelztiegel der USA in die ganze Welt verbreitet. Tageszeitungen und die weltweite Regenbogenpresse waren voll Lob! Für einige wenige Augenblicke schien die Weltpolitik ins Abseits gerückt zu sein. Die schwimmenden Zeitzeugen einer scheinbar längst vergangenen Epoche standen auf einmal wieder im Mittelpunkt des Geschehens und gerieten fortan nicht so schnell wieder in Vergessenheit. Mit Sicherheit haben die vielen TV-Stationen mit dazu beigetragen, die die Live-Schaltungen von Bord dieser imposanten Windjammer direkt in die Wohnstuben gebracht haben. Diesem Ereignis ist nichts Vergleichbares entgegenzusetzen – es ist ein Phänomen, mit welcher Anteilnahme die gesamte Welt dieses Windjammertreffen aufnahm. So etwas hatte es noch nicht gegeben. Weder die berühmte Samba-Parade des Karnevals in Rio noch irgendein sportlicher Höhepunkt konnte Ähnliches bieten.

Mehr noch, es kommt noch besser! Die »OP Sail '64« in New York setzte abermals neue Akzente, denn erstmals beteiligten sich auch »Ost-Segler« an dieser Veranstaltung. Bis ein Windjammertreffen aber in einer Stadt der ehemaligen Warschauer-Pakt-Staaten stattfand, sollten nochmals zehn Jahre vergehen.

1992 ist Kiel, die traditionsreiche Fördestadt, Gastgeber und Starthafen zur Cutty Sark-Regatta.

Im Sommer 1974 war es dann endlich soweit. Anläßlich der 30jährigen Staatsfeierlichkeiten der Volksrepublik Polen hatte die ehemalige Freie und Hansestadt Danzig die große Familie der S. T. A.-Windjammer eingeladen.

Das politische Eis war gebrochen, der »Eiserne Vorhang« wurde durchlässiger! Die eindrucksvolle wie grazile Erscheinung der Windjammer hat wohl maßgeblich zur Öffnung der östlichen Grenzen beigetragen. Von den Tiefwasserseglern nimmt die »Dar Pomorza« eine Vorreiterstellung ein. Die »große, alte Dame«, als Vollschiff »Prinzeß Eitel Friedrich« im April 1910 in Dienst gestellt, sorgte zwei Jahre zuvor, 1972, anläßlich der Segelolympiade in Kiel für Furore. Dem polnischen Segelschulschiff wurde in der großen Windjammerflotte die Auszeichnung als Führungsschiff zuerkannt. Nicht weniger als 70 Großsegler beteiligten sich an der Abschlußparade, die am 3. September von Lübeck-Travemünde nach Kiel führte. Als Newcomer war zum erstenmal die kolumbianische Bark »Gloria« als exotischer Gast vertreten. Wir sehen, daß sich der Grundgedanke, die letzten mehr oder weniger großen Segelschiffe in Fahrt zu

nächste Seite:
Die »Amphitrite« segelt in Nord- und Ostsee mit Jugendlichen, um zur Völkerverständigung beizutragen. Einst kam sie als Segler des Streifens »Graf Luckner« zu Filmehren.

»Zawisza Czarny«, einst in der Fischerei eingesetzt – heute als Vereinsschiff der polnischen Pfadfinder tätig. Sehr deutlich ist der Stagsegelschoner an seinem auffälligen »Wishbone-Rigg« zu erkennen.

halten, für die Charakterbildung Jugendlicher und deren Teamgeist, auszahlt. Dies hatte auch schon weit früher der deutsche Schulreformer Kurt Hahn (1886–1974) erkannt. 1941 gründete er die erste »Outward Bound-Bewegung« und stellte den großen erzieherischen Wert, die Persönlichkeitsfindung des jungen Menschen durch die See, nicht für die See, in den Mittelpunkt seiner Bildungsarbeit.

Manfred Roth, den wir noch im Polentörn mit der »Thor Heyerdahl« begegnen werden, sagt in seiner Diplomarbeit »Erziehung auf Segelschiffen«, daß die Idee, jugendliche Straftäter auf Segelschiffen auszubilden und sie so in die Gemeinschaft zurückzuführen, bereits vor knapp 250 Jahren praktiziert wurde. Trotz einiger Rückschläge sind die Erfolge solch einer sozialen Jugendarbeit nicht von der Hand zu weisen. Dabei nennt der engagierte Sozialarbeiter auch einige Segler (»Outlaw«, »Anna Chatarina«, »Undine« und »Zuversicht«), die heute in verschiedenen Resozialisierungsprojekten eingesetzt werden. »Ein Einzelner vermag gar nichts auf einem Windjammer auszurichten. Nein, sie müssen schon alle mit anpacken!«, das ist der Kerngedanke des Lernprozesses.

Kommen wir zurück zu den Wett- und Geschwaderfahrten der S. T. A.-Fleet, die stets in wechselnden Segelrevieren ausgetragen werden, und ganz besonders bei den großen imponierenden Paraden aller beteiligten Segelschiffe vor den Staatsoberhäuptern des jeweiligen Gastgeberlandes immer wieder ein außergewöhnliches Erlebnis vermitteln – für die See- und »Sehleute« gleichermaßen!

Die große Beteiligung – im Sommer 1985 zählte man anläßlich der »Sail Amsterdam« über 1000 Schiffe – und die ebenso große Anteilnahme in der Öffentlichkeit, es war von weit als 3,5 Millionen Besuchern die Rede, hat heuer das Bild eines internationalen Volksfestes angenommen – ob das im Sinne des »Erfinders« ist? Es kommt zu wahren Völkerwanderungen, wenn eine Armada von Windjammern zusammentrifft! Die begeisterten Menschen, die selbst einmal solch ein maritimes Spektakel aus allernächster Nähe miterleben wollen, scheuen weder Kosten noch Mühen noch lange Anmarschwege. Ohne Übertreibung, alles was an solchen Tagen Beine hat, ist unterwegs. Die letzten Kilometer vor dem Ziel geht es nur noch im Schneckentempo weiter. Alle kennen nur einen Weg – hin zum Hafen! Für eine ganze Woche heißt es den Innenraum des Hafens frühzeitig ansteuern oder eben in späterer Stunde die »Rush hours« als gottgegeben hinnehmen! Das können selbst die verantwortlichen Organisatoren und Ordnungskräfte nicht abstellen. Es sind einfach zu viele erlebnishungrige Menschen an solchen »Sturm- und Drang-Tagen« unterwegs, um am Jahrhundertereignis teilzunehmen. Sie alle, wie sagt der Volksmund so schön »Mit Kind und Kegel«, jung wie alt, sind seit den frühen Morgenstunden auf den Beinen, um die riesige Flotte der großen Rahsegler und Schoner zu besichtigen und zu bestaunen. »Einmal den Duft der großen weiten Welt verspüren!«

Dabei gilt das große Augenmerk nicht allein den Königinnen der Meere. Nein, auch die Vielzahl der kleinen Küstensegler erfreut sich in diesen Tagen einer großen Wertschätzung. Alles, aber wirklich alles will der neugierige Besucher wissen, ... und der gutmütige Skipper gibt denn auch bereitwillig Auskunft, über sein Schiff, welches Segelrevier angelaufen wird und vieles mehr. Von weitem kann man die hohen Masten erkennen und die bunten über die Toppen gesetzten Flaggen, die lustig im Wind flattern. Am Hafen angekommen, ist ein Bad in der Menge unausweichlich. Entlang den Kaianlagen, wo für einige Tage die stolzen Segler zu Gast sind, gibt es vom frühen Morgen bis in die späten Abendstunden einen einzigen Stop-and-Go-Verkehr. Ein Geschiebe und Gedrängel um jeden Zentimeter, nur um den vermeintlich besten Platz für das Erinnerungsfoto zu bekommen. Video- und Schmalfilmfreunde kommen voll auf ihre Kosten. »Welch grandioses Panorama«, hört man hier, und beim Betrachten der liebevoll restaurierten Kleinsegler meint der Besucher, die Zeit scheine stehengeblieben zu sein. Ja, wären da nicht die vielen Schaulustigen, es könnte tatsächlich den Anschein haben. So idyllisch und voller Harmonie ist das Hafenbild mit den vielen Ewern, Kuttern, Kuffs und Tjalks. Das Herz der Berufs- und Hobbyfotografen schlägt wirklich höher! Hier ein gelungener Schnappschuß einer Galionsfigur, dort ein Traum von Viermaster in der Totalen und anderswo wieder eine reichlich verzierte Heckpartie eines Plattbodenschiffes. Und dazwischen ein riesiges, schier unüberschaubares Angebot der kommerziellen Seite. Die kommt an diesen Tagen wirklich nicht zu kurz! Für scheinbar jedermans Geschmack ist etwas dabei. Den ganzen Tag über herrscht an den Pommesbuden, Fischbratküchen und natürlich auch an den vielen Biertresen großer Andrang. Und wieder anderswo eine Vielzahl von Verkaufscontainer mit Souvenirs, Buddelschiffen und anderem Schnickschnack. Jongleure, Bauchredner und andere Vertreter der Kleinkunst laden kurz zum Verweilen ein, und für die ältere Generation spielt gerade eine bayerische Blaskapelle den Marsch »Gruß an Kiel«!

Wer sich zudem geduldig an der Gangway einreihte, um als Besucher einen Großsegler betreten zu können, der wird diesem Augenblick eine besondere Wertschätzung beimessen. Zum »Open ship« ist alles an Bord aufs Beste geputzt und gewienert. Die hölzernen Decks sind strahlend weiß geschrubbt, fein säuberlich ist das laufende Gut auf den Belegnägeln und Nagelbänken belegt, edles Teak- und Mahagoniholz hat mit Firnisöl den letzten Finish erhalten, Bulleys, Handläufe, aber wirklich jedes Stück Schiffsmessing strahlt im hellen Glanz. Nirgendwo liegt Schmutz herum, ist abgeblätterte Farbe oder gar Rost zu sehen.

Wortkarg, wie nun einmal Hein Seemann schlechthin dargestellt wird, verliert er über diese Arbeit nur wenige Worte »Ist Reinschiff mookt«!

Endlich ist es soweit, der absolute Höhepunkt steht kurz bevor, der Tag der Windjammerparade! Ich nutze an dieser Stelle einfach die Gelegenheit, um mir eben die letzten 24 Stunden der jüngst vergangenen »Hanse Sail Rostock '91« nochmals in die Erinnerung zurückzuholen. Alle Beteiligten, Gastgeber wie Gäste fiebern diesem letzten Augenblick entgegen. Die sportlichen Wettbewerbe, das Kutterpullen, Kuttersegeln und andere marine Disziplinen sind von den Kadetten und Traineess fair ausgetragen worden. Noch klingen die letzten Anfeuerungsrufe, die vielen »Hipp-Hipp-Hurras« in den Ohren, als die abschließende Beachparty am Alten Strom von Warnemünde steigt. So etwas hatten die Bürger der ehemaligen DDR noch nicht gesehen, geschweige gehört! Lasershows blitzen gen Himmel und die gewaltigen megastarken Soundmashines dröhnen ihre fetzigen Songs über die Köpfe der begeisterten Menschenmenge hinweg. »Musik, Highlife und Konfetti...!« Und einige 100 Meter weiter läuft eine andere Zeremonie ab. Begleitet von den schrillen Tönen der Bootsmannspfeifen findet auf den Schulseglern letztmalig die allabendliche Flaggenparade statt. Ob nun bei den Südamerikanern auf der »Capitan Miranda« aus Uruguay oder auf den russischen Schwesterschiffen »Kherzones« und »Mir«, das Protokoll läuft ohne Schwierigkeiten ab. So wie die jeweiligen Repräsentanten an den Tagen zuvor ihr »Pflichtprogramm«, die diplomatischen Empfänge an Bord absolvierten, so haben sie den großen Ansturm der Besucher beim »Open ship« ohne größere Katastrophen gemeistert. Die Kommandanten der Segelschulschiffe haben mit den anderen Kapitänen, Schiffsführern und dem Organisationskomitee das entscheidende »Captain Briefing«, die letzten Einzelheiten des morgigen Tages besprochen und erfreuen sich nun am großen Finale, dem spektakulären Sailors-Feuerwerk. Welch ein herrliches Panorama bietet sich dem Betrachter: Die über die Toppen mit Lichterketten geschmückten Windjammer am Anleger des Neuen Stroms der Warnow und die nicht minder interessanten Traditionssegler im festlich beleuchteten Altstadthafen von Rostock, und eben das gewaltige Feuerwerk über der Ostsee. Ein unauslöschliches Bild für die vielen hunderttausend Besucher der »Hanse Sail Rostock '91«. Am nächsten frühen Morgen läßt sich die bange Frage der Stunde, ob nun Petrus oder Rasmus mit dem Wetter ein Einsehen haben, nicht verleugnen. Werden sich die dunklen, unheilvollen Wolken am Horizont auch rechtzeitig verziehen? Sie taten es! Wird der Wind auch aus der richtigen nordöstlichen Richtung wehen, damit die Großsegler bei einer ordentlichen Backstagbrise Vollzeug setzen können? Fragen über Fragen tauchen auf, die sich nicht allein ums Wetter drehen. Ordnungskräfte beobachten schon seit Stunden das vermehrte Verkehrsaufkommen. Alle hoffen, daß das befürchtete Chaos ausbleibt. Der katastrophale Straßenzustand läßt in diesen Tagen durchaus die bange Frage zu. Wird sich das Heer der Begleitfahrzeuge auf dem Wasser auch diszipliniert verhalten? Segelyachten, Motorboote, Fischereifahrzeuge, heute schwimmt wirklich alles auf dem Wasser. Inzwischen, quirlige Schlepper zeigen erstaunliche Kunststücke und werden nun von den Feuerlöschbooten assistiert, strömen unentwegt die ersten Schaulustigen zum Strand und zur Westmole unterhalb des Leuchtturms und dem Wahrzeichen von Warnemünde, dem Teepott! Sie wollen jetzt schon den vermeintlich besten Platz finden, von wo aus sie das Defilee und die Parade der Windjammer beobachten können. Indes ziehen auch schon erste Traditionssegler die Warnow abwärts, und auf den großen Schulschiffen macht sich eine gewisse Unruhe bemerkbar – erste Kommandos signalisieren, daß der spannende Moment augenblicklich bevorsteht. Ja, und dann ist es soweit: Das Herz aller Segelschiff-Liebhaber schlägt nun in Dur und Moll!

Nach und nach verlassen die Rahsegler ihre Liegeplätze. Der vielgeliebte und vielzitierte Troß von Großseglern setzt sich langsam in Bewegung. Sie nehmen unter Motorkraft ihre vorgeschriebene Warteposition in der Bucht vor Warnemünde ein. Allen voran die Schonerbrigg »Greif« (ehemals »Wilhelm Pieck«), die erst vor zwei Tagen von der Warnowwerft von umfangreichen Restaurierungs- und Umbauarbeiten gekommen war. Unter langanhaltendem Getöse der vielen hundert Sirenen und Schiffstyphone werden die Segelschiffe verabschiedet. Ein majestätischer Anblick, wie die Windjammer durch die Gischt der Wasserfontänen der Feuerlöschboote ziehen und die vielen »Three cheers« der Kadetten, die in den Masten und auf den Rahen stehen. »Auf Wiedersehen«, schallt es von beiden Ufern herüber, »goodbye«,...

Alle vorherigen Anstrengungen, um die Schiffe aus nächster Nähe zu sehen, sind vergessen. Alle schätzen sich überglücklich, die einen der heißbegehrten Plätze auf den Begleitfahrzeugen bekommen haben. Fragen Sie nicht, was für solch einen Augenblick von einem Windjammerfreak alles gezahlt wird, manch eine »black mark«, manch ein »stiller Hunni« wechselt den Besitzer.

Und dann ist es endlich soweit – gegen 15 Uhr! Die erste Großseglerformation vor der Küste Mecklenburg-Vorpommerns setzt sich langsam in Bewegung. Sehr, sehr langsam kommen die insgesamt 16 großen Rahsegler und Gaffelschoner neben den unzähligen, teils historischen Kleinfahrzeugen in Fahrt. Sehr zum Leidwesen aller Beteiligten ist die gewünschte achterliche Brise ausgeblieben – doch die Parade der Windjammer wird trotz alledem der krönende Abschluß der »Hanse Sail Rostock '91« bleiben.

Wer die Schiffe kennt, der zählt ihre Masten und nennt ihre Namen. Genau 100 große und kleinere Segler aus nicht weniger als 14 verschiedenen Nationen waren in der vergangenen Woche in der Stadt Rostock und Warnemünde willkommene Gäste. Schiffe, Schiffe, soweit das Auge reicht. Das ganze Alphabet war vertreten: von A wie »Amphitrite«, einem wunderschönen Dreimast-Gaffelschoner mit hölzernem Rumpf und bewegter wie ilustrer Vergangenheit, und die Barkentine »Atlantis«, die in früheren Jahren ihren Dienst als Feuerschiff »Elbe II« versehen hat, bis hin zum Y und Z. Dafür stehen die »Yuij Baltiets«, der jüngste Neubau der großen »Russenflotte«, und eben die »Zawisza Czarny«, als letztes Schiff im Alphabet, ein polnischer Dreimaster mit einer bemerkenswerten Chronik.

Der Schirmherr dieser Veranstaltung, Bundesumweltminister Dr. Klaus Töpfer und als Ausrichter der »Hanse Sail '91« der Oberbürgermeister der Stadt Rostock, Dr. Klaus Kilimann, nehmen die Parade von Bord des Minensuchers »Bernau« ab. Nochmals wird den Seeleuten ein letzter Abschiedsgruß mit auf den Weg gegeben. Manch ein Zuschauer blickt jetzt den dahinziehenden Schiffen mit blanken, mit feuchten Augen nach, Großseglern,... wie sie in die Ferne segeln,... am Horizont verschwinden,... auf zu neuen Ufern!

Die Kontinuität der großen internationalen Segelschulschiff-Regatten setzte sich selbstverständlich auch im Jahr 1992 fort. Diesseits und jenseits des großen Teichs geben zwei geschichtliche Ereignisse Anlaß genug, um wieder einmal zu den bekannten und bedeutenden maritimen Großveranstaltungen einzuladen. Einerseits feiert die Stadt Kiel ihren 750. Geburtstag, und andererseits ist 1992 das Jahr, in dem sich die Entdeckung Amerikas durch Christoph Kolumbus zum 500. Male jährt.

Karlskrona, Kotka, Tallinn und Gdingen sind die Partnerstädte Kiels, die an der Ostsee liegen und als Zielhäfen der diesjährigen Cutty Sark Baltic Races sicherlich eine große Anzahl Segelschiffe zu Gast haben werden – eben die, die an der großen Regatta nicht teilnehmen können. Das Organisationskomitee der internationalen Sail Training Association spricht von dem größten Seglerereignis in diesem Jahrhundert. Zwei Zubringerregatten führen von Lissabon und von Genua nach Cádiz. Von dort starten die eigentlichen »Columbus Races« auf den Spuren des großen Entdeckers die Atlantiküberquerung nach San Juan, Puerto Rico. In einer weiteren Zubringerfahrt segelt die gewaltige Armada nach New York. Man kann davon ausgehen, daß anläßlich des amerikanischen Unabhängigkeitstages, am 4. Juli 1992, wieder einmal eine »Big Show« an der Skyline von Manhattan stattfindet. Anschließend versegelt die große Windjammerflotte per »Cruise in Company«, also mit eingewechselten Crewmitgliedern von anderen Seglern, entlang der amerikanischen Ostküste von New York nach Boston. Dort wird der eigentliche seglerische Hö-

»Greif« mit Heimathafen Greifswald, das Flaggschiff der Hanse Sail, wird heute in erster Linie als Jugendsegler eingesetzt.

hepunkt gestartet: ein Wettrennen aller, wo jeder gegen jeden segelt. Zurück über den Nordatlantik nach Europa, Zielhafen Liverpool.

Eine besondere Handicap-Formel erlaubt es, daß nicht nur die großen Veteranen gegeneinander antreten, sondern auch, daß sich eine knapp 17 Meter lange Ketsch, wie die schmucke »Fair Winds« von Kapitän Rüdiger Teichmann, mit den Squarerigger »Mir«, der bis zu 2771 Quadratmeter Segelfläche am Wind hält, messen kann.

Sie sehen, daß es durchaus eine Verbindung zwischen den einzelnen Segelschiffen gibt. Völlig unzutreffend wäre es, wolle man bei dieser Betrachtung die imposanten Großseglertreffen und -paraden nur den Marinen der Welt überlassen. An anderer Stelle haben wir gehört, daß sich die Sail Training Association, S. T. A., seit 1954 erfolgreich um den Erhalt der Segel-Traditionen einsetzt. Die Resonanz gibt uns recht: Es war und ist ein guter Gedanke, an der Überlieferung der herkömmlichen

Seefahrt festzuhalten. So war es nur noch eine Frage der Zeit, bis sich diese Idee über die Grenzen Großbritanniens hinaus verbreitete. Es bildeten sich sogenannte nationale Komitees, um an dieser Stelle nur die American Sail Training Association, kurz A. S. T. A. oder S. T. A. N., die S. T. A.-»Tochter« der Niederlande, zu nennen. Weltweit ist die Zahl der Sail-Training-Schiffe heute auf über 700 Einheiten angewachsen.

Am 15. April 1984 wurde in Bremerhaven die deutsche Sektion gegründet – die S. T. A. G.-Flotte zählte bereits 70 Einheiten. Das stetig wachsende Interesse junger Menschen an den Veranstaltungen der S. T. A. G. ist der beste Beweis, daß die Zielsetzung, die unter dem Motto steht »Die See ist unsere Brücke«, ein gesundes Fundament besitzt. Neben dem regen Zulauf von Jugendlichen wird diese Organisation von Hafenstädten, maritimen Vereinen und Instutitionen wie von namhaften Persönlichkeiten finanziell gefördert. Dank diesem Sponsoring war es bereits nach vier Jahren möglich, den langgehegten Wunsch eines repräsentativen »Flaggschiffes« in die Tat umzusetzen. Die Aussichten waren äußerst günstig – ein geeigneter Rumpf, das Feuerschiff »Kiel«, 1906 auf der AG Weserwerft vom Stapel gelaufen, wurde gerade außer Dienst gestellt, und eben ausreichende Finanzmittel standen zur Verfügung. Nach der Gründung der »Deutschen Stiftung Sail Training« DSST, konnten die aufwendigen Umbauarbeiten im Oktober 1986 beginnen. Sie verschlangen die stolze Summe von 2,3 Millionen DM — die nicht unerheblichen Sach- und Arbeitsleistungen der vielen jungen Helfer noch nicht einbezogen.

Am 3. März 1988 war es soweit: Die Bark konnte erstmals ihre seglerischen Qualitäten zeigen. Der Chefkonstrukteur der Danziger Werft, Zygmunt Choren, hatte sehr gute Arbeit geleistet! Schon beim »Ansegeln«, Himmelfahrt 1988, erreichte der Großsegler mit der markanten Takelage, die in den traditionellen grünen Farben des Hauptsponsors, Beck'sche Brauerei, gehalten ist, beachtliche 10,5 Knoten Geschwindigkeit. Das war mehr, als das Schiff, das auf den Namen des bekannten deutschen Forschers »Alexander von Humboldt« getauft wurde, jemals unter Motorkraft erreichte. Natürlich wird die »Alex«, wie der »Greenliner« liebevoll im Freundeskreis genannt wird, bei den vorher genannten Feierlichkeiten in New York dabei sein.

Und noch einen Aspekt dürfen wir bei dieser Betrachtung der Zukunftsperspektiven nicht außer acht lassen: Auch andere Schiffe erhalten seitens privater Investoren einen regen Zuspruch. Nicht zuletzt gewinnt dieses Ansinnen auch dank der großen, nicht zu unterschätzenden Werbewirksamkeit der Großseglerflotte an Bedeutung.

Wie gesagt, wer kennt ihn nicht, den Windjammer, der nun wortwörtlich als Aushängeschild der weltbekannten norddeutschen Bierbrauerei in leuchtendem Flaschengrün Farbe bekennt oder die großen internationalen Tabakkonzerne, die im Segelrevier der südlichen Inselwelt Dänemarks Abenteuertörns veranstalten. Und, um an dieser Stelle noch eine allerletzte, aber keineswegs erschöpfende Werbekampagne anzusprechen: So haben auch verschiedene Parfümerie- und Spirituosenhersteller im Mittelpunkt ihrer Werbespots einen Windjammer gestellt. Alle profitieren sie vom »Tall ship – Adventure«!

Auch dürfen keineswegs die wagemutigen Seefahrer vergessen werden, die mit sehr viel Engagement und noch mehr Energie und Ausdauer ehemalige kleine Frachtensegler ausfindig machen, um sie dann in mühevoller Kleinarbeit aufzuriggen und zu restaurieren. Oftmals sind es langwierige Projekte, die sich über Jahre hinziehen. Meist sind sie nur mittels tatkräftiger Unterstützung vieler Freunde zu realisieren. Da bringt der eine seine handwerklichen Fähigkeiten als ehemaliger Takelmeister oder Schiffszimmerer mit ein, und ein anderer geht bei den umfangreichen Malerarbeiten zur Hand. Der nächste macht vielleicht nicht geringe Geldsummen flüssig oder verdingt sich als ideales Beschaffungsgenie. Bis so ein neuaufgeriggter Oldtimer endlich aufschwimmt, gibt es viel zu tun. Ist es dann endlich soweit, dann wird dem Segler, nicht allein aus dem Kreise aller Beteiligten, große Bewunderung und Wertschätzung entgegengebracht.

Kaum anders verhält es sich bei noch größeren und aufwendigeren Objekten. Kapitalkräftige Einleger finden sich zusammen, zumeist erfolgreiche Manager, Kaufleute, die mit Geld umgehen können und Immobilienhändler oder last but not least Spitzensportler, die sich dem Urquell der Romantik unter Segeln nicht entziehen können. Ihre unstillbare Sehnsucht macht es möglich, daß sie mit gewaltigem finanziellen Aufwand ausgemusterte Segelschiffsrümpfe zu luxuriösen Kreuzfahrtseglern umbauen lassen oder neue ultramoderne Großsegelschiffseinheiten mit jeglichem Komfort und Ausstattung eine Chance zur Wiederbelebung der Segelschiffahrt geben.

»Windjammer kennen keine Grenzen und werden immer eine Zukunft haben«, so hatte es vor Jahren ein Landesvater zutreffend formuliert, als er eine Windjammer-Armada verabschiedete. Wie recht er haben sollte, das sehen wir in den nun folgenden Kapiteln. »Solange es noch Menschen gibt, die sich dem Abenteuer Windjammersegeln nicht verschließen, so lange wird es Großsegler geben!« ... und wann heuern Sie an?

KAPITEL 2

»THOR HEYERDAHL« – MIT KURS AUF DANZIG

Mit dem neuaufgeriggten Dreimast-Toppsegelschoner in das »mare balticum«

»Thor Heyerdahl« hoch auf der Kimm.

Es war im Sommer 1985, als wir den ersten Belegnagel in die Nagelbank setzten – oder anders gesprochen »... wie man einen Traumtörn nach Danzig beginnt«!

Fünf »Pioniergeister«, alles erfahrene Tiefwassersegler, sind dem kommerziellen Wooling der »Sail Amsterdam '85« aus dem Weg gegangen, um im Salon der »Thor Heyerdahl« zu beratschlagen, wohin der nächste Törn führen könnte. Die »Urväter« des späteren Danzigtörn sind im einzelnen Detlef Soitzek, Kapitän und Anteilseigner des neuaufgeriggten Oldtimers, mit dem wir so manch einen Segeltörn gemacht haben, Altbürgermeister Otto Malfeld aus Wetzlar, Schiffahrtshistoriker und STAG-Beauftragter Erwin Ehlers aus dem hessischen Hofheim-Wallau, nicht zu vergessen unseren »Manni macht das«-Mooker von der Marinekameradschaft Wetzlar und eben meine Person.

Anfangs wußte keiner was Konkretes – nur der Wunschgedanke nach etwas Neuem stand im Raum. Und irgendwann kam mir die Idee; zuerst nur vage, dann aber, als sich Hürden und Hindernisse aufbauten, setzte sie sich zunehmend fest. Es mußte dieser Törn sein und kein anderer – gen Danzig, was kam sonst noch in Frage...?

Die Kanarischen Inseln sind schon mehrfach das ausgewählte Winterrevier unseres Dreimast-Topsegelschoners gewesen. Also schied dieses Vorhaben aus. So auch die zweifellos interessanten Überführungstörns: Durch den Englischen Kanal, als ersten Stopp entschied man sich für Kiels Partnerstadt Brest – die noch Symbolcharakter haben sollte. Dann die berüchtigte Biskaya-See, via einem weiteren Crewwechsel in Lissabon versegelte man nach Las Palmas, wo etliche Rundtörns um die Kanaren gemacht wurden, ehe es wieder heimwärts ging. Von den heimischen Gewässern, bis zur Inselwelt der dänischen Südsee wollen wir gar nicht reden, geschweige denn Tages- oder Wochenendfahrten in unsere Überlegungen einbeziehen. Nein und nochmals nein, es mußte etwas Neues, etwas Ungewöhnliches gefunden werden!

Der Gedanke, mit einer weiteren Partnerstadt von Kiel in Kontakt zu treten lag nahe, hatte man doch mit Brest allerbeste Erfahrungen gemacht. Schließlich wollte unsere »Thor Heyerdahl« ja auch gern Flagge zeigen – die ihrer Heimatstadt Kiel!

Die Initialzündung kam von mir, da ich jüngst mit polnischen Freunden erste zarte Bande geflochten hatte. Für 1986, wo Kiel mit der polnischen Hafenstadt Gdingen seine Partnerschaft beurkunden wollte, hatte ich den bekannten Fotoreporter Janusz Uklejewski für eine gemeinsame Ausstellung gewinnen können. Die Idee war geboren! Nun galt es, sie durchzusetzen und in vorderster Linie weitere kompetente Partner zu finden.

Getreu dem Motto »Tue Gutes und rede drüber« sollte sich die Volksweisheit im Vorfeld unserer Bemühungen als sehr nützlich erweisen. Die »Kieler Volksbank« als Veranstalter und Hauptsponsor der aufwendigen Fotoausstellung, »Maritime Impressionen«, bei der natürlich die Windjammer-Faszination im Mittelpunkt stand, hatte maßgeblich zum Gelingen beigetragen. Kurzum: Die Veranstaltung wurde ein voller Erfolg! Selbst Kiels Stadtväter, Ratsherren und Gdingens Stadtpräsident ließen es sich nicht nehmen, der Eröffnung beizuwohnen.

Wir erinnern uns, es war im Sommer 1985, und auf der »Thor Heyerdahl« war der Gedanke, einen Osttörn zu machen, mit gemischten Gefühlen aufgenommen worden. Die Zeichen der Zeit standen denkbar ungünstig. Es war die Zeit des politischen Umbruchs in Polen »... und da wollt ihr hin?« Ehrlich eingestehen mußte ich es schon, wahre Begeisterungsstürme löste dieser Törnvorschlag nicht gerade aus. Das Meinungsbild schlug denn auch haushohe Wogen »... warum denn nicht gleich ins berüchtigte Bermuda-Dreieck oder zum Iwan im Kreml. Ihr seid wohl von allen guten Geistern verlassen!« Leicht hatten wir es in jenen Tagen gerade nicht. Allen Ernstes fragte man uns, ob wir die katastrophalen Zustände der desolaten polnischen Wirtschaft vergessen hätten, die eskalierenden Untergrundbewegungen in der Arbeiterschaft, die sich um die Solidarność formierte. Nicht zuletzt war das Kriegsrecht vom 13. Dezember 1981 gerade erst aufgehoben worden.

Hatten wir uns da zu viel vorgenommen, oder waren wir der Zeit einfach voraus? »Sailing away Danzig«, so

rechte Seite:
Zuhause! Der Dreimast-Toppsegelschoner »Thor Heyerdahl« am Stammliegeplatz in der Hörn, im Kieler Heimathafen.

TS
G342

Sicherheit wird groß geschrieben. Das oberste Gebot auf einem Windjammer ist die Kenntnis der Handhabung der Schwimmweste und aller übrigen Vorsorgemaßnahmen.

der O-Ton eines Urvaters. Unser Leitmotiv stand felsenfest »... sich nicht mit den momentanen Gegebenheiten abfinden, sondern neue Zeichen setzen«! Ein kleiner chronologischer Exkurs soll unsere »Pioniertat« und die Einstimmung verdeutlichen.

Wir schreiben das Jahr 1972, und Kiel war neben München auch Austragungsstätte der 20. Olympischen Sommerspiele. Was sich am Sonntag, den 3. September 1972, in den Mittagsstunden ereignete, das stellte die Segelolympiade für einige Zeit in den Schatten. Ein noch größeres Schauspiel, eine Windjammer-Regatta tags zuvor in Lübeck-Travemünde gestartet, vollzog sich auf der Kieler Förde. Es war eine Veranstaltung der Superlative. 17 Nationen waren am Start – das hatte es noch nicht gegeben. Man sprach in der ganzen Welt von einem bedeutsamen Jahrhundertereignis. Erstmalig segelten 67 mehr oder weniger große Windjammer im friedlichen Wettstreit in der Ostsee. Es war der Beginn einer neuen Ära, denn es beteiligten sich auch Großsegler aus dem Ostblock, wobei die »Dar Pomorza« als Führungsschiff neben dem Flaggschiff »Gorch Fock« eine hervor-

linke Seite:
»Thor Heyerdahl« hoch am Wind. Die See trennt nicht nur, sie verbindet auch, hilft Brücken zu bauen!

»... holt durch die Gei; holt dicht die Schot!« Manch ein Gastsegler holt sich bei der ungewohnten Arbeit auf einem Windjammer zum erstenmal in seinem Leben Schwielen an den Händen. Egal, ob Bankier oder Handwerker – alle ziehen sie am gleichen Strang.

gehobene Rolle einnahm. Neben mehr als 100 000 Schaulustigen an beiden Fördeufern hatte auch der damalige Bundespräsident Dr. Gustav Heinemann dieses maritime Spektakel aus nächster Nähe mitverfolgt. So etwas hatte die Welt noch nicht gesehen!

Wen wundert es, daß die »Dar Pomorza«, die heute noch von Hamburgs Hanseaten liebevoll »Weißer Schwan der Ozeane« genannt wird, die heißbegehrte STA-Trophäe erhielt. Diese über 7 Pfund schwere »Cutty Sark«-Nachbildung ist aus reinem Sterling-Silber und wird, wie man glauben möchte, aber nicht dem schnellsten Segler verliehen. Nein, alle Kapitäne der beteiligten Windjammer befinden einvernehmlich darüber, welches Schiff und welche Crew am meisten zur Völkerverständigung beigetragen hat.

Ein großartiger Erfolg für das polnische Segelschulschiff und für die STA-Bewegung. Das hatte zur Folge, daß das polnische STA-Organisationskomitee nicht umhinkonnte, für 1974 die »STA-Family« nach Polen einzuladen, was zeitgleich mit den Reformbewegungen in der Volksrepublik Polen geschah. Das polnische Volk mußte mit anderen Schwierigkeiten fertig werden, die wir in Deutschland nur noch aus düsterer Vergangenheit kennen. Es ging ums nackte Überleben, um Sein oder

Nichtsein! Die mündigen Bürger hatten erkannt, daß das planwirtschaftliche System in Polen gescheitert war. Es war die Zeit des inneren ökonomischen wie politischen Umbruchs. Militär wurde eingesetzt, und selbst der massive Polizeiapparat und die Miliz waren nicht mehr Herr der Lage. Wie wir es heute nachlesen können, gingen alle Aktivitäten von den organisierten Arbeitern der Lenin-Werft in Danzig aus – und da wollten wir ja hin!

Ich frage abermals – war es ein Traum oder ein Alptraum? Die Probleme in der Vorphase schienen kein Ende nehmen zu wollen. Immer wieder tauchten neue Hindernisse auf. Heute kann ich sagen, daß wir starke Nerven brauchten und wohl auch hatten, um das Hin und Her durchzustehen. Unser Motor zum Durchhalten »Das Meer trennt nicht nur, es verbindet auch – Brücken bauen!«, zahlte sich aus, dank unseren polnischen Freunden, die mit ihren ausgezeichneten Verbindungen zu Gleichgesinnten das Unmögliche fertigbrachten. Ihnen sei an dieser Stelle nochmals nachträglich recht herzlich gedankt!

Segel bergen. Die Gastsegler sind von der Stammcrew bereits bestens eingewiesen worden.

Am 26. Juli 1987 war es dann soweit, die Reise mit der »Thor Heyerdahl« – mit Kurs auf Danzig – konnte beginnen!

Anders als auf der S. Y. »Sea Cloud« oder auf dem Mega-Großsegler »Club Med 1« findet hier auf dem Dreimaster keine Luxus-Kreuzfahrt mit buntem Bordprogramm wie auf einem der vielen Musikdampfer statt. Es ist ein Törn zum Mitanpacken. Hier steht das Segelerlebnis hautnah im Vordergrund. Wie sagt es so schön unser Kapitän »Glück hat auf Dauer nur der Tüchtige, also packen wir alle mit an, damit unser Schiff auch läuft.« Zum Bordalltag gehören viele Routineaufgaben, die eben einmal erledigt werden müssen; hier ist auch der Urlauber gefordert, am Segleralltag teilzunehmen. Es ist eben notwendig, daß man ständig das Wetter beobachtet, die Temperaturen mißt, die Windrichtung und -stärke ermittelt und diese Angaben präzise alle Stunde ins Logbuch einträgt. Ausguck gehen, als Rudergänger den angegebenen Kurs halten, navigieren, also den Standort des Schiffes ausfindig machen und vieles mehr. Auf See weiß man, daß das Wetter von der einen zur anderen Stunde umschlagen kann – daß die Natur den Tagesablauf an Bord mit festlegt. Wer denkt da gleich an die heroischen Worte des Seefahrt-Schriftstellers Alan Villiers, der die Unbefangenheit der Seeleute liebt und ihnen nachsagt, daß sie sich den Stolz des tüchtigen Handwerkers bewahrt haben. In »Tausend bunte Segel« steht es geschrieben »Sie entfalten das ruhige Selbstvertrauen, das alle charakterisiert, die eine ernsthafte Gefahr siegreich überstanden haben, alle als Yachtie an Deck oder als Steuermann auf der Brücke.« Nein, das allein wird nicht in den nächsten Tagen unser Arbeitsalltag auf der »Thor Heyerdahl« sein.

Aus allen Teilen Deutschlands kamen die Teilnehmer angereist: München, Frankfurt, Hamburg und eben Wetzlar, wo das Hauptkontingent aus der rührigen Marinekameradschaft und den »Naturfreunden« gestellt wurde. So unterschiedlich die Berufe auch waren, die die erste Gastcrew in ihrem Arbeitsalltag ausübten, so verschieden waren auch die Beweggründe, warum sie gerade diesen Törn mitmachen wollten. Für den einen bedeutete es nach über 40 Jahren die Stätte anzulaufen, die er als junger Marinemaat in gar nicht so guter Erinnerung hatte, und für andere sollte es das erste Wiedersehen mit ihrer angestammten Heimat sein.

Mit (See-)Sack und Pack waren wir nach Travemünde angereist. Der TT-Liner »Peter Pan« sollte uns in gut 7 Stunden nach Trelleborg, unserem Ausgangshafen, bringen. Also Zeit genug, um sich untereinander näher kennenzulernen. Die Überfahrt, zwischen einem prächtigen kalten Büfett und einigen Hochprozentigen an der Bar, verlief recht schnell. Wir, das sogenannte maritime Dreigestirn EE, wie unser Schiffahrtsexperte Erwin Ehlers im Freundeskreis genannt wird, MM, für »Mooker Manni« und ich als Doppel-L sprachen bei unserem ausgedehnten Spaziergang an Oberdeck der Fähre noch über wichtige Details der Reise, die doch gerade erst begonnen hatte. Mit der Nase im Wind stellten wir fest, was sich hinter den großflächigen Scheiben des Salons sehr schön ansieht – es pustete kräftig, und die See war alles andere als einladend. Es sollte ein Vorgeschmack

nächste Seite:
»Thor Heyerdahl« – überall ein gern gesehener Gast! Hier im heimischen Revier der Kieler Förde anläßlich der Sail Baltic '87 bei einer Gästefahrt im Kielwasser der Bark »Statsraad Lehmkuhl«, gefolgt vom ältesten Teilnehmer dieser Veranstaltung, der 1867 erbauten »Grönland«.

THOR HEYERDAHL
KIEL

auf das sein, was uns in den nächsten Wochen erwartete. »Reise, Reise, wir sind gleich da«, ein Weckruf gegen 22 Uhr ließ die Mitglieder unserer Gruppe nochmals die letzten Kräfte mobilisieren. Wir dürfen nicht vergessen, einige waren schon weit über 36 Stunden auf den Beinen. Alle Achtung, allen voran unser »Masuren-Ernst«, von dem ich solche »Drehzahlen« – wegen seiner Beinamputation – am allerwenigsten erwartet hatte. »Verdammich so lütt is de Thor doch nicht«, höre ich im besten »missings« sagen, »de Grootmast is doch god un giern sien fiefundwinnig Meters«. Die Aufklärung folgte bei Fuß, nachdem einige Mitglieder der Stammcrew uns mit großem Hallo empfingen. Die »Thor« liegt gleich um die Ecke, in einem anderen Hafenbecken, lautete die milde Umschreibung. Kurzum: Es wurde ein strammer Marsch durch das ganze Hafengelände. Die Arme wurden unter der Tragelast immer länger und die zusätzliche Verproviantierung immer schwerer. Endlich hatten wir

Sturmfahrt ist kein Zuckerschlecken. Die Wachmannschaften werden verdoppelt.

es geschafft, unsere schwimmende Heimstätte der nächsten Wochen lag vor uns. Nur schnell das Gepäck an Bord: »Erwin Du teilst Dir mit Lothar die Kammer 7 an Steuerbord, ... den Rest regelt Ihr unter Euch« und Kapitän Soitzek wendet sich den nächsten zu. Wir beide machen daraus nicht viel Federlesens und schreiten gleich zur Tat. Schnell die Klamotten den steilen Niedergang herunterasten, und weiter geht's im Text. »Erwin, ich nehme freiwillig die Oberkoje«. »... o.k.«, und ohne viel Aufhebens und unnötiger Worte wird weiter gearbeitet. Bloß keine Zeit verlieren, die Falle ruft. Nur noch schnell die Plünnen aus meinem Seesack holen und dann ab zum Matratzenhorchdienst. Erwin ist ein Mann der ersten Stunde und der alten Schule. Er überläßt mir in der beengten Kabine den Vortritt, damit wir uns beim Einräumen nicht gegenseitig auf die Füße treten. »Wenn dat mien Fru wösst, dat ick dat so good kunn«, so gut wie es geht, verstaue ich die Wäschestapel in die Schubladen und den schmalen Wäschespind. Bloß nichts zerknüllen, Weißwäsche zu Weißwäsche, Hemd auf Hemd, den Wäschebeutel für die dreckige Wäsche neben die Schuhe. Ja, Jugendherbergen und Bundeswehr waren mir gute Lehrmeister. Die Gummistiefel, das Schwerwetterzeug, der Seesack und die leere Reisetasche kommen in die Backskiste, wobei ich die warmen Sachen extra lege, um sie notfalls schnell greifen zu können. Man weiß ja nie, was da kommt – ein Allhands-Signal, und dann muß alles fix über die Bühne gehen. Endlich habe ich es geschafft und verschwinde gleich in die Falle. Erwin höre ich schon gar nicht mehr, so schnell bin ich entschlummert.

Montag

Für manch einen war diese Nacht viel zu kurz. 07.30 Uhr, so früh werden Sie jetzt sagen, und das noch im Urlaub! Mit zum Teil noch verschlafenen Augen findet sich die gesamte Mannschaft an Oberdeck ein. Kapitän Detlef Soitzek heißt alle Teilnehmer dieses Törns nochmals recht herzlich an Bord willkommen und geht sogleich zur Bordroutine über. Wir werden in vier Wachen eingeteilt. Eine »Backschafter«-Wache, die rotiert, damit ein jeder einmal Innendienst hat, sowie die Wachen 1–3, die sich jeweils im Vierstunden-Zeittakt ablösen. Auf 4 Wachstunden folgen 8 Stunden Freiwache – außer es wird »allhands« gerufen. Mit dem Typhon wird das Signal »K« gegeben, dann hat die gesamte Mannschaft umgehend an Deck zu sein. Doch davon später mehr.

»Frühstück«, ein Ruf durch das Bulley der Kombüse, und das Deck ist auf einmal wie leergefegt. Die Ausgehungerten können es kaum abwarten, daß die »innere Einkehr«, eine Schweigeminute vor jeder Mahlzeit, durch einen kräftigen Doppelschlag mit der Glocke in der Mannschaftsmesse beendet wird. Dann gibts kein Halten mehr. Wir schlagen zu wie junge Löwen! Die armen Backschafter können gar nicht so schnell nachkommen. Sie dürfen nicht vergessen, das ist hier nicht Mutters Küche, wo zwei, drei oder bestenfalls fünf, sechs hungrige Mäuler zu stopfen sind. Nein, zur Zeit sind wir nicht weniger als 42 (!) hungrige Mägen. Da wird schon gewaltig was weggedrückt.

»Ich will mein Müsli mit Nüssen und vielen Rosinen«, kommt es da von einer Seite, daneben bemängelt jemand, er habe keinen Apfel und keine Banane in sein Müsli bekommen.« »Wo bleibt mein Brot, ... schieb die rote Marmelade mal rüber«, »... der Kaffee ist aber heiß ... gewesen«, raunzt ein Backschafter zurück. Merken Sie es? An Bord herrscht ein rauher Umgangston! Den fünf Frauen unter uns müssen bestimmt so manches Mal die Ohren geklingelt haben.

Langsam wird es ruhiger, die Backschafter haben alles im Griff. Die ersten verdrücken sich schon an Oberdeck, um sich hinter dem Deckshaus einen »Sargnagel«

Arbeit in der Takelage. Es ist nicht jedermans Sache, in solch luftiger Höhe sein Tagewerk zu verrichten. Die Arbeit im »Gebälk« verlangt absolute Schwindelfreiheit und zudem eine gehörige Portion Mut und Kraft.

reinzuziehen. Sie müssen wissen, unter Deck herrscht striktes Rauchverbot! Die augenblickliche Ruhe ist trügerisch: Alarm »K«! Der durchdringende Lärm der Alarmglocke schafft es, daß allhands unverzüglich an Deck erscheinen.

Was los ist, wollen einige wissen, es folgt die Sicherheitsbelehrung, die Handhabung der Rettungsweste, die jeder aus seiner Kammer mitzubringen hat. Danach erfolgt die Einweisung in den jeweiligen Borddienst, dem sich ein »Reinschiff« anschließt.

Wir vom »Planungskommando« sind mit dem Verstauen der »Extra-Verpflegung«, die wir aus Kiel für den Empfang in Polen mit an Bord gebracht haben, beschäftigt. In der geräumigen Vorderluke verlaschen wir die zusätzlichen Kühlboxen ordentlich. Eine Herrensegelpartie oder ein Schwerwettertörn – wer weiß, was uns erwartet?

An Oberdeck erwarten einige schon sehnsüchtig die Einweisung zum Segelmanöver. Weit mehr als 2 Stunden dauert die »Trockenübung« an der Pier. So manch einem wird der Kopf geraucht haben, bei all dem Fachchinesisch. »Hol durch das Klaufall, belegt Bullentalje an Steuerbord, ... und zugleich das Großstengestagsegel...«, um nur einige Begriffe des laufenden Guts zu nennen. Sie brauchen aber keine Angst zu haben. Es wird einem alles gesagt, was man tun und was man las-

Der Kieler Abenteuersegler »Thor Heyerdahl« liegt an der Museumspier von Gdynia mit den polnischen Vollschiffen »Dar Mlodziezy« und »Dar Pomorza« in Kiellinie.

sen soll. Und noch ein Trost für den Unwissenden: Selbst ein pensionierter »Gorch Fockler«, der die Fachausdrücke eingetrichtert bekam, mußte hier und da nachfassen!

Monika – unser Smut für diese Reise – findet sich bestens in ihrer neuen Umgebung zurecht. Solch eine Kombüse ist bei weitem nicht mit Mutters Herd zu vergleichen – alles, Pott und Pann, ist um Nummern größer! Doch sie packt es wie ein Fachmann an. Mit der tatkräftigen Unterstützung der Backschafter bringt sie ein komplettes Menü auf den Tisch: Spargelcremesuppe, im Hauptgang Kotelett natur mit Blumenkohl in einer Mehlschwitze, und als Nachtisch zaubert sie einen Waldmeister-Wackelpudding mit Vanillesoße auf die Back. Es mundet allen sehr.

Mit Interesse hören wir die Wettervorhersage von Detlef, der gerade aus der Funkbude gekommen ist. »Wir haben großes Glück«, meint unser Kapitän, »draußen steht ein guter Wind, der mit 5-6 Beaufort aus westlicher Richtung bläst, ... da können wir gute Meilen machen!«

Nach dem Mittagessen ist es soweit, der langersehnte Augenblick ist gekommen. »Leinen los«, wir verlassen Trelleborg vorerst unter Motorkraft.

Wir haben uns »freigeschwommen« und verlassen das schietige Kappelwasser im Industriehafen. Gleich

Rudergänger: Auf der »Thor Heyerdahl« werden keine Unterschiede gemacht. Der eine ist Pensionär, der andere Student, und der nächste hat an Land seinen Arbeitsplatz am Schreibtisch einer Großbank.

Hein Heide, Senior dieser Reise und Fachmann für das »Einmaleins der Deckshands«, beim praktischen Unterricht an Oberdeck.

nach dem Verlassen der schützenden Hafenmole werden alle Segel gesetzt. Unter Vollzeug, das sind auf der »Thor Heyerdahl« beachtliche 630 Quadratmeter Segelfläche, nutzen wir die Gunst der Stunde – den auffrischenden Westwind. »Lothar, sieh zu, daß die Fender außenbords verschwinden und weggeräumt werden.« »Hans, Karl, Siggi und ihr anderen beide legt Hand beim Deckaufklaren mit an.« »Ich schau mir das nachher noch an, ob auch alle Tampen gut aufgeschossen sind.« Ohne Pause fährt unser Wachführer fort, »... und Du Manfred, was sagt das Echolot?«

Die Bojen am Rand der Fahrrinne weisen uns tanzend den Weg ins offene Fahrwasser. Es ist herrlich, endlich wieder auf offener See zu sein. Doch für einige »Aspiranten« heißt es jetzt schon mit einigem Unbehagen zu kämpfen. Soll heißen: Neptun und Rasmus fordern ihre ersten Opfergaben! Dabei zeigt sich die Ostsee gar nicht mal von ihrer schlechtesten Seite. Es sind einfach nur die ungewohnten Rollbewegungen des Seglers bei achterlichen Winden und die eben auflaufende See. Gierig leckt das grünweiße Spritzwasser am Schanzkleid des Hecks. Und dann wieder wird das Achterschiff von einer Dünung emporgehoben, gerade so, als befände man sich in einem Fahrstuhl mit großer Anfangsgeschwindigkeit. Für den Bruchteil eines kurzen Augenblicks verhält sich der Windjammer so, als wolle er weiterhin diesen Kurs auf der oberen Ebene beibehalten, um dann im nächsten Moment mit der gleichen Schnelligkeit ins Wellental zurückzufallen. Selbst nach Stunden, die 4–8-Wache war bereits aufgezogen, empfinde auch ich die ungewohnten Bewegungen immer noch recht bewußt. Plastisch gesehen ist es so, als befände man sich auf einem Rummelplatz in einer Achterbahn. Nur mit dem Unterschied, daß man dort die Berg- und Talfahrt, also den Fall ins Leere voraussehen kann. Doch sind es wohl bei jedem gestandenen Tiefwassersegler gerade diese Erlebnisse, die unmittelbare Begegnung mit den Elementen, der Kampf mit den Naturgewalten, die einen tiefen Respekt hinterlassen. Aber ich sage mir auch, daß Mutter Natur mir in solchen Augenblicken einen faszinierenden Einblick in

Freiwache auf dem Poopdeck. Ein kräftiges Frühstück, eine Mug heißer Kaffee, und dann sieht der Arbeitsalltag auf einem Windjammer gleich ganz anders aus.

die ungeheure Vielfalt der Seelandschaft gewährt; wo sonst bekomme ich das Wasser in solch wunderbarem Farbspektrum zu sehen wie auf dem offenen Meer? Augenblicklich zeigt sich die See in flaschengrünen Farben, bis hin ins Blaugrüne. Sie ist bedeckt mit Schaumkämmen, die dann und wann vom Wind fortgetragen werden. Nur zu gut kann ich in solchen Momenten die Zeilen des unvergessenen Joseph Conrad nachempfinden. Hoch geht's her in seinem »Taifun«. Doch so lebensbedrohlich ist die Situation bei uns noch lange nicht, wie der polnische Schriftsteller es in seinen Erzählungen schildert. Nein, wir machen weiterhin gute Fahrt – über 7 Knoten.

Der starke Schiffsverkehr macht es notwendig, daß der Ausguck auf der Back verdoppelt wird. Gerade jetzt im Zwielicht heißt es mit wachem Auge den Horizont ständig beobachten. Von den Backschaftern ist zu berichten, daß sie ihre Arbeit, wenn zeitweilig auch mit verminderter »Drehzahl«, hervorragend erledigt haben. Kein Teller und keine Mug ist zu Bruch gegangen. Überhaupt hält sich der Verlust an diesem ersten Seetag in Grenzen, wenn wir einmal von den »Weißnasen« absehen, die als Arbeitskraft ausgefallen sind. Ich kann feststellen, daß wir auch unsere »Kalte Küche« gut verstaut haben, und bei mehrmaligen Kontrollgängen in die Speiselast stelle ich keinen Schaden fest. Alles ist noch bestens verlascht. Wäre doch zu schade, wenn wir in Danzig nur mit halber Verpflegungsration ankommen würden. Einzig von Hein, unserem »Oldie«, bekomme ich zu hören, daß sich eine niegelnagelneue Prinz-Heinrich-Mütze von ihrem Besitzer auf Nimmerwiedersehen verabschiedet hat; »...war wohl noch nicht begossen, oder noch nicht bezahlt – nur eben mehr als flüssig, ... überflüssig war sie!« Mit Einbruch der Dunkelheit wird vom Wachführer und vom Kapitän entschieden, daß wir die Segel stehen lassen und auch nicht reffen, solange die See und der Wind nicht ungestümer werden.

Langsam kehrt Ruhe ins Schiff ein, man hatte sich allmählich an die Schlingerbewegungen gewöhnt und die Augen auch an die nun eingetretene Finsternis. Der Borddienst ist jetzt schon in Routine übergegangen und unter Deck verlöschen bei den Tagelöhnern und Freiwachlern so nach und nach die Kojenlampen. Endlich Versäumtes nachholen: Einen kräftigen »Schlenderschluck«, um die nötige Bettschwere zu bekommen, und dann der verdiente Schlaf!

Dienstag früh

»Reise, Reise, aufstehen«! Der neue Tag zeigt sich am frühen Morgen von seiner angenehmsten Seite. Der Starkwind und der unangenehme Seegang haben merklich nachgelassen,und wir bleiben wie auch schon am gestrigen Tag vom Regen verschont. Schon vor Stunden hat der Ausguck die erste Ansteuerungstonne wahrgenommen. So läuft die »Thor« schon seit geraumer Zeit im Leeschatten der Insel Bornholm. Rønne, die Hauptstadt an der Südwestküste Bornholms, soll unser erster Zwischenstopp sein.

Was eine frisch aufgebrühte Tasse Kaffee doch alles schafft, oder ist es die frische Luft an Deck, die die letzte Müdigkeit aus den Gliedern treibt?

Gleich nach dem Frühstück sind die Wachen 2 und 3 damit beschäftigt, die Segel zu bergen. Der Wachführer achtet peinlich genau darauf, daß die Segel ja ordentlich verpackt werden. Kein Zipfel darf herauslugen, keine unnötige Falte zu sehen sein. Die Schiffsführung ist mit

Abschied. Langsam entschwindet die »Thor Heyerdahl« in der Dunkelheit und läßt den sicheren Gasthafen hinter sich.

unserer Arbeit zufrieden. Nun motoren wir. Schon weit vor dem Molentor des Nordhafens wird der »Eiserne Gustav« – ein Asbach uralter 215 PS starker Klöckner-Humboldt-Deutz-Diesel – angelassen. Unter den kritischen Augen einiger Hafenarbeiter passieren wir die Molenköpfe und halten dann Backbord, auf den Ostkai zu. Dort legt unser Steuermann ein Bilderbuch-Anlegemanöver vor. Nun, bevor wir uns landfein machen, wird erst einmal unser Schiff hafenfein gemacht.

Mit besonderer Aufmerksamkeit beobachtet man die Gebrüder Strickmann, unsere Youngster, und MM, den erfahrenen Co-Pilot, bei ihrer Arbeit. Sie arbeiten in luftiger Höhe, an der Marsrah und stemmen die Füße kräftig in die Fußpferde und liegen bäuchlings gegen die Rah, um dann beidhändig das schwere Rahsegel aufzutuchen. Die Arbeit ist gar nicht so einfach und zudem noch ganz schön gefährlich – trotz der angelegten Sicherheitsgurte, die selbstverständlich eingepiekt sind. Das »Fastmookerbeer« muß noch warten. Erst nachdem das Deck aufgeklart ist, die Tauenden vernünftig über den Belegnägeln liegen, die Gangway vorschriftsmäßig gesichert und wirklich der letzte Tampen aufgeschossen ist, kommt es zum wohlverdienten »Besan Schot an!«.

Wir werden für unsere Mühen reichlich belohnt, denn in den nächsten 36 Stunden stehen wir ständig im Mittelpunkt. Das Interesse ist enorm, man betrachtet und bestaunt die »Thor Heyerdahl« von allen Seiten. Wir sind immer von neugierigen Menschen umlagert, und unser piekfeiner Dreimaster muß für Einheimische wie für Touristen als lohnendes Fotomotiv herhalten.

Endlich ist für uns Landgang angesagt. Nur eine Hafenwache bleibt an Bord zurück. Beim Gang in die »Big-City« entdeckte ich erste Hinweise auf die Vergangenheit der 650 Jahre alten Hafen- und Hansestadt. Im Stadtwappen symbolisieren drei Heringe auf blauem Grund die Heringsmärkte und den Heringsfang, der den Grundstock zum späteren Reichtum der Stadt legte. Von weitem erkennt unsere Gruppe den schlichtweißen Leuchtturm und die schlanke Kirchturmspitze mit einem Fachwerkturm. Sie sind nicht zu übersehen und dienen uns beim Rundgang durch die beschauliche Altstadt immer wieder als Orientierungshilfe. Die engen Gassen und das Kopfsteinpflaster wirken bei unserem Spaziergang anheimelnd und vermitteln so den Flair einer verzauberten Märchenwelt. Kleine, niedrige Fachwerkhäuser mit Butzenscheiben und prächtigen Stockrosen, die bald bis an die Regenrinne reichen. In der Tat, es ist so, als hätten wir Zutritt in die Welt des dänischen Märchenerzählers Christian Andersen bekommen. Eine kaum handtuchbreite Gasse gibt mir einen idyllischen Blick zum Fischereihafen frei. Die bunt angestrichenen Fischkutter, dazwischen rote, grüne und gelborangefarbene Fischkisten, gleich daneben Lachsangeln, auf deren Stöcken bunte Wimpeln lustig flattern, und Reusen wie Netze, die zum Trocknen aufgehängt sind.

Wir können nicht umhin, bei all den vielen »Muß«-Sehenswürdigkeiten ein wenig länger zu verweilen, so vieles hat Rønne zu bieten, so vieles gibt es zu betrachten: Die alte Stadtkirche, die im 13. Jahrhundert zu Ehren des Beschützers der Seefahrer, St. Nikolei, gebaut wurde. Unweit daneben befindet sich Dänemarks älteste Theaterbühne von 1823 und etwas weiter in östlicher Richtung die 1744 erbaute Hauptwache, ein prachtvoller Backsteinbau. Es wird erzählt, daß man zum Bau die Steine aus der Hammershus-Ruine entwendete, die wir morgen besuchen wollen.

Das Laufen auf Stadtpflaster macht müde. Wir beschließen daher in einem der urgemütlichen Kro einzukehren. Andere aus unserer Gruppe wollen unbedingt noch die Zitadelle, eine Verteidigungsanlage mit einem schön erhaltenen Zeughaus aus dem 17. Jahrhundert, besuchen. Wir »Fußkranken« ziehen ein zünftiges appetitliches Fischessen vor, statt uns an alten Waffen und Uniformen zu begeistern. Die Fischplatte ist phantastisch und der Himmel später wolkenverhangen. Hoffentlich wird es nicht regnen, unsere morgige Radtour darf doch nicht ins Wasser fallen!

Nachdem alle Landgänger wieder an Bord sind und wir das Abendbrot gegessen haben, bietet uns »Käpt'n Dedel« an, einen Diavortrag über eine Faltbootexpedition zu zeigen, die er mit dem befreundeten Abenteurer Arved Fuchs durch die Inselwelt der Aleuten gemacht hat. Klar doch, daß wir allhands dabei waren! So bekommen wir eindrucksvolle Dias aus der Welt eines Extremabenteurers zu sehen, bizarre Küstenregionen, lebensbedrohliche Packeisszenen, und von einem nicht minder gefährlichen Seebeben berichtet er. Mann, oh Mann, da verläuft unser Abenteuer auf der »Thor Heyerdahl« aber ganz anders! Da liegen Welten zwischen! »Skål«, mit einem kühlen Blondinchen, oder waren es gar mehrere kleine Bierchen (!), klingt unser Tag aus.

Mittwoch

»Diese Langschläfer, wo sind denn Manni, Roland der Lange und die anderen Konsorten, ... haben wohl den Weckruf überhört?« »I wo«, bekomme ich zur Antwort, »die sind schon seit geraumer Zeit mit den Drahteseln unterwegs, um die Insel zu erkunden!« Die »Perle der Ostsee«, »das Mallorca des Nordens« oder die »Sonnenterrassen Dänemarks« sind nur einige klangvolle Umschreibungen der knapp 600 Quadratkilometer großen Insel – die voller Gegensätze steckt. Auch wir schicken uns an, das reizvolle fast südländisch anmutende Eiland ein wenig näher zu erkunden. Aber nicht mit dem Fahrrad – unsere Ausrüstung besteht aus einem »Turistbillet«, einem Fahrschein und einem großen Lunchpaket! Gegen 10 Uhr verlassen wir Rønne und fahren auf der Straße 159 im Uhrzeigersinn zunächst nach Hasle, einem

nächste Seite:

Der Oldtimer »Thor Heyerdahl« verschwindet im hohen Wellengang der tiefblauen See.

TS
342

kleinen idyllischen Hafenstädtchen. Hohe, weithin sichtbare Schornsteine einer Schamottsteinfabrik weisen uns den Weg. Ungesehen bleiben die um 1400 erbaute Feldsteinkirche, das Rathaus und ein hoher Runenstein am Ortseingang, der aus der Zeit um 1100 stammt. Die Zeit drängt, wir wollen die Hammershus-Ruine, um 1225 erbaut, besichtigen. Es ist wohl das bedeutendste Bauwerk in Dänemark. Ob nun als Zufluchtsstätte von Geächteten oder im Mittelpunkt der jahrhundertelangen Freiheitskämpfe um Bornholm, stets wurde hier Geschichte geschrieben. Schweden, Lübecker, Briten, abermals Deutsche und eine zeitweilige Besetzung durch die Sowjetarmee hat die Insel erlebt. Damit noch nicht genug: Hammershus ist auch in die Weltliteratur eingegangen. Ist Ihnen übrigens die ergreifende Erzählung der dänischen Prinzessin Leonora Christina bekannt, die hier 1660 mit ihrem Mann Corfitz Ulfeldt inhaftiert war? Sie konnte aus dem Kerker fliehen und ihren schwerkranken Mann bis nach Sandvig schleppen. Die Flucht mißlang, weil ein Fischer sie erkannte und verriet. »Sein oder Nichtsein, das ist hier die Frage...«, wer kennt nicht den berühmten Ausspruch des sagenhaften Dänenprinzen »Hamlet«. Ja, auch William Shakespeare ließ sich von der Hauptsehenswürdigkeit dieser Insel inspirieren.

Beim ausgedehnten Rundgang richte man seinen Blick auch einmal kurz von den Überresten der einst uneinnehmbaren Festung weg zum Meer hinunter. In den scharfkantigen Klippen erblickt das Auge bizarre Felsformationen. Die eigenwillige Natur hat an den Felshängen Löwen- und Kamelköpfe aus den verschiedenen Gesteinsschichten herausgewaschen.

Doch kommen wir zurück zur Hammershus-Festung, die einst von Adligen, die hier in Feudalherrschaft residierten, und ein anderes Mal von reichen Kirchenfürsten bewohnt wurde. Planen Sie ruhig für Ihre kulturhistorischen Nachhilfestunden gute 2 bis 3 Stunden ein. Die Ruinenreste, die erst 1822 unter Denkmalschutz gestellt wurden, können aber auch einen ganzen Besuchstag einnehmen. An dieser Stelle zeigt sich die Natur besonders verschwenderisch. Frühmorgens, wenn erste Nebelschwaden über die wildromantische Moor- und Heidelandschaft ziehen, wird es mystisch. Man fühlt sich versetzt in eine urwüchsige Fabelwelt. Naht eine frische Brise vom nahen Meer, glaubt man, daß sich listige Kobolde hinter Beerensträuchern verbergen und gutmütige Feen fleißig ihr Tagewerk verrichten. Ganz anders dagegen das sanfte Licht der untergehenden Sonne. Glättet sie mit ihrem goldenen Vlies die Wogen der Ostsee, dann können die Sinne im Farbtopf des Schöpfers baden.

Wir müssen weiter, sonst gerät unser Zeitplan in Gefahr; Allinge-Sandvig wird ausgelassen. Wir werden hier auf dem Rücktörn noch ankern. Den nächsten kurzen Stopp legen wir in Gudjem ein. Der alte Fischerort liegt so geschützt, daß hier sogar eine südländische Vegetation anzutreffen ist. Feigen, Maulbeerbäume und sogar seltene Orchideen wachsen hier in freier Natur, weil die Kleinstadt zwischen schroff abfallenden Klippen eingebettet liegt. Das besondere Licht, die Farben und das Klima haben manchen Künstler inspiriert. Das malerische Hafenbild, die vielen Hortensien, Stockrosen und Klematis in ihrer schönsten Blüte: Die Motivauswahl ist unendlich.

Man sagt, man hätte Bornholm nicht richtig erlebt, wenn man sich keinen fettriefenden, goldgelb geräucherten »Bornholmer« zugeführt hätte. Das lassen wir uns nicht nachsagen, und anschließend verlassen wir Gudjem in Richtung Neksø. Auch unsere vorletzte Station blickt auf eine düstere Vergangenheit zurück. 1510 von lübschen Kaufleuten niedergebrannt, 1645 von Schweden geplündert und gebrandschatzt. 1653 folgte eine fürchterliche Beulenpest, 1756 eine gewaltige Feuerbrunst, und 1872 richtete eine mörderische Sturmflut gewaltige Schäden an. Zuletzt wurde Neksø 1945 durch einen russischen Bombenangriff schwer zerstört, den ältere Einwohner bis heute nicht vergessen haben. Schnell einige Erinnerungsfotos, und schon sitzen wir wieder im Bus – Richtung Windjammer!

Wir wählen die Strecke über Åkirby, wo im Ortsmittelpunkt die imponierende Å-Kirche mit den charakteristischen Zwillingstürmen steht. Doch es bleibt nicht viel Zeit, wir müssen weiter.

Am Ende unserer »Bornholm-Rallye« an Bord angekommen, stellen wir fest, daß es noch viele Besonderheiten gibt, die wir gesehen haben müßten. Den Radfahrern geht es nicht anders! »Aber wat mut, dat mut«, abends stechen wir noch in See! Mit einer Fülle von neuen Eindrücken finden wir nach und nach in der Koje den verdienten Tiefschlaf..., um nun vom nächsten Höhepunkt zu träumen – Kurs Danzig liegt an!

Donnerstag

Hatten wir bisher den huldvollen Zuspruch von Neptun und Rasmus erhalten und gute Meilen vor dem Wind gemacht, so hatte sich die Wetterlage über Nacht geändert. Jetzt bekamen wir es knüppeldick – das war keine Rauschefahrt mehr! Es wurde richtig ungemütlich, wobei die »Thor« ihre Nase öfters tief ins Wasser steckte. Die See war ruppig, und zudem regnete es noch »Cats and Dogs«! Die Wache kam gar nicht aus ihren nassen Plünnen raus; wohl dem, der als Rudergänger oder Wachgänger ein zweites Päckchen »Liebestöter« und einen zusätzlichen Troyer mit hatte. Unser Schiff machte kaum noch Fahrt und dann fällt auch noch der zweitwichtigste Mann, hier Frau, aus. Smut Moni hat es hingehauen. Für unseren »Gustav« der Marinekameradschaft Wetzlar und für unseren Horst Schmidt bedeutet das aber »null Problemo«! Sie zaubern für die verbliebenen Kostgänger ein tolles Seemannsessen hin. »Labskaus – bis zum Abwinken«! Bis dato wußte ich nicht, daß man auch im tiefsten Binnenland solch exzellentes Labskaus machen

rechte Seite: Blick in die Takelage.

konnte. Man lernt nie aus: »Wetzlar ist eben eine maritime Hochburg«! Hier nun Gustavs

LABSKAUS-REZEPT (für ca. 40-45 Personen)

Zutaten: 10 kg gekochte Kartoffeln; 1 kg Kartoffelpüree; 3 kg Rote Bete; 3 kg Gewürzgurken; 3 kg Rindfleisch, gepökelt; 3 kg Schweinebauch, gepökelt; 20 Stück Matjesfilets; 1 kg Zwiebeln, Salz, Pfeffer.

Zubereitung: Die gekochten Kartoffeln durch den Fleischwolf, grobe Scheiben, drehen. Rote Beete, Gewürzgurken, Matjes und Zwiebeln ebenfalls. Das Pökelfleisch abkochen. In dem Fleischsud kommen o. g. Zutaten hinzu. Dies wird nun im Topf gut verrührt und eventuell mit etwas Rollmops- und Gurkenwasser aufgefüllt. Den Brei mit Salz und Pfeffer nachschmecken. Je nach Konsistenz ist der Labskaus mit etwas Kartoffelpüree nachzubinden.

Beilage: Die typische Beilage besteht aus einem Gabelrollmops, Gewürzgurke und einem Spiegelei und dazu ein frisches herbes Bier.

Nach unserem opulenten Mittagsmahl wurde dann endlich das Wetter zunehmend besser. Die See war, nachdem es den ganzen Vormittag unentwegt Bindfäden geregnet hatte, ruhig – zu ruhig. Kaum Schiffsverkehr, nur vereinzelt war ein Fischkutter im Glas auszumachen. Dafür bekamen wir aber um so mehr »DDR-Patrouillenboote« zu sehen – aus respektvoller Entfernung. Es war ja noch die Zeit der Berührungsängste!

Hein Heide, unser Senior mit großer Segelschiffserfahrung, verklarte der Freiwache sein »seemännisches Einmaleins« Wie ein Padding gemacht wird, den Unterschied vom Palstek zum doppelten Palstek, wozu ein Marlspieker benötigt wird und vieles mehr. So mit nautischen Dingen beschäftigt, merkten wir gar nicht, wie die Zeit verging und es draußen wieder zunehmend ungemütlicher wurde. Und richtig, die Hundewache, 0-4-Wache, bekommt es ganz dick mit einem fürchterlichen Gewitter und Hagelschauer zu tun.

Freitag

Von Manni höre ich am frühen Morgen, was in der vergangenen Nacht passierte. Man war nahe dran, die Freiwache aus den Kojen zu rufen. Eine fürchterliche Schlechtwetterfront mußte durchquert werden. Dabei war der Hagelschauer zeitweilig so dicht, daß man den Kurs auf dem Kompaß nicht richtig ablesen konnte. Nur so konnte sich Manfred die enorme Abweichung von 60 Grad vom Kurs erklären, die der Rudergänger gar nicht bemerkt hatte. Als wachhabender Co-Pilot ist meinem Freund auf dem Radarschirm aufgefallen, daß der polnische Schulsegler »Iskra«, der sich auch auf Heimatkurs befand, mit einem mal auf dem Bildschirm verschwunden war. Zuvor hatten sie sich noch über Funk unterhalten. Und da es wegen der stockfinsteren Nacht keinen direkten Blickkontakt gab, beobachtete man sich um so mehr auf dem Radarschirm. Im schwachen Schein einer Taschenlampe klärte sich dann das Malheur schnell auf. Unmerklich war dem Rudergänger die »Thor« aus dem Kurs gelaufen. »Solch ein Schreck sitzt tief«, wir beide malten uns aus, was gewesen wäre, wenn es ein Unglück gegeben hätte. Furchtbar!

Welch eine Freude, nun sind wir durch das Dickste durch. Auf den letzten Meilen treibt uns sogar ein leichter Norder voran – geradewegs in die Danziger Bucht. Der Schiffsverkehr hat wieder zugenommen, große Containerschiffe, Kümos und jede Menge Fischerboote können wir mit bloßem Auge ausmachen. Komisch, nur keine neugierigen Wachboote. Wir stehen mit den Hafenbehörden im ständigen Funkkontakt und sind bestens avisiert. Im Museumshafen von Gdynia bekommen wir einen Liegeplatz zugewiesen. Schade, leider nicht unterhalb des weltbekannten Krantores in Danzig, das heute ein Seefahrts-Museum beherbergt. Doch mit den großen Square-Riggern »Dar Pomorza« und der »Dar Mlodziezy« in Kiellinie zu liegen, das ist auch ein toller Anblick!

Vom ersten Augenblick an wird unserem Windjammer besondere Aufmerksamkeit zuteil. Die überaus große Anteilnahme der polnischen Bevölkerung imponiert mir sehr! Und das,noch bevor die Zeitungen und das Fernsehen von unserem Besuch berichtet haben.

Der laufende Tag vergeht mit den üblichen Formalitäten, Schiffspapiere werden kontrolliert, Pässe vereinnahmt, Crewlisten in x-facher Ausfertigung geschrieben für den Zoll, die Hafenbehörde, die Stadtverwaltung, die

Oldies der Marinekameradschaft Wetzlar gehen unserem Smut Moni in der Kombüse tatkräftig zur Hand.

rechte Seite:
Essenfassen an Oberdeck.

HEYER DAHL
THOR HEYE DAHL
KIE

TS
G342

Militärkommandantur und ich weiß nicht für wen noch alles. Zwischendurch kündigen sich immer wieder bedeutende Persönlichkeiten von Gdingen und Danzig an. Wer nicht persönlich kommen kann, schickt eine hochrangige Abordnung an Bord, um uns stellvertretend die besten Grüße ausrichten zu lassen. Neben dem Kapitän waren jetzt alle Co-Piloten gefordert. Erwin zeichnet für die Terminliste verantwortlich. Das hat er gut im Griff, wie auch unser »Otto«, der schon auf See damit begonnen hatte, spezielle Einladungskarten vorzubereiten. Als »Protokollchef« macht er Notizen für die »Welcome aboard-cards« und Macher Manfred ist mit fleißigen Händen für die reibungslose Bewirtung zuständig. Prima, wie unser Serviceteam diese Aufgabe meistert. Das geht bis in die späten Abendstunden.

Endlich sind wir einklariert und erhalten unsere Pässe mit dem kostbaren Sichtvermerk zurück. Einige können es kaum erwarten, an Land zu kommen.

Samstag

Schon am frühen Vormittag wird eine neunköpfige Delegation der »Thor Heyerdahl« im Rathaus des Stadtpräsidenten von Gdingen offiziell empfangen. Auf der polnischen Seite waren neben dem Hafenkapitän Stanislaw Jurzyk, der für uns so wichtige Wegbereiter und Alterspräsident des einflußreichen »Yachtclub Polski«, Wojciech Babanski und auch mein Freund Janusz Uklejewski dabei. Nach der herzlichen Begrüßung durch den Stadtpräsidenten ergriff unser Kapitän das Wort, um sich für das Entgegenkommen der Stadtverwaltung – uns wurde der Pflichtumtausch erlassen – zu bedanken. Es folgte die Begrüßungsansprache von unserem Altbürgermeister Otto Malfeld, der die Grüße der Stadt Wetzlar und ein Gastgeschenk aus der Domstadt überreichte. Bevor wir uns zum offiziellen Fototermin vor dem Rathaus von Gdingen einfinden, erhalte ich die Gelegenheit, Grüße von der Partnerstadt Kiel zu übermitteln und meiner Freude zum Gelingen dieser Begegnung mit einem Buchpräsent aus eigener Feder Ausdruck zu geben. Rechtzeitig zur Mittagszeit sind wir wieder an Bord.

Moni ist wieder wohlauf und hat für uns leckere Putenschnitzel zubereitet, mit Naturreis und einer tollen Currysoße. Als Nachtisch gibt es heute Birne Helene. Nach einer kleinen Verschnaufpause geht es mit dem Taxi in die historische Altstadt von Danzig. Einige von unseren Gastseglern haben sich schon am frühen Morgen für drei Tage verabschiedet. Ist doch klar, daß unser »Masuren-Ernst« und »Danziger-Gustav« ihre teure Heimat ohne großes Gruppenbild erkunden wollen.

Um Otto hat sich eine Vierer-Gruppe gebildet, die die Dienste eines Privattaxis angenommen und dabei großes Glück hat. Der Fahrer, im Hauptberuf Lehrer, verdient sich in den Sommermonaten ein kleines Taschengeld durch das Taxifahren hinzu. Und das Wichtigste, er spricht ein ausgezeichnetes Deutsch.

Auch Erwin und ich machen uns auf den Weg, um den alten Stadtkern von Danzig kennenzulernen. Wie mag wohl die Stadt aussehen, die im März 1945 durch einen russischen Großangriff in Schutt und Asche gebombt wurde? Janusz und Henrietta sind prächtige Fremdenführer, wissen sie doch um die Besonderheiten der »Dreistadt« bestens Bescheid. 3-4 Stunden sind bestimmt nicht zuviel für ein erstes flüchtiges Kennenlernen. Will man aber das Flair der traditionellen Ostseemetropole entdecken, so sind sicherlich zwei, drei Tage nicht ausreichend. Danzig mit einer kurzen Sightseeing-Tour abzutun wäre viel zu schade! Seit dem 14. Jahrhundert bildet die Langgasse und der anschließende Lange Markt den Kern der Innenstadt. Es war die Wirkungsstätte berühmter Baumeister aus ganz Europa, wo sich einst wohlhabende Kaufleute eindrucksvolle Bürgerhäuser bauen ließen, die mit reichlich goldverzierten Ornamenten ausgeschmückt waren.

Wir haben großes Glück, es ist die Zeit des traditionellen Dominikanermarktes, der in den ersten Augustwochen rund um die Altstadt stattfindet. Es gibt vieles auf diesem riesigen Flohmarkt zu sehen und zu erstehen. Einem Liebhaber alter Dinge gehen hier wahrlich die Augen über! Janusz mahnt zum Aufbruch »... sonst schaffen wir noch nicht einmal den historischen Stadtkern unterhalb der Speicherinsel, vom Grünen Tor an der Mottlau bis zum Goldenen Tor im Westen der Altstadt«.

Die wunderschönen Beschläge in der Frauengasse, wo sich heute freischaffende Kunstschmiede im Souterrain niedergelassen haben, und dann die monumentale Marienkirche, ein gewaltiger Backsteinbau der Spätgotik, und das sehenswerte Rathaus mit dem samtausgeschlagenen »Roten Saal« müssen warten. Danzig kann sich durchaus mit dem Glanz anderer Kulturstädte Europas messen. Im gleichen Atemzug mit der traditionellen Speicherstadt von Hamburg, dem vermeintlichen Labyrinth der Grachtenstadt Amsterdam oder dem venezianischen Markusplatz muß Danzig mit seiner bald tausendjährigen Geschichte genannt werden.

Bevor Janusz uns mit dem Auto wieder an Bord zurückbringt, beschließen wir in einem der zahlreichen Restaurants in der Nähe des Arthurhofes (erbaut 1477-1481) einzukehren.

Sonntag

Am frühen Vormittag liegt für die ganze »Thor Heyerdahl«-Crew ein Pflichtprogramm vor: der Besuch des

linke Seite:
»Thor Heyerdahl« auf Erfolgskurs! Nur zur gern war der norwegische Forscher Thor Heyerdahl bereit, seinen Namen für diesen Jugendsegler herzugeben, denn Kapitän Detlef Soitzek war ihm kein Unbekannter mehr. Er hatte vor Jahren seine Tigris-Expedition als Navigator mitgemacht. So wußte er, daß das Unternehmen, einen Oldtimer für eine aktive Jugendarbeit neu aufzuriggen, in guten Händen lag.

Museumsschiffes »Dar Pomorza«! Beim Rundgang entdecke ich etliche Foto meines Freundes Janusz, der auch gleich einige Erklärungen dazu geben kann.

Rechtzeitig zum Mittagessen finden wir uns alle wieder an Bord der »Thor« ein. Moni hat für jeden ein halbes Hähnchen gegrillt. Im weiteren Verlauf des Tagesprogramms haben unsere Gastgeber eine Stadtrundfahrt durch Gdingen arrangiert. Das einstige kaschubische Fischerdorf zählte vor Jahrzehnten kaum 300 Seelen. Erst zu Beginn des 20. Jahrhunderts ist es aus dem Dornröschenschlaf erwacht und hat neben dem mondänen Seebad Sopot und dem Kloster Olivia eine nennenswerte Beachtung gefunden. Von Otto höre ich später, daß er sich mit dem Fremdenführer ausführlich unterhalten hat. Er schreibt ein Buch über die Stadtgeschichte Gdingens und ist sehr an Informationen aus deutscher Sicht interessiert. Ich kann nicht dabei sein, schade. Ich muß meinen Lichtbildervortrag, »Windjammer-Faszination«, den ich abends im Yachtclub Polski halten soll, vorbereiten.

Im Anschluß revanchiert sich Erwin mit einer Einladung ins weltberühmte Restaurant »Zum Lachs«, das auf eine Entstehungsgeschichte bis in das Jahr 1598 zurückblicken kann. Das Speiselokal in der Danziger Altstadt ist »in« und wird gerade an Wochenenden von Einheimischen gern besucht. Nach kurzer Wartezeit haben wir Glück und können es uns in den urgemütlichen Plüschmöbeln bequem machen und aus der reichhaltigen Speisekarte unser Menü zusammenstellen. Um die Entstehungsgeschichte des Lokals und des »Danziger Goldwassers« – es wurde hier im Jahre 1606 kreiert – ranken sich viele Anekdoten und Legenden. Halbwahrheiten oder Seemannsgarn; wahr ist, daß wir erst weit nach Mitternacht an Bord zurückgekommen sind.

Montag

Vieles vom heutigen Tagesausflugsprogramm blieb für manchen von uns gestrichen. Es war unser »Hauptkampftag«! Wir waren federführend für den Empfang auf der »Thor Heyerdahl« zuständig. Den Besuch der Seefahrtsschule Gdingen konnten wir gerade noch verschmerzen. Schon mehr Herzblut verfloß darüber, daß wir die Busfahrt durch Danzig mit einem kurzen Abstecher zum Seebad Sopot nicht mitmachen konnten. »Belle Epoque«, das »Grand-Hotel« mit der berühmten Seemole, hätte uns auch gefallen.

Empfang an Bord der »Thor Heyerdahl«.

Unsere betriebsame Unruhe fiel auch einigen Passanten auf. Sie wollten wissen, warum wir das Sonnensegel und den imposanten Flaggenschmuck über die Toppen setzten. »Its Partytime!« Für das »Open ship« hatten wir den ganzen Tag stramm zu arbeiten, versteht sich mit bordeigenen Mitteln!

Bestimmt, mir klingeln heute noch die Ohren, als »Dedel« nachfragt, wer das alles essen soll. Er meinte, es wäre viel zu viel. Wieviele Platten es nun waren, das hatte ich mir nicht aufgeschrieben. Es war halt nach Art der Hausfrau von jedem etwas da! Belegte Brote mit Holsteiner Mettwurst, Katenrauchschinken, Stangenspargel in westfälischen Kochschinken gerollt, gefüllte Tomaten, Eiersalat und Fischiges! Als besonderen Clou hatte ich mir eine Dekoration in den jeweiligen Farben der Flaggen unserer Länder einfallen lassen. Weißrot für Polen erreichte ich mit Remouladenmöpsen und Lukullusmöpsen in einer feurigen roten Soße. Für die schleswig-holsteinische Flagge brauchten nur noch naturbelassene Rollmöpse hinzugefügt zu werden. Ein tolles Bild! Als Krönung des Fischbüfetts hatte ich einen geräucherten Ostseelachs aufgeschnitten. Sie sehen, es war für alles und für alle gesorgt. Das Essen stand auf dem Oberdeck bereit, und für die Getränke hatte unser Kapitän auch schon gesorgt. Die Gäste konnten kommen!

Und sie kamen – alles was Rang und Namen hatte! Neben den Prommis waren es in der Hauptsache unsere neuen polnischen Freunde, denen wir für ihre Mühen und als kleines Dankeschön diese Referenz an Bord der festlich geschmückten »Thor Heyerdahl« erwiesen. Ob nun der Stadtvizepräsident von Danzig und Gdingen, Bodgan Kasprzyki und Andrzey Kikielko mit Begleitung oder die Altvorderen vom Yachtclub Polski sowie die Kapitäne Babinski und Jurzyk mit Damen, alle waren gekommen und keiner störte sich am Wachposten an der Gangway, der die Papiere minuziös kontrollierte.

Es wurde ein großartiger Erfolg, und in Gegenwart von diversen Medienvertretern hatte man auch gleich über den Törn im nächsten Jahr konkrete Aussagen gemacht. Ich selbst lernte an diesem Abend weit mehr über Danzig und das Umland, als ich es mir jemals hätte in Geschichtsbüchern anlesen können. Wieder einmal wurde es sehr spät, bis wir in die Koje kamen – »Gute Nacht« und »Dobranoc«!

Dienstag

Den Weckruf kennen Sie ja schon »Reise, Reise, ... Aufstehen!« Frühmorgens wenn die Hähne krähn, war die Nacht vorbei. Als letzter Höhepunkt war eine ausgedehnte Busfahrt durch die Weichselnehrung zur Bernsteinküste geplant. Über die Mottlau in östlicher Richtung waren das Frische Haff und Elbing unser erstes Ziel. Ein herrlicher Tag und ein nicht minder phantasti-

»Wir waren der großen Politik um viele Meilen voraus . . .!«

scher Panoramablick von der Elbinger Höh gab uns einen tollen Einblick in die noch intakte naturbelassene Landschaft der Danziger Niederung. Beim nächsten Stopp in Jatar, unweit von Stegna Port gelegen, haben wir großes Glück. Hinter hohen Sanddünen, die mit Fichten und Krüppelkiefern bewachsen sind, finden wir einmalig schöne Fotomotive: Fischerboote, eine starke Brandung und Möwenschwärme.

Unser Glückspilz Detlef hat einen Fischer angetroffen, der uns einen frisch gefangenen Lachs von 26 Pfund Gewicht überlassen will. Bei sage und schreibe 50,– DM wird man sich handelseinig. Durch noch weitgehend gesunde Forstkulturen geht unsere Fahrt an der tausendjährigen Eiche vorbei, die ganz in der Nähe des großen Cadiner Gestüts steht.

In Stutthof werden wir an das unrühmliche Kapitel der NS-Schreckensherrschaft erinnert. Hier hatten die Nazis am 2. September 1939, also einen Tag nach Kriegsbeginn, damit begonnen, das erste Konzentrationslager auf polnischen Boden zu bauen. Es ist ein Ort der beklommenen Stille, ein Mahnmal des ehemaligen NS-Terrors, wo über 85 000 Menschen einen qualvollen Tod fanden. Licht am Ende dieses schrecklichen Zeittunnels erreicht uns erst wieder, als wir die eindrucksvollen Umrisse der Marienburg erkennen. Es ist der krönende Höhepunkt und Abschluß der Rundreise.

Wenn man so will, war es ein absolutes »Muß«-Erlebnis, den zeitgeschichtlichen Ausflug hierhin zum einstigen Hauptsitz des Deutschen Ordens (1309–1457) zu führen. Den Rückweg treten wir nach einer Stärkung in

Schlauchboot-Expedition. Nur noch einige wenige Paddelschläge, dann kann für die Mannschaft das neue Abenteuer beginnen – die Erkundung der Erbseninseln.

einem gutbürgerlichen Landgasthof an. Ein letztes Mal erfreuen wir uns an der landschaftlich reizvollen Umgebung, wenngleich hier und da schon einige Monokulturen zu sehen sind.

Am frühen Abend sind wir wieder an Bord. Janusz und Henrietta wollen wissen, wo wir überall waren. Was, die Wirkstätte des berühmten Astronomen Nikolaus Kopernikus, 1512-1542, habt ihr in Frauenburg nicht besucht, keinen Abstecher in die hügelige seen- und waldreiche Kaschubische Schweiz und zum schmucken Ort Olivia mit dem berühmten Kloster gemacht? Der berühmte Reiseschriftsteller und Forscher Alexander von Humboldt sagte einmal, es sei das drittschönste Fleckchen auf Erden. Oh, was habt ihr alles versäumt…! »Ich werde wiederkommen und dann aber mehr Zeit mitbringen«, räume ich lachend ein.

Die Stammcrew ist rechtzeitig mit dem Bunkern fertig. Sie haben die Frischwassertanks aufgefüllt, Diesel an Bord genommen und soweit erforderlich frisches Obst und Gemüse eingekauft. Beizeiten sind auch unsere beiden »Überland-Freigänger« heimgekehrt. Es heißt Abschiednehmen. Für 20 Uhr läßt unser Kapitän das Schiff seeklar machen. Es ist soweit: »Do widzenia – Aufwiedersehen … und Leinen los!« Alle Freunde haben sich an der Museumspier von Gdingen eingefunden, um uns zu verabschieden. Alles klappt wie am Schnürchen – ein gelungenes Ablegemanöver, und bevor wir den Hafen verlassen haben, stehen die Segel wie eine Eins. Am Molenkopf des Hafenbeckens I gibt Detlef noch einen letzten Abschiedsgruß » – – – «, dreimal lang mit dem Typhon, und langsam verlieren wir unsere Freunde aus den Augen. Einen allerletzten Blick zurück? Die hohen Masten der »Dar Pomorza« entschwinden, auch das markante Denkmal des Seeschriftstellers Joseph Conrads, das auf dem Museumsvorplatz steht. Die See hat uns wieder, … Dunkelheit umgibt uns!

Das Leuchtfeuer der Halbinsel Hela weist uns auf der Backbordseite den sicheren Weg ins offene Fahrwasser

rechte Seite:
Auf der Saling zu sitzen und aus der Vogelperspektive den Blick auf das Achterschiff zu richten verwirklicht den Herzenswunsch manch eines Shiplovers.

der Ostsee, und steuerbordseitig sehen wir nur noch schemenhaft die Lichter der Gedenkstätte Westerplatte. Schmerzlich erinnert sich Otto auf dem jetzt eingeschlagenen Kurs an die schrecklichsten Stunden seiner Dienstzeit als Mariner. Auch wenn es ihm schwerfällt, über die damaligen dramatischen Ereignisse der letzten Kriegstage zu sprechen, wir Jüngeren folgen aufmerksam seinen Ausführungen. Er hatte in jenen Tagen die gewaltige Hilfsaktion »Rettung über See« hautnah miterlebt. Nachdenklich und ergriffen finden wir nur sehr schwer unsere Nachtruhe, so sehr hat uns sein authentischer Erlebnisbericht mitgenommen.

Mittwoch

Von uns »Tagelöhnern« unbemerkt, hat sich über Nacht eine starke Dwarssee aufgebaut. Nun auch das noch, die »Thor Heyerdahl« hatte einen Sturm(-ausläufer) abzureiten. Wir machen kaum noch Fahrt. Von Rasmus bekommen wir nun alles gegenan, den Wind und die Strömung. Bei zunehmendem Tageslicht erkennen wir, wie der Segler zu arbeiten hat. Das aufgewühlte Wasser steht zum Teil grünlichgrau an Deck und sucht sich gierig den Weg zu den Speigattern. Kaum abgeflossen, setzt es schon wieder nach. Die Schiffsührung läßt vorsorglich Strecktaue, sogenannte »Leichenfänger«, spannen. Das ist heute alles andere als ein Ententeich! Über uns ächzt und knarrt die Takelage, der Starkwind pfeift, brüllt und heult unentwegt, und unter uns die schwankenden Planken. Für die Decksleute wird das Ölzeug in den nächsten Stunden zum Pflichtanzug. Aber auch in der Kombüse wird es zunehmend ungemütlicher. Monika, unsere Perle, hat es wieder erwischt – seekrank! Wir Männer sind gefragt. Das sind Werner Kinkler, der »Brückenchef«, der Marinekameradschaft Wetzlar und einstiger echter Smut bei der Marine, Gustav, Albert und ich. Wir wollen den Lachs zubereiten. Wirklich zu schade für alle anderen, die sich heute mit trockenem Schiffszwieback begnügen müssen.

Am späten Abend haben die Elemente ein Einsehen mit uns und mit unserem Zeitplan. Der Sturm flaut ab, können Trelleborg rechtzeitig anlaufen, und kommen nicht in Verzug. Ich aber möchte die gewaltige Stimme von Rasmus, die Stunden dieses Sturms nicht missen.

Donnerstag

Die Nacht zeigte sich zunehmend ruhiger, so daß sich einige, die ausgefallen waren, schon wieder am frühen Morgen an Deck zeigten. Sie sind froh, als Land in Sicht kommt.

Voraus liegen die »Erbseninseln« die ihren Namen von der Tatsache ableiten, daß sie wie Erbsen verstreut im Meer liegen. Von den knapp über 20 Schäreneilanden sind nur die beiden Hauptinseln, Christiansø und Frederiksø bewohnt; sie stehen seit 1926 unter Denkmalschutz.

Unweit eines Minensuchers der Königlich-Dänischen-Marine werfen wir den Anker und lassen unser großes Schlauchboot zu Wasser. Die Mariner lassen sich mit Barkassen an Land setzen. Unsereins hingegen muß seinen Landgang mit dem Stechpaddel erarbeiten! Es lohnt sich allemal, Christiansø zu besuchen. Eine winzige Fußgänger-Hängebrücke verbindet die große Insel mit der wesentlich kleineren Nachbarinsel Frederiksø.

Wir tun gut daran, den Rat eines befahrenen »Inselsammlers«, der diese steinigen Fleckchen von einem früheren Bornholmtörn kennt, zu beherzigen, und vergessen den Fotoapparat nicht. Vieles erinnert noch an diese Zeit vor über 250 Jahren: der große Turm, Store Tårn, oder der kleine Turm, Lille Tårn, in dem das Inselmuseum untergebracht ist und dann die Befestigungswälle.

Welch verdrehte Welt: Gestern das unmögliche Wetter, währenddessen man kaum ein Bein an Deck setzen konnte, und heute verwöhnt uns das sommerliche Wetter so sehr, daß wir uns zu einem gemeinsamen Open-air-Lunch an Oberdeck entschließen.

Der Anker wird gelichtet. Der vorletzte Schlag führt uns zur Nordspitze Bornholms, nach Sandvig. Für die Strecke benötigt unser Windjammer gut 5 Stunden. Was soll es, wir haben sowieso keine Sightseeing-Tour mehr vor, und die von einigen »Thor Heyerdahl«-Mitgliedern bekannte »Run and Dip«-Bewegung, ein morgendlicher Dauerlauf vor dem Frühstück mit einem anschließenden Bad in der Ostsee, war auf diesem Törn auch kein Thema. Wir wollten hier ein letztes Mal vor Anker gehen, um ein zünftiges »Piratenfest« zu feiern. Ein Vorauskommando war zum Suchen von Brennholz abgestellt, und – unser Smut Monika ist wieder bestens zuwege – die »Kombüsenbrigade« der MK-Wetzlar war mit dem nötigen Grillgut beschäftigt.

Später erfahre ich von Manfred, daß er als »Pfadfinder« im arg verwilderten Unterholz einen Gedenkstein entdeckt hat. Im Schein seiner Taschenlampe, es war schon schummerig geworden, konnte er den Namen des dänischen Segelschulschiffes »København« und die Jahreszahl 1929 erkennen. Insider wissen, daß ein Großteil der Besatzung aus Sandvig und Umgebung stammte. Ob Wahrheit oder Legende, keiner weiß da etwas Genaueres, nur so viel, daß die Bark ein ähnliches Schicksal wie alle anderen Fünfmaster der Welt ereilte. Totalverlust, mit Mann und Maus war die »København« im Winterhalbjahr 1928/29 im Seegebiet der Horn verschollen.

Am Lagerfeuer kommt eine tolle Stimmung auf. Unter dem Sternenzelt knistert das Feuer, und die flackernden Flammen werfen ein wildromantisches Licht in die Dunkelheit. Einer der vier Wachführer an Bord hat seine Gitarre mitgebracht. Malfeld jun., also unser Roland, spielt im Schein einer Petroleumlampe auf der Mundharmonika, und die Gruppe singt zünftige Seemannslieder dazu. Die »Beachparty« wird richtig abenteuerlich-romantisch, doch leider verfliegen die Stunden viel zu schnell. Ehe wir uns versehen, ist die Glut unseres Lagerfeuers verloschen, alle Spuren unserer »Piratenfete« werden beseitigt und kurz nach Mitternacht heißt es ein letztes Mal »Anker auf, setzt Segel, ... Kurs Trelleborg liegt an!«

Mosaik einer außergewöhnlichen Polenreise! Mit der »Thor Heyerdahl« auf offener See, die Fachwerkkirche in Nexø, das Goldene Haus mit Patriziergiebel und Arthursbrunnen in Danzig und die mächtige Marienburg.

Freitag/Samstag

Die Nachtwache verläuft ruhig, ohne besondere Vorkommnisse. Über Tag ist es sonnig, und der Wind hat ein wenig aufgefrischt. Keine Bange, heute verzeichnen wir keine Ausfälle wegen Seekrankheit. Mit der Zeit sind uns wohl allen Seebeine gewachsen. Was uns »Hein« ist, der bringt der wachfreien Crew nochmals einige Seemannsbräuche bei und zeigt dabei an Oberdeck im Windschatten des Deckshauses einige Kabinettstückchen seines Könnens. Unser Oldie aus Kiel weiß dabei immer was zu erzählen – so auch von der Arbeit und »Hohezeit« der Großsegler. Doch das ist all lang her! Um so mehr freut er sich, daß es in den letzten Jahren so eine Art von Rückbesinnung auf die Seefahrt unter Segeln gegeben hat. Unser im Herzen jung gebliebener Senior muß wissen, wovon er spricht: Hat er doch das erste Stellsegel der legendären »Sea Cloud« mit erstellt und unter dem Kommando von Kapitän Paschburg die »Grand Lady« 1978 wieder flott gemacht. Heute trägt so manches Segel der neuaufgeriggten Oldtimer seine Handschrift. Unsere angeregte Unterhaltung wird von einem Backschafter unterbrochen: »Mittagessen!« Nach dem Essen treffe ich unseren Kapitän, der sich gerade mit dem Wachführer Herbert unterhält, der von Haus aus ein gestandener Kapitän und Kanallotse ist. Für uns praktiziert er das beste Beispiel zum Begriff »Hand für Koje«. Im Klartext heißt das: Die Gastsegler haben in der Regel keine großen nautischen Vorkenntnisse oder andere besondere Qualifikationen, die sie befähigt, in die Stamm-Mannschaft mit aufgenommen zu werden. Also müssen sie für den Törn neben ihrer aktiven Mitarbeit einen Beitrag in die Kasse löhnen. Unser Steuermann mit seinen Kenntnissen und Fähigkeiten bringt seine Arbeitsleistung dafür ein. Ja, so einfach ist es, per »Hand für Koje« auf Zeit anzuheuern. Man muß halt nur den richtigen Beruf haben, es werden auch oftmals Maschinisten, Zimmerleute und Köche mit Großküchenerfahrung gefragt, und man muß natürlich genügend Zeit mitbringen. Mir ist bekannt, daß die meisten Patentinhaber für ihren ehrenamtlichen Job an Bord einen Teil ihres Jahresurlaubs abzweigen.

Doch kommen wir zurück zum Gespräch der beiden Kapitäne. Sie tauschen Erfahrungen über ihre Reisen mit Jugendgruppen aus. Sie meinen, es sei ein schwieriges Unterfangen in dieser unserer Zeit? Mitnichten! Reizworte wie Null-Bock-Generation, No Future und Passivität, um die Null-Arbeitslust-Mentalität der Jugendlichen allgemein einmal zu umschreiben, kennt man im Bordbetrieb gar nicht. Bestimmt! Das tragende Motto ihrer Sommertörns mit Jugendlichen »Leben lernen durch die See« läßt aus einem Hippie oder Punker oder einem mit Pomade geschniegelten Popper einen ausgezeichneten Hilfsmaschinisten werden, der da seiner Aufgabe, die Schmierstellen des Hauptmotors zu ölen, gewissenhaft nachkommt. Manch ein Lehrer, der hier an Bord mit seinen Pappenheimern einen Klassentörn machte, wird gegen seine Erfahrungen aus dem Schulalltag eines Besseren belehrt. Er erkennt sie gar nicht wieder, die Rüpel und Störenfriede seiner Klasse, so eifrig sind sie bei der Sache. Wenn gerade sie führende Positionen an Bord übertragen bekommen und wenn es darum geht, die Ärmel hochzukrempeln, um die Segel zu bergen oder zu setzen, dann sind sie oftmals erster Mann an der Spitze und reißen als Wortführer andere Kameraden mit.

Für die Nachmittagstunden lasse ich mich als Rudergänger einteilen und merke dabei, daß es gar nicht so leicht ist, die »Thor Heyerdahl« auf richtigem Kurs zu halten. Vom Wachführer bekomme ich denn auch einige Zusammenhänge von Wind und Wellen erklärt, was eine Abdrift ist, wie der Kurs errechnet wird und wie man ihn in der Seekarte absteckt und einträgt. Die Gastcrew bereitet das Abendbrot vor, das heute ein wenig üppiger ausfällt: »Käptn's-Dinner« ist angesagt! Nach dem Einlaufen in Trelleborg steigt die Abschiedsfete in der Messe, und Kapitän Detlef hat noch einen letzten besonderen maritimen Leckerbissen für alle Shiplover parat: einen historischen Streifen »Rund um Kap Horn mit der Viermastbark Peking«.

Im Vergleich zur heutigen Zeit mußten die Seeleute um die Jahrhundertwende allerhand durchmachen. Das war bestimmt kein Pappenstiel. Da war unser gerade zu Ende gegangener Törn das reinste Zuckerschlecken!

Im Verlauf des weiteren Abends gibt unser Altbürgermeister aus Wetzlar noch einige Kostproben seines literarischen Könnens zum Besten. Er liest treffende maritime Limericks aus eigener Feder vor. Dabei hat uns »Otto« auch für den jüngsten »Moses«, Karsten Strickmann, der hier an Bord seinen 15. Geburtstag erlebte, einige lustige Zeilen bereit. »Allhands« sind gut zuwege und merken gar nicht, wie spät es geworden ist. Selbst unser »Schweizer Trio« wird zunehmend gesprächiger, wie auch unsere beiden Ausländer, der ehemalige Bürgermeister Hans Ainkirn aus Schladming, Österreich, der Partnerstadt Wetzlars, und unser US-Bootsmann, Matt Morgan, die sich sichtlich am internationalen »Meeting« der Shiplover beteiligen. Vergnügt und in aufgelöster Stimmung geht der »Bunte Abend« erst in den frühen Morgenstunden zu Ende. Noch schnell 'ne Mütze Schlaf, und dann gilt's wirklich Abschied zu nehmen!

Es läßt sich am frühen Morgen nicht verleugnen, daß manch einem die bevorstehende Trennung ein wenig nahe geht. Auch unsere »Seefrauen«, um sie ein letztes Mal beim Namen zu nennen: Ursela, Adelheid, Gisela, Eva und Monika machen da keine Ausnahme. Die »Deerns« haben ihren Part an Bord der »Thor Heyerdahl« mit Bravour gemeistert und möchten das intensive Erlebnis mit allen Höhen und Tiefen nicht missen. Nach dem gründlichen »Reinschiffmachen« werden die letzten Vorbereitungen zum Vonbordgehen getroffen. Der Friesennerz, die persönlichen Utensilien sind schnell verstaut, der Zampelbüttel fest verschnürt – jetzt natürlich mit einem fachmännischen Knoten – und dann stehen die Seesäcke und Reisetaschen zum Abtransport am Kai bereit. Schnell ein letztes Gruppenfoto mit allhands und der liebgewonnenen »Thor Heyerdahl« im Hintergrund, und dann geht es zum Fährschiff. »Habt Ihr wirklich nichts vergessen, sind auch alle Getränkerechnungen bezahlt, und wer von Euch benötigt noch eine Seemeilenbestätigung, ... und dann man tschüß, grüßt mir die Heimat, und machts gut bis zum nächsten Törn!« Die »Peter Pan« bringt uns wieder in heimische Gewässer und die Gedanken von manch einem verweilen an Bord seiner »Thor Heyerdahl«!

Sailors Dream »Ich muß jetzt wieder auf das Meer hinaus, auf die einsame See unter dem Firmament, dazu brauche ich nur ein Schiff mit hohen Masten und einen Stern für den rechten Kurs, ...«! »Sehnsucht nach dem Meer« – frei nach John Masefield.

KAPITEL 3

KARIBISCHER HONEYMOONTÖRN AUF DER »SIR FRANCIS DRAKE«

Wiedersehen mit einer »Lady in white«

»Sir Francis Drake« liegt vor Anker – Sandy Cay – U.S. Virginia Island.

Ist sie es nun wirklich, oder ist sie es nicht? Um es vorwegzunehmen, ja, ich kannte den schmucken Dreimaster schon von früheren Reisen, als die Schoneryacht noch »Godewind« hieß. Den Großsegler und die vorherigen Törns, die mich in die südliche Inselwelt der Karibik führten, habe ich nicht vergessen. Unverwechselbar, quasi das Erkennungszeichen, ist die Takelage mit den Sprietbäume und den wuchtigen Salings.

Fort dé Francé auf Martinique, St. Lucia mit der weltberühmten Marigot Bay – diese Insel wird von den amerikanischen Touristen gern als die »Helen of the Westindies« genannt – St. Vincent und andere traumhafte Eilande der Grenadinen hatte ich mit ihr einst kennengelernt, ... und heute?! Heute hieß es, unter neuem Namen, und unter neuem (deutschen) Management mit der »Sir Francis Drake«, die 1917 als Frachtensegler »Landkirchen« auf der Lührssen-Werft an der Weser vom Stapel gelaufen ist, ins nicht minder schöne Segelrevier der US- und British Virgin Islands zu segeln. Die optische Auffrischung, das strahlendweiße Outfit des Außenbordanstrichs kam dem neuaufgeriggten Oldtimer, der von seinem neuen Eigner eine kostenintensive »Verjüngungskur« verordnet bekommen hatte, sehr gut zu stehen.

Und recht vielversprechend heißt es da in einem Farbprospekt eines Veranstalters: Unter Vollzeug, das sind beachtliche 630 Quadratmeter Segeltuch am Wind, auf den abenteuerlichen Spuren berühmter Seefahrer, Entdecker und Piraten, segeln. Um abermals der Sache vorwegzugreifen: Es wurde nicht zuviel versprochen – für manch einen an Bord ein »Honeymoontörn«, doch lesen Sie selbst!

Für gewöhnlich startet der einwöchige Segeltörn nach einem siebentägigen Hotelaufenthalt, wo man sich ja bestens zwischenzeitlich akklimatisieren kann, in Charlotte Amalie, St. Thomas, schlechthin als das Shoppingparadies in der Karibik wegen seiner Zollfreiheit bekannt. An Bord angekommen, werde ich vom Cäpt'n und seiner deutschen Lebensgefährtin Conny herzlich empfangen und auf dem Sonnendeck zum »welcome aboard« herumgereicht! Einige Gäste waren bereits vor mir da und hatten sich beim »Willkommensdrink« schon miteinander bekannt gemacht. Meine Urlaubsklamotten, sportlich legere Kleidung wie Jeans und T-Shirts genügen, sind schnell verstaut. »O. K.«, meinetwegen können wir starten.

»Leinen los!«, das Segelabenteuer durch die exotische Welt der US- und British Virgin Islands kann beginnen! Neben »unserem« jungvermählten Brautpaar Kathy und Eckart, die ihren Honeymoontörn auf der »Sir Francis Drake« schon seit langem geplant hatten, waren wir genau 20 Gäste und 12 Besatzungsmitglieder an Bord. Wir verstanden uns alle prächtig – wozu Captain Bryan, mit neuseeländischen Paß, großer Segelschiffserfahrung und besten Revierkenntnissen, seine Conny aus Bremen mit ihrer herzlichen lockeren Art und die Crew maßgeblich beigetragen haben. Ekki, im Berufsalltag Immobilienmakler, erzählt mir, warum es gerade dieser Kreuzfahrtsegler sein mußte, und schwelgt dabei in unverfälschter schwäbischer Mundart von den nicht wenigen Vorzügen, wie zum Beispiel der aufwendigen Sicherheitseinrichtung und komfortablen Ausstattung des Schiffes, auf die ich später noch näher eingehen werde.

Sich den Wunsch zu erfüllen, mit einem Windjammer zu segeln, der als echter Lastensegler eine lange und bewegte Geschichte hinter sich hatte, wo er in seinen frühen Jahren Fracht bis nach Südafrika transportierte und mehrfach ums mörderische Kap Horn segelte. Wer hat davon nicht schon einmal geträumt. Zumal das Schiff noch alle Annehmlichkeiten einer schwimmenden Nobelherberge bietet und den Namen des größten englischen Seehelden aller Zeiten, Sir Francis Drake, trägt und im gleichnamigen Seegebiet eingesetzt ist, dann werden Träume wahr, ... »Caribbean Dreams« (O-Ton Ekki)!

Doch kehren wir zurück, zu unserem großen Abenteuer unter Segeln. Aus den Bordlautsprechern an Oberdeck hören wir von Rod Stewart sein legendäres »Happy Sailing« und weitere stimmungsvolle Shantys. Sie werden uns in den nächsten Tagen bei jedem Segelmanöver begleiten. Bill, Michael, John und andere der Gastcrew gehen der Mannschaft beim Segelsetzen zur Hand. »Please the volunteers on deck«, nur zu gern erinnere ich mich daran, so viel Spaß hatten wir beim Aufriggen unserer »white lady«.

Aber bloß keine Bange, wenn hier von Handanlegen die Rede ist. Es ist völlig anders als auf einem Aktivsegler, wo man aktiv in die Bordroutine mit einbezogen

Ein malerischer Anblick mit der S.Y. »Godewind« vor der palmenumsäumten Terrasse des »Dr. Doolittle«-Restaurants. In dieser exotischen Filmkulisse hatte einst Walt Disney seinen gleichnamigen Filmstreifen mit Rex Harrison gedreht und der Marigot Bay, St. Lucia, damit zu weltweitem Ruhm verholfen.

wird. Das beste Beispiel gab uns die »Thor Heyerdahl«. Dort wird einem das Segeleinmaleins per »learning by doing« beigebracht. Also was ein Rudergänger zu tun hat, worauf der Ausguck achten muß, wenn er auf der Back steht, und eben auch Arbeiten, die im Servicebereich oder woanders anfallen. Hier an Bord der »Sir Francis Drake« läßt man sich segeln und hat nur »just for fun« am Tampen gezogen oder einzig für die Kamera am Ruder gestanden – was natürlich seinen Preis hat! Setzt man für einen Abenteuertörn mit aktiver Beteiligung einen Tagessatz von ca. 135,— DM an, so muß man für einen Komfortsegler schon gut und gern seine 280,— DM und mehr pro Tag bezahlen.

Unser Törn führte uns am ersten Tag geradewegs vom pulsierenden St. Thomas Harbour ins Paradies – der Magens Bay! Der feinsandige Strand ist von einem dichten Palmengürtel umsäumt und gehört mit seinem kristallklaren Wasser gerade wegen seiner Sauberkeit und Abgeschiedenheit, laut einem US-Reiseführer, mit zu den zehn schönsten Badestränden der Welt. Kurz nachdem wir unseren Ankergrund erreicht hatten, brachte uns der bordeigene Tender an den Strand. Bryan hatte allen In-

Tender to »Godewind« – die im gleißenden Licht der Mittagssonne in der Marigot Bay vor Anker liegt.

»Sir Francis Drake«, als sie noch »Godewind« hieß. Schon zu dieser Zeit war das Schiff als Kreuzfahrtsegler mit gehobenem Komfort eingesetzt. Deutlich erkennt man die wuchtigen Sailings in der Takelage und eben den schwarzen Außenanstrich.

Schnell kann in der Karibik wie hier, querab der beiden bekannten Wahrzeichen St. Lucias, den Pitons, ein Unwetter aufziehen.

Erster Höhepunkt unserer Reise ist die Maskerade auf dem Sonnendeck. »Highlife« bis in die frühen Morgenstunden.

formationen mitgegeben, wo die besten Stellen zum Schwimmen, Schnorcheln oder Tauchen sind. Einfach unbeschreiblich schön! So ließen wir uns den Einstieg ins karibische Vergnügen gefallen – so konnte es weitergehen!

Ein traumhafter Sonnenuntergang, der keineswegs der letzte sein sollte, beschließt noch lange nicht unseren ersten Tag an Bord. Nein, Captain Bryan wartet mit einer Überraschung auf. Er hat für 20.30 Uhr auf dem Oberdeck ein Kostümfest mit bordeigenen Mitteln angesagt.

Kurz gesagt: Es war Spitze! Bill hatte als »Dancing-Queen« alle Sympathien und Lacher auf seiner Seite. Mit seiner »kessen Lola«-Kostümierung gewann er den Hauptpreis – eine Flasche edlen Champagner. Die hatte

Zwei Seiten des Abenteuers Windjammersegeln: der informative und beschauliche »Logenplatz« auf der Saling des Großtopps . . .

der Kapitän gestiftet, und uns allen hat sie geschmeckt! Eckart, weiß der Himmel, wo er die Sachen her hatte, kam als leibhaftiger Sir Francis verkleidet und seine schnuckelige Kathy als zünftige Piratenbraut mit Augenklappe, Ringelpulli und purpurner Schärpe. Frank, dem Staffcaptain, Deckshand Dyrell und Heather, unsere dunkelhäutige Perle aus dem Servicebereich, ließen keinen Zweifel aufkommen, daß auch ihnen diese Maskerade offensichtlich gefiel. »High life« bis in die frühen Morgenstunden! Dank der heißen Reggea-Scheiben und wegen des exzellenten Rumpunsches, der den nötigen Schwung bei dem einen oder anderen brachte.

Wie schon gesagt, so konnte es weitergehen, das war unsere einhellige Meinung! Nach dieser langen tropischen Sommernacht und einem ausgiebigen Frühstück auf dem schon wieder klarierten Sonnendeck setzten wir den Segeltörn fort. Kurs Francis Bay, St. John liegt an!

Wir passierten die Windward Passage, ein enges Fahrwasser, das wegen der vielen Untiefen doch eine erhöhte Wachsamkeit und einiges an navigatorischem Können vom Rudergänger abforderte. Ich befinde mich hoch oben auf der Saling und berausche mich an den herrlichen Farben und der wunderschönen Natur. Das tiefblaue karibische Meer, dazwischen kleine unbewohnte Mini-Eilande und nicht zuletzt unser schwimmendes Urlaubsdomizil sind aus dieser reizvollen, wenngleich nicht ungefährlichen Vogelperspektive ideale Fotomotive für mich.

... und der Arbeitsalltag der Crew, Messingputzen.

Für einige Stunden wird die beschauliche Francis Bay unser nächster Ankerplatz. Hier läßt es sich aushalten! Wir machen von den vielen Wassersportmöglichkeiten, die von Bord aus angeboten werden, ausgiebig Gebrauch und freuen uns, daß weder lautes Geplärre eines Recorders zu hören ist noch eine Eis- oder Frittenbude uns stört. Begeistert von der paradiesischen Ruhe und dem einzigartigen Panoramablick lichten wir nach einem üppigen Strand-Picknick – Seeluft macht bekanntlich hungrig – den Anker und segeln knapp 5 Seemeilen weiter in südwestlicher Richtung.

Um es nochmals in aller Deutlichkeit zu sagen: Dies ist ein Verwöhntörn mit einer gutmütigen alten Dame. Hier an Bord werden keine Regatta-Ambitionen gepflegt. Wer meint, unser Schiff sei eine »Regattaziege« und wollte Meilen schrubben oder gar das Revier mit Speed abkacheln, der ist hier fehl am Platz. Gemütlichkeit ist gefragt, und dies auch noch bei fünf und sechs Windstärken.

»Angeheuert« zum Island-hopping. Voraus liegt Tortola, die größte der ca. 40 britischen Jungferninseln. Welch ein Glück für uns, sie sind weder vom Massentourismus noch von dem Jetset verdorben. Um- und weitsichtigen Politikern dieses Inselstaates ist es zu verdanken, daß es hier bis heute noch kein internationales Hotelkonsortium gibt, keinen mondänen Nightclub, der mit seiner grellen, neonfarbenen Leuchtreklame auf sich

Sonnenuntergang mit Klüverbaum!

aufmerksam machen könnte. Hier ist tatsächlich noch alles »clean«!

Keine fulminante Laser-Show irgendeines Mega-Stars, weder Glitzer-Fast Food Tempel à la McDonalds noch Kriminalität, dafür aber nette und aufgeschlossene Menschen, den Immigrations-officer von Sopers Hole eingeschlossen. Er war die Freundlichkeit in Person. Und im Sailors Point, dem »Pusser's Landing«, erreicht die Woge unserer Begeisterung den Höhepunkt. Dieser Treffpunkt, an der Südwestküste Tortolas gelegen, ist die älteste Ansiedlung in dieser Region und bei Seglern wie Einheimischen gleichermaßen beliebt.

Pusser's Landing, Sopers Hole auf Tortola ist eine Institution, schlechthin der Sailors-Treffpunkt im BVI-Archipel! Waren es einst gefürchtete Piraten, die die Insel beherrschten, so sind es heute in der Hauptsache Naturfreunde und andere Individual-Touristen wie Segler und Tauchsportler, die sich der magischen Anziehungskraft der landschaftlichen Schönheit dieses Eilandes nicht entziehen können.

In der über 300jährigen Firmengeschichte sind der Pusser's Rum und die British Royal Navy immer eng miteinander verbunden gewesen. Den Gründungsvätern, 1655, sollte es nur recht sein, daß sich bis zum heutigen Tage um diese kleine und doch so international bekannte

rechte Seite:
So macht die Schoneryacht ihrem Namenspatron »Sir Francis Drake« alle Ehre. Sie zeigt sich von ihrer schönsten Seite – unter Vollzeug, und das sind beachtliche 630 Quadratmeter Segeltuch.

SIR FRANCIS DRAKE

Pusser's Landing. In Soper's Hole auf Tortola, BVI, treffen wir die älteste Ansiedlung dieser Region an. Dieser weltbekannte Treffpunkt hat sich erstaunlich jung gehalten und sich einen legendären Ruf verschafft.

Destination viele Geschichten ranken. Weitab vom alltäglichen Arbeitsstreß, etwa an der von allen vier Seiten zugänglichen Bar, erzählt man sich News aus aller Welt oder eben Seemannsgarn!

Wenn's ganz schlimm kommt, dann stehen sie zu Dreier-Reihen am Tresen – doch das einheimische Personal bleibt immer freundlich. Noch mehr Exotik?

Stellen Sie sich vor, auf der einladenden, zum Meer zugewandten Veranda betrachten Sie einen der herrlichsten Sonnenuntergänge der Karibik und hören aufmerksam der live spielenden Steelband zu. Dabei essen Sie eine frisch zubereitete Kleinigkeit vom Grill. Egal ob Lobster oder ein Magnum-Steak, zur Krönung des unvergeßlichen Abends sollten Sie einen Tropical-Drink, z. B. den Original Pusser's Painkiller, genießen – in der legendären emaillierten Mug.

Erst abends, bestenfalls zur »happy hour«, erwacht hier das Leben, trifft sich die Welt unter der gewaltigen Galionsfigur des Caesaren beim Kerzenschein. Im Kielwasser der Entdecker – Pusser's Landing ist eine Oase für alle Sinnesorgane!

Welch eine Freude, lange Wartezeiten blieben uns am abendlichen Büfett erspart, dank unserem umsichtigen Bryan. Er hatte unser Kommen schon frühzeitig über Sprechfunk auf Kanal 16 beim Manager angekündigt.

Ich sage Ihnen, es wurde ein kulinarischer Streifzug durch die westindische Küche, wie er im Buche steht! Ohne Abstriche, ohne Zugeständnisse, so gut hat uns allen das gemeinsame Caribbean-Dinner gemundet. Vergessen Sie alles, was Sie bisher von der karibisch-kreolischen Küche kannten. Sie werden überrascht sein, unser Vier-Gänge-Menü mit allen Drum und Dran war einsame Spitze! »Erste Sahne« auf Neudeutsch, daß ich denn auch die Speisenfolge mitschreiben konnte. Lesen Sie selbst, ist es auch nach Ihrem Geschmack?

CARIBBEAN DINNER

Entrees & Appetiziers
Gegrillte Scampies naturell und andere in Kokosnußöl gebackene Meeresfrüchte im Bierteigmantel mit exotischen Dipp-Soßen

Vorspeise – Sopa de Callaloo
Eine kreolische, auf Taroknolle und -blättern (spinatähnlich) gekochte Cremesuppe aus kräftiger Hühnerbrühe, Kokosmilch, Fisch- und Krebsfleisch, mit Kartoffelstückchen, Zwiebeln und sehr viel frischem und scharfem Chilipfeffer

Hauptgericht – Feuriger Piratenspieß mit Beilagen
Frisches Fleisch filetiert, vom Schwein, Rind und Fisch, Curryparfümierter Naturreis, gebackene Kartoffeln mit Cremé fraîche, Salat der Saison mit Kräuterdressing oder Limonen- oder Orangenmarinade

Dessert
Kandierte Ananasringe
gegrillte Bananen mit Kokossplitter im Schokoguß
Coffé, Special Coffé, Pralinés

Ich sage Ihnen, auch unser Timing konnte nicht besser sein. Zur «happy hour«, von 17.30 bis 18.30 Uhr, heißt es im Pusser's wie vor über 300 Jahren »Splice the Main Brace!«, was soviel bedeutet wie »Lat's have a drink!« Was auch immer Sie zu trinken wünschen, es kostet nur 1 Dollar. Versteht sich ja von selbst, daß wir die günstige Gelegenheit nutzen, um mit unseren »Flitterwöchnern« nochmals anzustoßen, ihnen alles Gute wünschen und etliche »Three Cheers« mit auf den Weg geben.

Im Pusser's Store, einer wahren Fundgrube für originelle »Caribbean«-Mitbringsel höre ich vom Manager Larry, daß kürzlich kein Geringerer als Hardy Krüger hier seine letzte Klappe abgedreht hatte. Als TV-Weltenbummler ist der international bekannte Schauspieler für das Deutsche Fernsehen (ARD) dem karibischen Märchen nachgegangen, wonach ein Westindies-Boy die große weite Welt entdecken wollte und doch nur bis hierher kam. Welche Gründe auch immer vorlagen, warum auch immer er seine von der Sonne verwöhnte Heimat verlassen wollte, ist nicht bekannt. Wohl aber weiß das Storyboard zu berichten, daß es hier im legendären Pusser's zu einem Treffen mit einem Sailor kam, der der Faszination der Inseln erlegen war. Dabei hatten die beiden Träumer natürlich dem Original Pusser's »Pain-Killer« reichlich zugesprochen und darüber ihren Weltschmerz vergessen.

Ende gut – alles gut! Auch für uns hieß es nun Abschied nehmen. Die Sonne war schon vor Stunden wie ein glutroter Feuerball ins Meer getaucht. Am folgenden Morgen versegelten wir nur kurz weiter. Unser jetzt schon liebgewonnenes »Loveboat« bringt uns zu den unbewohnten Sandy Cays – die querab zu der bekannteren Jost van Dyke liegen. Hier finden wir wieder einmal allerbeste Bademöglichkeiten vor und wirklich ideale Schnorchelbedingungen in den vorgelagerten Korallenriffs. Einfach super, dieses Mini-Eiland, ohne Shoppingtour, Sightseeing oder High life!

Der weitere Vormittag gestaltet sich für uns alle äußerst gemütlich: ein wenig im glasklaren Wasser schwimmen, dann wieder einmal kurz in die Sonne, bloß keine Hektik aufkommen lassen! Und ehe wir uns versehen, ist es schon wieder Lunchtime, für mich Anlaß genug, erneut Drehzahlen zu aktivieren. Mit der Kamera gilt es nun, einige Schnappschüsse vom »open air«-Büfett am Strand einzufangen. Für mich sind es immer wieder reizvolle Motive, die mir der junge Koch Robert aus Jamaica hinzaubert. Aber nicht allein dem Auge, meinem Gaumen gefallen die stets frisch angerichteten Salat-Kreationen, die kräftig gewürzten Fleischspezialitäten auch sehr. Dazu wird frisch aufgebackenes Weißbrot gereicht und eine Vielfalt von köstlich pikanten Dipp-Soßen. Alles lecker, wohlschmeckend und zudem gesund! Als Abschluß nehme ich mir einige Stücke Obst oder einen frisch gepreßten Fruchtsaft. Im Anschluß da-

... die pastellfarbenen Häuser von Pusser's Landing.

nächste Seite:
Urlaubsgrüße aus der Karibik. Hier stimmt einfach alles!

Tall Ship Adventures

Auf der Großtopp-Saling. Von hier oben hat man einen phantastischen 360 Grad-Rundumblick. Aus der Vogelperspektive erkennen wir den herrlichen Badestrand vor Sandy Cay. Sehr schön zeichnen sich in dieser traumhaften Kulisse die unterschiedlichen Farbnuancen des kristallklaren Wassers ab.

ran halte ich unter den Palmen eine kurze Siesta, und andere wieder nutzen die verbleibende Zeit für einen Verdauungsspaziergang am Strand. Bevor wir weitersegeln, unternehme ich den Versuch, zur »Sir Francis Drake« hinauszuschwimmen. Ich schaffe es, aber an Bord angekommen, bin ich auch geschafft. Allzu leicht unterschätzt man die Entfernung übers Wasser. Conny versicherte mir aber später, daß ich immer vom Tender aus beobachtet wurde.

»Blow boys blow...«, der Anker wird gelichtet und die Volunteers stehen zur Stelle: »Setzt Segel«! Dies geschieht aber ohne große Manöverbefehle. Die »Sir Francis Drake« ist ein handliches Schiff und benötigt keine Hundertschaft Kadetten. Der stimmgewaltige Segeloffizier mit der Flüstertüte, der den angehenden Decksoffizieren wie auf einem Schulsegler in ihren Positionen entsprechende Segelkommandos gibt, ist hier an Bord mehr als flüssig – überflüssig! Spaß beiseite, unsere sprietbaumgetakelte Schoneryacht benötigt in der Tat nur drei Deckhands, um das gesamte Rigg zu bedienen. Keine halbe Stunde, und dann steht das Tuch wieder im steten Wind wie eine Eins. Die Hauptmaschine ist abge-

Strand-Barbecue. Seeluft macht hungrig!

schaltet – unter Vollzeug segeln wir unserer nächsten Station, Cane Garden Bay, entgegen. Sie liegt auf der Nordwestseite Tortolas, also wieder retour.

Nun endlich wird mein Puls auf erhöhte Drehzahlen gebracht. Ich bekomme erstmals die Gelegenheit, unseren Dreimaster von seiner schönsten Seite, von außenbords zu fotografieren. Mit angelegtem Lifebelt und vollständiger Fotoausrüstung beginne ich die Außenbords-Exkursion. Dabei taucht immer wieder die bange Frage auf, ob man an alles gedacht und nichts vergessen hat. Was wäre, wenn man erst im Beiboot feststellt, daß ein ganz bestimmtes Objektiv fehlt oder daß man für dieses Unternehmen nicht ausreichend Filmmaterial mitgenommen hat? Der langen Rede kurzer Sinn: Für mich eingefleischten Windjammerfreak begann wieder einmal

nächste Seite:
Voraus liegt Sandy Cay, ein idealer Tagesankerplatz. Das unbewohnte Fleckchen Erde gehört zum Privatbesitz der Rockefellers und gilt unter den Kennern der karibischen Inselwelt als Geheimtip.

eine Sternstunde. Heute denke ich im nachhinein daran, daß ich doch ein unverschämtes Glück hatte, daß eben Neptun und Rasmus mit mir solch ein Einsehen hatten. An diesem Tag stimmte einfach alles! Die Lichtverhältnisse waren optimal, und auch der Wind und die See ließen nichts zu wünschen übrig, was soviel heißt, nicht zu wenig Wind, aber auch nicht zu viel. Mit Navigator Frank und Conny, die mir zunehmend als gute Fee, sprich Assistentin zur Hand ging, drehten wir Runde für Runde ums Schiff. Ich sage Ihnen, das war ein Bild für die Götter! Die »Sir Francis Drake« auf offener See unter vollen Segeln. Die harmonische Geometrie der gesamten Takelage zeichnete sich sehr schön am blauen Himmel ab. Der ständig wechselnde Anblick unserer großen weißen Dame macht mich »high« und läßt mich die große Anstrengung aushalten. Die Schlingerbewegungen des Speedbootes müssen abgefangen werden, dann immer schön den Horizont gerade halten, das Bild und den vorgewählten Bildausschnitt nicht anschneiden, die Tiefenschärfe beachten, bei Gegenlicht ja nicht die Blendenkorrektur vergessen und bloß keine Einstellung verwackeln, denn was im Kasten ist, das ist im Kasten und, und, und...

Erst Stunden nachdem ich wieder an Bord bin, weicht die Anspannung. Unsere Ankerbucht, Cane Garden Bay, erreichen wir zur frühen Abendstunde. Polternd rasselt der Steuerbordanker und die Ankerkette nieder.

Mein Adrenalinhaushalt hat sich wieder normalisiert und eine heiße Dusche hat ein übriges getan. So entspannt, sitze ich auf dem Achterdeck in einem bequemen Stuhl und lasse mir einen wohlgekühlten und wohlverdienten Punsch schmecken. Ich bin gerade rechtzeitig gekommen, denn augenblicklich zeichnet sich am Horizont ein überwältigendes Naturschauspiel ab. Ein Sonnenuntergang, viel schöner, als es jemals das Klischee einer Hochglanz-Postkarte wiedergeben kann. Vom leuchtenden Goldgelb bis hin zum dunklen Violettrot verfärbt die Abendsonne den Himmel. Dabei fliegt laut kreischend ein Schwarm Möwen um unser Achterschiff. Es ist ein Bild wie aus einem Drehbuch des großen Krimi-Altmeisters Alfred Hitchcock, der hier eine Neufassung seines Thrillers »Die Vögel« drehen will.

»Please time for dinner«: Pepsi, unsere zweite Stewardess, ruft uns mit hellem Glockenschlag zum Abendtisch. Nach und nach treffen alle »Franciskaner« im mahagonigetäfelten, großzügig ausgestatteten Salon ein. Mit seiner gutsortierten Bar ist dies zweifellos der gesellschaftliche Mittelpunkt des Schiffes. Überhaupt, unser Traumschiff ist ein Schiff der kurzen Wege! Weiter ist mir weder bei dem Kapitän eine besondere Kleiderordnung aufgefallen noch bei uns Gästen. Eher das Gegenteil ist der Fall. Keine mit Kolbenringen versehene Uniform, und unsereins hat den Smoking und das kleine »Gedeckte« auch zu Haus gelassen. Dafür herrscht aber eine ungezwungene lockere Atmosphäre.

linke Seite:
Eine recht ungewöhnliche Perspektive, so unterhalb des Bugspriets und Klüverbaums mit Blick zur lebensgroßen Galionsfigur.

»Captains Corner«! Bryan erklärt den Gästen die Besonderheiten eines jeden Ankerplatzes – die besten Tauchgründe und Tips für Insel-Exkursionen.

Wie in anderen Gemeinschaften, beim Tennis oder im heimischen Bowlingclub, geht man auch in Seglerkreisen schnell zum kameradschaftlichen »Du« über, wobei selbst der Kapitän nicht ausgenommen ist. Doch merke: Die Regel Nr. 1 an Bord eines Oldtimers »Der Kapitän bleibt immer Kapitän, soll heißen – er hat auf jeden Fall das Sagen«!

Auf diesem Kreuzfahrer wird Individualität groß geschrieben und hautnah auf die persönlichen Wünsche der Gäste eingegangen. Selbst die Gestaltung des Landgang- und Bordprogramms ist davon nicht ausgenommen, wie auch Menüvorschläge selbstverständlich dazugehören.

Doch kommen wir zurück zu unserer illustren Runde. Nach dem exquisiten Abendessen loteten wir gemeinsam den weiteren Abend aus. Sie werden staunen, aber wir beschlossen, heute einmal an Bord zu bleiben. Keine Beach-Party, kein romantisches Lagerfeuer. Dafür erledigten einige ihre Urlaubspost, und die nächsten bereiteten sich auf den kommenden Landgang vor, in dem sie den Virgin Islands-Führer ausgiebig studierten. Mit einem heißen coffee-special oder einem auf gestoßenem Eis servierten Longdrink ließ sich das süße Nichtstun gut aushalten.

»Highlights« für den Fotografen –

In vertrauter Runde machten wir von dem sich zu Ende neigenden Tag Bestandsaufnahme und ließen die Bilder unserer Erlebnisse und Ereignisse nochmals Revue passieren: Einen nachhaltigen Eindruck hatten die Sandy Cays bei uns hinterlassen, die ich von meinem spektakulären »Logenplatz« aus abgelichtet habe. Gibt es überhaupt etwas Schöneres, als so in luftiger Höhe mit Mutter Natur auf Du und Du zu sein? Erika, die mit kosmopolitischer Weltanschauung ausgestattete Kunstmalerin aus München, und ihr Bill schwärmen in höchsten Tönen von der immergrünen Pflanzenwelt und der großen Farbenpracht der tropischen Blumen. Wir sprachen gerade von den mystisch fesselnden Bildern einer Neuinszenierung der »Vögel« mit dem grandiosen Sonneninferno, als sich Dehler-Manager Dieter mit Bryan und Conny zu uns setzten. Bryan, keineswegs Setzkapitän, sondern Anteilseigner, schlug vor, daß er aus seiner privaten Videosammlung den Streifen von der Kap Horn-Fahrt der »Peking« zeigen wolle, wenn es gewünscht wird. Aber natürlich, da gab es in unserer Runde keine zwei Meinungen!

Nachdem die Getränke bei Steve, dem Bartender aus Chikago, geordert waren, hörten wir zu unserem großen Erstaunen, daß unser Captain seine Jugend mit diesem Großsegler, der 1911 bei Blohm & Voß in Hamburg gebaut wurde, in Verbindung brachte. Die 115 m lange Viermastbark, ein Flying-P-Liner wie ihr Schwesterschiff »Passat« auch, hielt in ihren Glanztagen als Salpeter-Segler gewaltige 4100 Quadratmeter Segeltuch am Wind und hatte Mitte der zwanziger Jahre als frachtfahrendes Schulschiff der Laeisz-Reederei so manchen Sturm abgekachelt. »Es war die Wiege meiner seemännischen Laufbahn«, hören wir von Bryan, »als 13jähriger bin ich 1959 auf das stationäre Ausbildungsschiff »Arethusa« gekommen, das heute in New York als Seaport-Museum an den Dalben liegt und am Heck und Bug wieder den alten Namen »Peking« trägt.« Wer nun meint, es wäre eine kurze Nacht geworden, der irrt sich gewaltig. So viel gab es in dieser Runde zu erzählen, von den Reisen unter Segeln!

Tags darauf, nach dem Frühstück und Frühsport – für mich waren es drei herrliche Runden ums Schiff zu schwimmen – versegelten wir nach Virgin Gorda, der zweitgrößten Insel im BVI-Archipel. Da wir dicht unter Land segelten, gab es für uns auf diesem Schlag, der gerade knappe 20 Seemeilen mißt, viel zu sehen. An diesem wie auch den anderen Morgen zieht es keinen von Spur, das sind auf einem Windjammer Fremdworte. Hier gibt es immer etwas zu tun, und sei es nur anderen bei der Arbeit über die Schulter zu schauen. Ich will es einmal mit den Worten der Küste umschreiben: »Hier steht man ständig unter Dampf«, was in diesem Falle aber nichts mit Dampf ablassen zu tun hat, ... man hat halt die richtigen Umdrehungen drauf! Weder bei der Crew noch bei den Gästen legt man die Hände untätig in den Schoß. »Süßes Nichtstun« ist verpönt, dafür ist selbst solch ein Honeymoontörn viel zu interessant. Schließlich ist man ja nicht auf irgendeinem Schiff! Naja, etwas Übertreibung darf schon sein, und sicherlich kennen Sie es schon, das Anglerlatein, wo der Fisch an der Hungerpeitsche von Mal zu Mal größer wird. Und vergessen wir nicht das Seemannsgarn, wo manch ein Sturm abgekachelt wurde, der gar keiner war, und die haushohen Wogen immer größere Ausmaße annehmen,

Einblick / Ausblick!

Kathy gewährt uns einen Einblick in ihre großzügig ausgestattete Kabine.

uns an Unterdeck. Penny und Chris lassen sich mit ihren Männern ein Sektfrühstück auf das Sonnendeck servieren, und andere liegen halt nur so in der Sonne oder lehnen unentwegt an der Reling, um ja nichts von dieser herrlichen kontrastreichen Landschaft zu versäumen. Conny versichert mir, daß es wegen der vielen landschaftlichen Reize ein besonderer Frühstückstörn ist und mit zu den Höhepunkten unserer Reise zählt. Wie sehr sie doch recht hat! An beiden Seiten des Fahrwassers lassen wir kleine und kleinste Inseln, die zum Robinson-Dasein einladen, vorbeiziehen. Dabei entdecke ich hier und da ideale Tagesankerplätze, die gerade für ein Segelboot groß genug sind.

Wer meint, daß jetzt gähnende Langeweile aufkommt, der irrt sich aber gewaltig. Von wegen Leerlauf! Keine je länger der Törn zurückliegt. Spaß beiseite, das Tagwerk auf einem Traditionssegler – wie zum Beispiel auf der »Thor Heyerdahl« – sieht dagegen natürlich ein wenig anders aus als auf unserer komfortablen »Sir Francis Drake«. Auf solch einem Aktivtörn geht es recht früh aus den Federn. Pardon, ich muß wohl sagen, aus der Koje. Mit dem Kulturbeutel geht es dann in einen der Duschräume, wo man sich einen Platz sucht. Aber zum Bummeln bleibt da nicht viel Zeit, denn die Koje wird selbst gebaut und die Kammer eigenhändig auf Vordermann gebracht. Von wegen Kabinensteward, eigenes Bad, oder kurz mal sich zur anderen Seite umdrehen und so, ... ist nicht. Anheuern auf einem der zahlreichen Jugendsegler, wo natürlich auch »Junggebliebene« mitsegeln können, bedeutet eben Aktivurlaub.

Doch keine Angst: Während die Deckshands mit wahrer Freude ihrer nicht gerade ungefährlichen, schweißtreibenden Arbeit im Rigg nachgehen, verläuft bei uns »Mittschiffsgästen« auf der »Sir Francis Drake« das Tagwerk viel beschaulicher. Neben den schon obligaten Kartengrüßen an die lieben Daheimgebliebenen bleibt ausreichend Zeit und Gelegenheit zum Klönen. Selbstverständlich auch mit der Crew wie auch mit Captain Bryan und seiner lieben Conny. Und ehe man sich versieht, liegt der nächste Ankerplatz schon voraus.

»The Baths«, an der Südwestküste Virgin Gordas, erreichen wir gerade zur Lunchzeit. Hier erfreut uns Robert mit Riesen-Hamburger nach kreolischer Machart und frischen Salaten mit neuen pikanten Marinaden. Natürlich schmeckt es allen wieder einmal vorzüglich, wie auch das köstliche Lemonen-Sorbet mit einer himmlischen Vanillesauce als Dessert. Wir nehmen das Essen an Oberdeck unter dem großen blauen Sonnensegel ein und fragen uns, wo er bloß die knackfrischen Salate und Tomaten herbekommt, da wir doch nun schon fünf Tage unterwegs sind und gar keinen Supermarkt oder Ähnliches gesehen haben.

Im Gegensatz zu unseren früheren ruhigen Liegeplätzen ist dies ein wahrer Tummelplatz, so viele Touristen sehe ich hier. Weiter zähle ich mindestens 15 Segelboote in dieser Bucht, die so gar nicht in das bisherige landschaftliche Erscheinungsbild paßt. Keine vorgelagerten Korallenbänke, keine sanft abfallenden Strände beherrschen das Bild, dafür aber am Ufer unübersehbar meterhohe, rundgeformte Granitfelsen, die scheinbar wie von Riesenhand wahllos verstreut herumliegen und übereinandergetürmt sind. Erst nachdem wir mit dem wendigen Zodiac die Besonderheit dieses Küstenstreifens aus nächster Nähe erkunden, wird uns klar, warum es hier zu solch einem großen Gedrängel kommt. Dieser »marine Gottesgrund« ist mit seiner intakten Unterwasserwelt und den vielen Klippen, Schluchten und Höhlen ein Paradies für alle Freunde des Tauchsports.

Stunden später als vorgesehen – so sehr faszinierte uns dieser Ankergrund – motoren wir eine knappe Stunde weiter nach Spanish Town. Dabei verzauberte die warme Nachmittagssonne das nahegelegene Ufer zu einer traumhaften Filmkulisse, wie sie schöner nicht sein konnte. Und wieder neigt sich ein ungetrübter Segeltag auf unserer »SFD« dem Ende entgegen. Am Abend bringt unser »Stundenboot«, um Mißverständnissen entgegenzutreten, unser stündlicher Tender zur »Sir Francis Drake«, uns zu einer ordentlich gepflegten Marina. Die verbleibenden Stunden des Tages sind schnell erzählt. Im Innenhof des örtlichen Yachtclubs versüßen wir sie mit einem wohlschmeckenden Früchtecocktail und hören dabei einer Steelband aufmerksam zu. Es ist für mich ein unvergleichliches Musikerlebnis, den jungen Drummern zuzuhören und zuzuschauen. Mit welcher nicht zu überbietenden Hingabe sie ihr unerschöpfliches Repertoire an bekannten und weniger bekannten Liedern vortragen, ist nicht in Worte zu fassen, so sehr nimmt mich der metallischvirtuose Sound des Calypsos, Limbo und Reggea gefangen!

Am nächsten Morgen laufen wir in aller Herrgottsfrühe aus, der Rücktörn, via Cooper Island, wo wir einen kurzen Ankerstopp querab der 1867 gesunkenen »Rhone« einlegten, hatte begonnen. Die Zeit verrann jetzt wie im Fluge! Ehe wir es uns versahen, lag abends, erstmals unter einem verhangenen Wolkenhimmel, Peter Island voraus. Ich hatte in der Zwischenzeit, natürlich mit Connys Hilfe, die Möglichkeit für einige Aufnahmen auf und unter Deck wahrgenommen. Den Niedergang und die mit Edelhölzern verkleideten Kabinen, der farbig abgestimmte Teppichboden und das kleine, aber optimal eingerichtete Bad, nichts durfte vergessen werden. Die Brücke, Brückennock und der offene Ruderstand hinter dem Besanmast, habe ich wirklich an alles gedacht? Der geräumige Mahagoni-Salon mit dem eleganten Mobiliar und rohseidenen Vorhängen entpuppte sich dabei als krönendes Objekt. Nicht davon ausgenommen waren die kostbaren Stiche an den Wänden, die umfangreiche Bibliothek und die schon erwähnte gutsortierte Bar. Hier paßte wirklich alles zusammen und war selbstverständlich zweckmäßig wie farblich aufeinander abgestimmt. Der bunte frischgeschnittene Blumenstrauß vor der mit Schiffswappen versehenen Traditionswand machte da keine Ausnahme!

Dong dong, dong dong..., dreieinhalb Doppelschläge des exklusiven Schiffschronometers erinnern mich akustisch ans Abendessen. Nun wird's aber Zeit! Schnell ein erfrischendes Bad unter der Dusche, und dann nix wie rein, in Shorts und neuerstandenem Polohemd. Auch das kostet seinen Preis, die Bequemlichkeit an Bord, respektive die Ausstattung der Kabinen. Anders als auf den Traditionsseglern, wo man sich zu mehreren die Sanitäranlagen teilen muß, gibt es hier auf der »Sir Francis Drake« in jeder Kabine ein kleines, aber ausreichendes Duschbad und WC. Durchweg, bis auf die Suite, die sich im Achterschiff befindet, sind die geräumigen und komfortabel ausgestatteten Doppelkabinen mit »Air condition« unter Deck. Anders ist es auf der »Thor« oder »Alexander von Humboldt«. Dort werden auch 4-Bett-, oder gar 6-Bett-Kabinen auf Jugendtörns angeboten – ohne Klimaanlage! Dieses soll auf den Aktivseglern weiter nichts Negatives bedeuten. Man wird dort ja sowieso in Wachdienst eingeteilt. Also kann es durchaus sein, daß man die Nachtruhe mit seinem Partner allein in der Sechserkabine verbringt.

An dieser Stelle will ich die Möglichkeit nutzen, um ein kurzes Wort über die Serviceleistungen zu sagen. Auf die »Do it your self«-Methode des Kieler Dreimasters will ich hier nicht noch einmal eingehen. Wohl aber ergreife ich die Gelegenheit, um den gesamten »Francis«-Servicepersonal nachträglich für die zuvorkommen-

rechte Seite:
Tagtäglich aufs neue – Ankerplätze, die abseits der ausgetretenen Touristenpfade liegen.

MOORINGS 43
PANACHE
CHICO, CA

de und umsichtige Betreuung an Bord recht herzlich zu danken. Für karibische Verhältnisse gar nicht so selbstverständlich – war meine Kabine immer tipptopp sauber gemacht, die Koje gebaut, und stets lagen frische Handtücher und Badelaken bereit. Hatte man einen besonderen Wunsch geäußert, er ging in Erfüllung! Man muß es den »Mädels« schon lassen, sie verstanden ihre Arbeit, und davon gibt's ja reichlich an Bord. Bedenkt man, daß 20 Gäste an Bord waren und sie nicht nur für den Kabinenbereich zuständig waren. Nein, rund um die Uhr waren sie im Einsatz. Vom frühen Morgen, das Frühstück vorbereiten, den Salon in Schuß halten, an Oberdeck nach dem Rechten sehen, dann die Vorbereitungen für das Strandpicknick treffen, d. h. dem Smut unter die Arme greifen, er ist nicht minder angespannt und so weiter und so fort bis in die späten Abendstunden hinein. Und dabei immer zu einem kleinen netten Small talk aufgelegt sein, so wie jetzt: Ich sitze zu Tisch und lasse mir die raffiniert zubereiteten Westindien-Chicken und den abschließenden »Nonalcoholic-Fruitsalat« schmecken.

Steve, unser blutjunger und umsichtiger Keeper, fragt nach unseren Getränkewünschen. Mit einem Painkiller und zwei höchst interessanten Büchern, die ich bei meiner »Fotosafari« unter der Bordlektüre entdeckt hatte, mache ich es mir anschließend auf dem verwaisten Sonnendeck in einem Liegestuhl bequem. Um die Spannung nicht vorwegzunehmen: In den beiden Biographien ist die Rede von einem großen Seefahrer und Freibeuter, der im Auftrag der englischen Krone alle sieben Weltmeere befahren hat. Schon zu seinen Lebzeiten, als viele Erdteile noch unerforscht waren und die Weltkarte noch viele weiße Flecken aufzeigte, wurde der geniale Seemann und gefürchtete Seeräuber in seiner Heimat als tollkühner Volksheld gefeiert und für sein wagemutiges Draufgängertum in den Adelsstand erhoben. Sicherlich wissen Sie schon, um wen es sich handelt? Es ist kein Geringerer als der Namenspatron unseres Windjammers »Sir Francis Drake«!

Die beiden Chronisten gaben mir einen ausgezeichneten Einblick in die damalige Zeit. Zudem sind die Erzählungen nach authentischen Dokumenten äußerst kurzweilig geschrieben.

In einer Zeit, als die Weltmeere von portugiesischen Seeleuten befahren und von der spanischen Krone beherrscht wurden, legte er das Fundament einer neuen Epoche: den Aufstieg Englands zu einer beherrschenden Weltmacht. Seine Überfälle und Kaperfahrten vor der Ostküste Panamas, wo er erstmals 1572 reiche Beute machte, kam der englischen Krone sehr gelegen. Wurde so doch dem König von Spanien, Philipp II., großer Schaden zugefügt. Mit seinem Flaggschiff »The Golden Hind« kehrte er acht Jahre später, nach über dreijähriger Weltumsegelung, schwer mit Schätzen beladen heim. Elisabeth I. von England dankte es dem räuberischen Seehelden 1581 und schlug Francis Drake zum Ritter. Im gleichen Jahr wurde er auch Bürgermeister seiner Heimatstadt Plymouth. Als Admiral seiner königlichen Majestät trug Drake 1588 wesentlichen Anteil zum Niedergang der spanischen Flotte bei, die mit einer Armada von 125 Schiffen vor der Küste Südenglands aufkreuzte. Knapp 50 Jahre alt, starb er fernab seiner Heimat am 28. Januar 1596 vor der Küste Panamas, nicht in einer Seeschlacht, wie man meinen könnte, nein am Fieber! »Nun aber ab in die Falle und schnell noch 'ne Mütze voll Schlaf nehmen!«

In dieser geschichtsträchtigen Kulisse kommt es, wie es kommen muß: Auch die nächste Insel, die wir kurz nach dem Frühstück anlaufen, ist in die große Weltliteratur eingegangen. Norman Island, besser bekannt als »Die Schatzinsel« schlechthin, ist im gleichnamigen Roman von Robert Louis Stevenson zu Weltruhm gekommen. Wer kennt sie nicht, die verwegenen grausamen Geschichten der Piraten, die allesamt sehr gut mit dem Entermesser umgehen konnten? Erinnern Sie sich an ihre tolldreisten Raubzüge?

Hier also auf der unbewohnten Insel, die von Einheimischen auch Treasure Island genannt wird, sollen die furchterregenden Gestalten Ben Gunn und der geheimnisumwitterte Long John Silver ihr Unwesen getrieben haben?

Wie auch die beiden zuvor angelaufenen Inseln ist Norman Island nur von der Seeseite her erreichbar. Das machte sie ja zu idealen Schlupfwinkeln der Piraten. Zudem war die wildzerklüftete Küste mit den weit vorgelagerten Riffs ein gefährliches Segelrevier für einen vermeintlichen Verfolger, außerdem von einem Punkt im Inneren der Insel weithin überschaubar.

Auch wir konnten dem unwirtlichen Eiland von Bord aus keinen einladenden Eindruck abgewinnen. Es war Bryan, der ein bißchen nachhalf. »Den angeblichen Schatz einer spanischen Galeone werdet ihr bestimmt nicht finden.« »Kein Gold, Silber oder Edelsteine«, fährt er fort, »dafür aber einmalig schöne Tauch- und Schnorchelgründe, wie ihr sie nirgendwo anders antreffen könnt.« Im gleichen Atemzug warnt Conny »Paßt aber gut auf die Dünung auf, die macht nicht vor den Grotten halt.« »Der Schwell kann sich bis zu einem Meter und mehr aufbauen und einen ausgewachsenen Menschen glatt an die gefährlichen Höhlenwände drücken«, und reicht uns dabei Schwimmflossen und Schnorchelbrille herüber.

Was wir in den nächsten Stunden zu sehen bekommen, verschlägt uns die Sprache, so sehr nimmt uns die Unterwasserwelt gefangen. Wir kommen aus dem Staunen nicht heraus, solch überwältigende Schönheit breitet sich vor uns aus – ein Paradies unter dem Wasser!

»Glauben Sie mir, allein dieser exotische Ankerplatz war die Reise wert, solch einen tiefen Respekt habe ich hier erhalten!« Nicht allein hier, fernab der Heimat, haben wir es alle in der Hand, der bedrohten Natur ein Überleben zu sichern. Bestes und praktiziertes Beispiel auf der »Sir Francis Drake« ist die Vermeidung von nichtorganischem Müll. Auf unserem Windjammer wird streng darauf geachtet, daß keine Abfälle über Bord

Die beiden »Franciscanerinnen« lassen sich vom bordeigenen Speedboot in rasanter Geschwindigkeit über die tiefblaue See ziehen.

gehen. Sie werden gesammelt und am Schluß der Reise von örtlichen Entsorgungsunternehmen abgeholt.

Vor dem vorletzten Landfall in der Cruz Bay, an der Westhuk St. Johns gelegen, bekomme ich nochmals eine Gelegenheit, um Außenbordaufnahmen vom Schiff und von dem »Sea-Bisquits«-Vergnügen zu machen. Es bereitet unseren Youngstern Brenda und Jill großen Spaß auf einem luftgepolsterten Ring, ähnlich wie ein großdimensionierter Autoreifen, der vom Speedboot gezogen wird, über die Wellen zu gleiten. Eine tolle Sache, hören wir später, so mit Affenkaracho übers Wasser zu flitzen, und eine feuchte Angelegenheit!

Bryan läßt die Gastflagge wieder wechseln, also den Stars & Stripes setzen. Wir befinden uns wieder auf US-Territorium. St. John liegt querab und ist ein Juwel, ein tropisches Paradies, wenn man so will, ist es das Mallorca der Amerikaner! Bartholmes umschreibt einfühlsam in seinem Karibik-Führer St. John mit dem Virgin Island National Park als einen ungeschliffenen Smaragd. Schon vom Ankerplatz her erkennen wir auf einer ehemaligen Festungsanhöhe das Govermenthouse mit seinem auffällig roten Dach. Vor dem endgültigen Landgang müssen wir uns nochmals beim Immigrations- and Customs-officer persönlich ausweisen. »Bis zum Abend habt Ihr Ausgang«, scherzt unser Kapitän beim Vonbordgehen, »vergeßt aber nicht den heutigen Höhepunkt, sozusagen die kulinarische und gesellschaftliche Krönung Eurer Kreuzfahrt, das Captains-Dinner, und nun viel Spaß!« Gern kommen wir seiner Aufforderung nach, die einmalige Schönheit dieses Reservats aus nächster Nähe zu betrachten. So etwas müssen Sie einfach mal gesehen haben, das Wechselspiel der Farben, die Vielfalt der Pflanzen. Kokospalmen, Oleanderbüsche, Hibiskussträucher, Agaven, Akazien, monströse Kaiserkronen und Trompetenblumen – es ist, als befände ich mich im Garten Eden! Zeit müßte man haben, um mehr als nur einen kurzen flüchtigen Einblick in die Natur mitzubekommen. Auf dem Rückweg zum Anleger komme ich nicht ungeschoren an den Souvenirshops vorbei, wo ich sehr schöne Batikarbeiten und neben unzähligen T-Shirts mit unterschiedlichsten Motiven sonstigen Schnickschnack sehe.

Nun muß ich mich aber sputen! Den letzten Tender, damit ich noch rechtzeitig zum »Galadinner« komme, erreiche ich im Laufschritt. Conny schmunzelt, als ich an Bord komme. »Na, wieder die rote Laterne mitgebracht!« Was soviel heißen soll, daß ich das Schlußlicht der Landgänger bin. »Bei solch einer Bilderbuch-Landschaft, ... alles Super-Fotomotive«, entgegnete ich und verschwinde unversehens in meine Kabine, um mich frisch zu machen und die Kleidung zu wechseln. Dem Anlaß entsprechend, heute einmal mit Krawatte!

Auf unserem Schiff wird's so richtig feierlich: Bei gedämpftem Licht, reizvoll nobler Tischdekoration wie dezenter Hintergrundmusik kommt anheimelnde Atmosphäre auf. Ungeduldig und neugierig erwarten wir die Küchencrew – was wird sie uns heute präsentieren? Zuvor lassen wir uns den Sekt, eine kalifornische Symphonie, schmecken, auch wenn es heute mal keine Kristallgläser sind, aus denen getrunken wird! »Auf Kosten des Hauses«, sagt Bryan und stellt uns den weiteren Ablauf des Abends vor. Endlich ist es soweit. Auch Smut Robert hat sich fein gemacht und zur Feier des Tages den Dress gewechselt. Er wird von unseren »blackpearls« in die Mitte genommen, und unter anfeuerndem Beifall stellt er sein Menü vor. Natürlich darf beim Farewell- und Captains-Dinner der Lobster, lecker exotisch zubereitet, nicht fehlen. Ein Genuß für Auge und Gaumen – da kann es keine Steigerung mehr geben, oder etwa doch? Ich meine, das Dessert, flambierter Pfirsich mit einer sündhaften Eiscreme eigenhändig vom Kapitän mit Hochprozentigem veredelt und von seiner Conny meisterhaft zelebriert, darf keinesfalls ungenannt bleiben. Einfach Spitze! Sollte es Plätze geben, die Neptun sich mit seiner angetrauten Thetis als schwimmendes Refugium reservieren lassen würde, würde unsere »Sir Francis Drake« mit Bestimmtheit einen der vorderen Plätze erhalten. Solche und ähnliche Komplimente bekam ich heute am letzten gemeinsamen Abend zu hören. John und Rudi waren unsere Bordliteraten und gaben ihr Bestes! Nicht allein wegen der tollen gastronomischen Angebote. Nein, auch die Leistungen des gesamten Servicepersonals und der Deckshands beachteten sie in den wohlgemeinten Tischreden. In dieser stimmungsvollen Stunde erlebe ich noch eine Überraschung an Oberdeck, wohin ich wegen ein wenig Frischeluftschnappen gegangen bin. Augenblicklich bot sich mir ein Bild, wie schöner ich es zuvor noch nicht gesehen hatte. Die sternenklare Nacht zeigte sich von der allerschönsten Seite. Es war ein Bild zum Träumen. So als hätte der liebe Herrgott Perlen ins Meer gestreut. Eine Vollmondnacht, deren Lichtreflexe die karibische See in ein Glitzermeer verwandelt und Sehnsüchte weckt!

Der nächste Tag, die letzten Stunden wären schnell erzählt, wären da nicht die luxuriösen Hotelanlagen der Rockefeller-Caneel Bay Plantation in der Ferne zu erkennen und all die anderen Buchten und Strände von St. John, an denen wir zur frühen Morgenstunde entlangsegeln. Haltet ein, was zieht dort in der Ferne auf! Ich erkenne durchs Glas unheilvolle schwarze Wolken. Eine gewaltige Regenfront ist im Anmarsch. Das hatte uns gerade noch gefehlt. Da liegt nun eine erholsame Woche hinter uns, und dann das noch – auf den letzten Meilen unseres Traumtörns! »Keine Bange«, höre ich im Hintergrund jemanden sagen, »der Regen ist so schnell, wie er kommt, auch vorbei.« Es sollte stimmen.

Mit einemmal, Adolphus, unser erster Steuermann – hat mit seinen Männern alle Hände voll zu tun, damit er die Segel geborgen bekommt – ist der Regen da. Ohne große Vorwarnung – aber wie! Laut prasselt der Wolkenbruch auf das Sonnendeck nieder, so als hätte Petrus alle Schleusentore mit einem Male geöffnet. Wir, die Unentwegten, die noch nicht beim Kofferpacken waren, verzogen uns rechtzeitig unter das Sonnensegel. Wofür es nicht alles gut sein kann; es schüttet wie aus Eimern! Große Regentropfen trommeln auf unser blaues Schutzdach und waschen, sehr zur Freude der Decksmannschaft, das Salz vom Dickdeck. Keine 10 Minuten sind vergangen, und der Spuk ist wieder vorbei. Achteraus der gewaltige Tropenguß und voraus ein malerischer Regenbogen, der sich über den gesamten Pillsbury Sound erstreckt, – so segeln wir unserem End- und Ausgangspunkt, Charlotte Amalie, entgegen. Das Hohelied der Großsegler »Rol-ling home across the sea...«, hören wir jetzt wohl zum letztenmal aus den Bordlautsprechern unserer »Sir Francis Drake«. Cindy, unsere Purserin, tritt nochmals in Erscheinung, einerseits um letztmalig ihre Bordboutique zu öffnen, und andererseits, um uns die Gesamtrechnung zu geben. Was sein muß, muß sein! Wer denn nun der größte Getränksmann war, das wird diskret verheimlicht. Wie bei jedem anderen »Franciskaner« hat sich's auch bei mir summiert, sei es für Postkarten, Schlüsselanhänger, T-Shirt mit bordeigenem Logo und last but not least die »Caribbean Drinks«!

Kaum haben wir mit dem Achtersteven an der Uferstraße festgemacht, haben es einige Gäste aber verdammt eilig, von Bord zu kommen. Ob es ihnen an Bord nicht gefallen hat? Mitnichten, »der Flieger wartet nicht«, so schnell hat sie der Alltag wieder eingeholt. Ich für meinen Teil habe noch genügend Zeit, um eine ausgedehnte Sightseeing-Tour zu machen. Conny nimmt sich die Zeit, um mich noch bis zur Shoppingmeile zu begleiten. Sie hat dort einige Juweliere und Parfümerien ausfindig gemacht, die in diesem schon ohnehin zollbegünstigten Einkaufsparadies noch attraktive Rabatte geben. Das ganze Hafenviertel mit den alten pastellfarbenen Lagerhäusern und den instandgehaltenen Magazinen wird von engen, zierlichen Gassen durchzogen. Überall begegnet uns Nostalgie – malerische Winkel, wohin man schaut, und historische Kolonialbauten, wie das 1672 erbaute Fort Christian oder der nach dem berüchtigten Piraten Bluebeard benannte Turm, der sich harmonisch in das Gesamtbild der heutigen Hotelanlage einfügt.

Einzig durch die Mainstreet ziehen sich die negativen Auswüchse unserer Zivilisation: Lärmendes Verkehrschaos, stinkende Auspuffgase und grellbunte, nicht zu übersehende Neonreklame! Vorbei, endgültig vorbei ist es mit den kurzen Schlägen durch das azurblaue Meer. Hier herrscht ein quirliges, überaus geschäftiges Treiben und nicht die schöpferische Ruhe der gestrigen Ankerplätze.

Gedankenverloren lasse ich mich die letzten Stunden durch die Duty Free Shops treiben und blicke später, nachdem ich meine Sachen von Bord geholt habe, der »Sir Francis Drake« mit traurigen Augen nach, als sie, kleiner und kleiner werdend, am Horizont verschwindet. Ein neuer Traumtörn beginnt!

KAPITEL 4

WHALE-WHATCHING MIT DER LEGENDÄREN S. Y. »SEA CLOUD«

Mit der Viermast-Luxusyacht in die Kinderstube der Grauwale und See-Elefanten

Nach über 18 Stunden Anreise erreichen wir endlich unser Ziel: unsere S. Y. »Sea Cloud«.

Anreisetag und Transfer zur S. Y. »Sea Cloud«

Während des Anfluges versuchte ich fieberhaft, mein schwimmendes Urlaubsdomizil auszumachen. Leider vergebens. Die »Sea Cloud« mußte woanders liegen. Mit ihren stolzen Abmessungen und den wohlgeratenen Proportionen wäre sie wohl kaum zu übersehen – knapp 60 m hohe Masten sind doch kein Pappenstiel, oder?

Eine letzte Warteschleife über den äußeren Südzipfel der 1300 Kilometer langen Landzunge Baja California, und wir landen wohlbehalten in San José de Cabo San Lucas. Nun kann das seltene Abenteuer Whale-Watching mit der »Königin der sieben Meere« beginnen.

Vergessen war das naßkalte Schmuddelwetter zu Hause, die Hektik der letzten Arbeitstage und die vielen Vorbereitungen für diesen ungewöhnlichen Segeltörn... »oder hatte ich doch etwas vergessen?« »Zum Checking bitte der Reihe nach aufstellen«, der örtliche Travelagent, seine deutschsprachige Hostess und unsere liebenswerte wie umsichtige Hanseatic-Reiseleiterin, Erika von Wehren, hatten sich unser und unseres Reisegepäcks angenommen. Alles klappte wie am Schnürchen – sehr zum Leidwesen der mexikanischen Kofferträger, die wieder einmal keinen Job und damit keine Pesos bekamen. Der Transferbus und ein großzügig bemessener Trailer für das Gepäck standen zur Abfahrt bereit. 25, 26, 27, wir waren komplett. Keiner fehlte, kein blinder Passagier zu viel, der letzte Teil unserer Zubringerreise konnte beginnen. Sehen wir einmal von der holperigen und staubigen Straße ab, so ist die Fahrt mit dem Bus schnell erzählt. Einige Mitreisende unterhielten sich angeregt über ihr interessantes Vorprogramm, und andere waren mit den Bording-Unterlagen für die S. Y. »Sea Cloud« beschäftigt oder schauten scheinbar teilnahmslos aus dem Fenster. Es war eine karge Landschaft, die an unserem Auge vorbeiflog, kaum eine Vegetation, geschweige eine größere Ortschaft. In der Tat ein Niemandsland, das mich keineswegs auf den zu erwartenden Traumtörn einstimmen konnte – mit Ausnahme dieses fantastischen Sonnenuntergangs, der mich überwältigte. Ein echter Sundowner, ganz so, als hätte der liebe Herrgott persönlich an der Staffelei gestanden. Die Farbskala reichte vom tiefen Schwarzblau über diverse Rottöne bis hin zum leuchtenden Goldgelb und dazwischen letzte auseinandergerissene weiße Wolkenreste. Traumhaft schön, viel schöner, als es eine Hochglanz-Postkarte wiedergeben kann. Welch ein noch so genialer Altmeister der Malerei hatte je so etwas geschaffen? Die plastische Ausdruckskraft dieses Naturerlebnisses war einmalig. Es hielt mich nicht mehr auf meinem Sitz. Wenn doch bloß der Fahrer stoppen oder schneller fahren würde, damit ich dieses gewaltige Himmelsbild mit der Kamera festhalten könnte – vergebens! Wie lange wir nun auf dieser Behelfsstraße gefahren sind, ich kann es nicht sagen. Es kam mir wie eine Ewigkeit vor. Doch endlich war es soweit! Wir waren jetzt nur noch im Schrittempo gefahren, die »sleeping soldiers«, Straßenschwellen, holten den letzten aus seiner Lethargie heraus, und auf einmal waren wir da.

Da liegt sie, weit draußen auf Reede, meine »Sea Cloud«. Wie lange habe ich sie nicht mehr gesehen? Ist es zwei oder gar drei Jahre her, als ich die letzte Reise mit ihr im Golf von Mexiko gemacht habe? Augenblicklich erinnere ich mich an den unvergleichlich schönen Karibiktörn, der mich mit der »Queen« von Cancun, Yucatan, Mexiko, in südlicher Richtung bis nach Roatan, Honduras, führte. Vor meinem geistigen Auge tun sich die geometrischen Formen der gewaltigen Segeltürme auf, obwohl im scheinbaren Labyrinth der Takelage im Augenblick kein stolz geblähtes Segeltuch zu sehen ist. Ja selbst jetzt, im »nackten Zustand«, kann ich mich der Faszination, die von ihr ausgeht, nicht entziehen. Unsere Reiseleiterin gibt noch einige Erklärungen zum Shuttleservice und dann werden wir von Crewmitgliedern empfangen. Sie sind beim Anlegen der Rettungsweste behilflich und bringen uns mit ihren schnellen Zodiac, Gummibooten, zum Schiff. Unser Gepäck folgt uns auf der zweiten Tour nach.

An den Gesichtern ist abzulesen, wie sich nach und nach die Anspannung der leicht strapaziösen Busfahrt legt. Schon auf der Gangway ist die herzliche Begrüßung nicht zu überhören. »Hallo, wie schön, Sie wieder

rechte Seite:
Voraus liegt die stolze Queen »Sea Cloud« im Licht der warmen Abenddämmerung vor Anker. Jetzt ist die Stunde für »Träumer« gekommen, die »Caribbean-Dreams« können beginnen!

Schön, aufregend, aber auch gefährlich und obendrein noch knochenhart, die Arbeit in der Takelage.

hier an Bord zu sehen!« Ich merke, ich bin nicht der einzige Windjammerfreak, der die »Sea Cloud« in sein Herz geschlossen hat. Endlich wieder Schiffsplanken unter den Füßen, ein herrliches, unbeschreibliches Gefühl. Die leichten, kaum noch wahrnehmbaren Bewegungen des Schiffes, die von der Dünung kommen, und die andersartige Geräuschkulisse, die ich an Land vergeblich suche, bedeuten für mich eine ganz besondere Art der Stimulanz. Und dazu, bei angenehm warmen Temperaturen, der erste Willkommensschluck – es war eine Wohltat. Wie die anderen Neuankömmlinge, so unterhalte ich mich auch mit Gästen, die schon an Bord sind. Es ist wirklich interessant, was ich auf dem Promenadendeck zu hören bekomme. Unter anderem, daß einige bekannte Besatzungsmitglieder, die ich von vorherigen Reisen schon kenne, an Bord sind. Allen voran der Chief-Engineer Krzysztof Kaszubski aus Danzig und nicht zuletzt Szymon, der 1. Bartender, auch aus Polen, und sein zweiter Barmann, Vicente, genannt Bebo von den Philippinen. Glauben Sie mir, es ist bei dieser ersten Begrüßung nicht nur bei einem Glas Dom Perignon geblieben, so viele Neuigkeiten gab es auf beiden Seiten auszutauschen. Nach einer geraumen Zeit höre ich eine mir bekannte Stimme durch den Bordlautsprecher »Meine sehr geehrten Damen und Herren, liebe Gäste, ich heiße Sie nochmals, auch im Namen von Kapitän Shannon, seiner Besatzung und der Hanseatic-Tours, recht herzlich an Bord ihrer »Sea Cloud« willkommen, wir werden alles unternehmen, um ihnen diese außergewöhnliche Seereise so angenehm wie nur möglich zu gestalten.« »Ladys and Gentleman..., wir bitten Sie für 21 Uhr Ortszeit in die Speisesalons zum Abend-Dinner, unser Kleidervorschlag für den heutigen Abend: sportlich leger!«

Höchste Zeit, daß ich mich vom ersten small talk losreiße. In meiner Kabine angekommen, haut's mich glatt um: »...das darf doch nicht wahr sein, bloß das nicht, ein Koffer fehlt«. In diesem Augenblick gehen mir schreckliche Gedanken durch den Kopf. Ruhig Blut, es wird sich schon alles aufklären, erst einmal tief durchatmen. Zu oft hat man von solchen Situationen schon gehört und gelesen – doch wenn es erst einmal einen persönlich trifft..., nur nicht die Nerven verlieren, keine Panik aufkommen lassen. Was man in solchen Minuten alles denkt, daß der Koffer sonst wo herrenlos herumsteht, was soll man zum Kapitäns-Dinner anziehen, wo nur so schnell die Filmreserven hernehmen, die man dort ja extra aus Sicherheitsgründen verstaut hatte.

linke Seite:
»Einmal um die ganze Welt...!« Auf den Spuren der Entdecker in die Karibik, zu den märchenhaften Koralleninseln der Südsee oder in die schönsten europäischen Gewässer, die »Lady in weiß« kennt nahezu alle Segelreviere und reizvollen Ankerplätze der Welt.

In manchmal bis zu 60 Meter Höhe arbeitend, in den schwankenden Fußpferden stehend und die Segel Hand über Hand einholen – da muß jeder Handgriff sitzen, sei es im Dunkeln, bei ungemütlichem Wetter oder bei sengender Hitze.

An das Nächstliegende denke ich erst zum Schluß, nämlich bei der Reiseleitung nachzufragen. Und richtig, dort war mein Koffer wohlbehalten deponiert, nur der Kofferanhänger mit Namensschild war verlorengegangen. Die Durchsage, daß ein überzähliges Gepäckstück auf seinen Besitzer wartet, muß ich wohl überhört haben.

Frisch, wie aus dem Ei gepellt, erscheine ich im neuen Dress allemal noch rechtzeitig zum Dinner. Cruises-Direktor und Reiseleiterin empfangen mich, fragen nach etwaigen Besonderheiten, ob Raucher oder Nichtraucher, und geleiten mich zum Platz, wo ich mich mit meinen künftigen Tischnachbarn bekannt mache. »Hey my name is Theodorakis, for you Ted, I come from the States, New Haven, Connecticut.« International, wie die Crew der »Sea Cloud«, ist auch die Gästeliste. Aus aller Herren Länder sind wir angereist, um das seltene Naturschauspiel der Grauwale aus allernächster Nähe zu erleben. In dieser Runde stelle ich dann auch bald fest, daß sich einige »Salzbuckel« zusammengefunden haben. War es nun mehr der Zufall oder...? Jedenfalls hatten wir beim Dinner das Thema zu fassen: Ob wir denn auch die beiden bekanntesten Grauwale, die kürzlich für ein weltweites Medienspektakel sorgten, zu sehen bekommen. Tierfreunde in der ganzen Welt bangten um das Schicksal von »Siku« und »Poutu«. Nach wochenlangen Rettungsaktionen – Mexikaner, Amerikaner und sowjetische Helfer beteiligten sich daran – hatte man das im arktischen Packeis vor Alaska eingeschlossene Pärchen befreien können. Eine Rettungsaktion mit Millionenaufwand!

Was soll ich sagen: Das Essen schmeckte vorzüglich, und unser Gespräch war so tiefgründig, daß wir gar nicht bemerkten, daß die anderen Gäste schon zum gemütlichen Ausklang des Abends übergegangen waren. Dabei entdeckte ich in der Lounge einen weiteren Bekannten, den ich beim Anbordkommen nicht bemerkt hatte – Tom Hook, den Pianoplayer. Es wurde eine lange Nacht und eine überaus feucht-fröhliche Wiedersehensfeier!

Erster Tag auf See

Mit einem mittelprächtigen Kater bin ich kurz vor 8 Uhr aufgewacht. Na ja, es war wohl doch ein bißchen spät geworden, gestern abend, oder sagen wir besser heute früh! Bei dem ausgiebigen Frühstück im Speisesalon stellte ich fest, daß ich mich in mir angenehmer Gesellschaft befand. Wie sonst kann man es verstehen, daß die meisten Passagiere noch frühstückten. Waren es vielleicht auch Langschläfer, oder sind sie nur übermüdet gewesen, vom langen Flug?

Die Ruhepause am Frühstücksbüfett sollte nicht lange andauern. Für 9.30 Uhr war Segelsetzen angesagt. Eine Pflichtübung für jedermann, die einen zum Arbeiten und die anderen zum Zuschauen. Pünktlich beim Glasen, eineinhalb Doppelschläge, waren allhands zur Stelle. Die Crew an ihren Positionen und wir Passagiere mit allerhand fotografischem Handwerkszeug auf dem achterlichen Spankerdeck. Aufmerksam verfolgten wir neugierigen »Mittschiffsgäste« die Informationen des Ersten Offiziers, Gerhard Lickfett. Beinahe andächtig lauschten wir, als er die Technik und die Handhabung der Takelage eines Rahseglers mittels einer Schautafel erklärte. Für viele blieb es ein Buch mit sieben Siegeln, die Funktionen der einzelnen Taue, die Bezeichnung der einzelnen Segel in der Seemannssprache und anderes mehr.

Blick zum Fockmast – only Crew.

Anders als auf der »Gorch Fock«, wo den Divisionsoffizieren mehr als eine Hundertschaft Kadetten zum Segelmanöver zur Verfügung steht, müssen hier auf der Viermastbark gerade ganze 20 Deckhands die Arbeit verrichten. Zudem sind heuer noch fünf weibliche Decksmitglieder auf der »Sea Cloud« dabei. Aber keine Bange, sie alle, ob Jungs oder Mädels, sie verrichten ihre knochenharte Arbeit im Gebälk in schlafwandlerischer Sicherheit. Freiwillig, ohne jeden Zwang entern sie in die Wanten bis zum Flaggenknopf, um das Sky-Segel zu setzen. Es gibt hier keine zwei Meinungen, neben der notwendigen Sachkenntnis muß man absolut schwindelfrei sein. In 60 m Höhe zu arbeiten, dazu gehört schon eine Menge Mut und noch mehr Selbstvertrauen.

Es sind eben die schönsten Augenblicke, so höre ich, die man sein ganzes Leben lang nicht mehr vergessen wird. Ja, ich behaupte sogar, Windjammersegeln ist wie eine Droge. Eine Droge, die süchtig macht – fürs Auge und für die Seele! Solch ein Moment an Bord ist für je-

CREW
ONLY

Turmhohe Segelpyramiden: Großmast mit Sky-Segel und Flögel.

den Beteiligten eine Sternstunde. Wenn alle Segel gesetzt sind, wird man von der Pracht der gewaltigen Segelpyramiden in den Bann gezogen. Dabei ist es auch bei uns auf dem Achterdeck merklich stiller geworden; selbst die informativen Ausführungen des Nautikers werden nun zur Nebensache. Eins sein mit Mutter Natur, wo gibt es so etwas noch – ungestört und unverfälscht? Man hört nur noch den Wind, der seine Melodie durch die Takelage pfeift, und das Knarren der Böcke sowie das Rauschen der Bugwelle. Wir sind gefangen vom Mythos der Windjammer-Faszination! Doch nicht nur die Deckhands sind eingespannt. Wenn der stolze Windjammer vor dem Wind läuft, gibt es für jeden etwas zu tun, hier eine Schot dichtholen, dort eine Rah anbrassen, und anderswo sind Decksleute dabei, um das stehende Gut mit einer Mischung aus Teer und Talg zu überholen. Gelabsalt nennt der Seemann diese dreckige Arbeit. Auf dem Vorschiff sehe ich den blonden Zimmermann Rudi aus Pinneberg, wie er an einem Mahagoniverschlag das Scharnier wieder gangbar macht. Der junge Segelmacher ist damit beschäftigt, Lieks auszubessern und eine Kausche in einem Schothorn eines Rahsegels neu einzusetzen und anschließend mit einem Lederschutzkleid zu umnähen. Sie sehen, überall wird gearbeitet. Das lästig laute Geräusch vom Rostklopfen bleibt uns

linke Seite:
»Teatime«! 10.30 Uhr Bordzeit – Frühstückspause für die Decksmannschaft an Backbord.

Gästen vorerst erspart. Später, wenn wir von Bord sind, dann wird dem Rost der Garaus gemacht.

Auch für uns Gäste steht abermals ein Pflichtpunkt auf dem Tagesprogramm: Um 10.30 Uhr werden wir gebeten, an einer Informationsveranstaltung mit anschließender Seenotrettungsübung auf dem Lidodeck teilzunehmen. Sie ist international vorgeschrieben und Tradition auf jedem Schiff. Mit knappen Worten erklärt unser Sicherheitsoffizier das Anlegen der Rettungsweste, die wir für das Bootsmanöver aus der Kabine mitgebracht haben. Er macht seine Sache sehr souverän. Kurz und bündig ohne große Umschweife, aber bestimmend!

So, das wäre geschafft, denke ich mir und schnappe einen bequemen Liegestuhl, um in einer ruhigen Ecke an der frischen Luft Versäumtes nachzuholen. Denkste! Kein halbes Stündchen später, und ich werde mittels hellem Glockenschlag daran erinnert, daß jetzt Lunchtime ist. Was soll ich nun machen; mich zur anderen Seite drehen oder dem Ruf des Servicepersonals folgen? Der Hunger siegt. Das Mittagsbüfett ist auf dem Promenadendeck angerichtet. Und wie – es ist die wahre Augenweide! Auf der Tageskarte ist nachzulesen, daß es Thunfischfilets mit Oliven gibt. Es folgt ganzer Truthahn in Orangensoße, oder für den anderen Geschmack wurde geschmorte Kalbskeule in Rosmarinjuis und dazu Rotkraut und Semmelknödel gereicht. Toll, was der junge Küchenmeister aus dem Württembergischen, Harald Laatsch, mit seiner fünfköpfigen Kombüsenbrigade, für uns zusammengestellt hat. Als abschließendes Dessert reicht man uns Apfelbeignets in Zimt und Zucker. Einige Gäste zogen es vor, im Salon zu speisen. Wir aber, die Mehrzahl, ließen es uns nicht nehmen, auf dem offenen Lidodeck zu essen. Eine tolle Sache, sage ich Ihnen, so unter freiem Himmel im Filigran der Takelage Lunchtime zu halten. Es gibt nichts Schöneres, als in solch einmaliger Umgebung das delikate Essen zu sich zu nehmen. Als krönende Gratiszugabe hatten wir den grandiosen Panoramablick auf die unendliche Weite des Pazifiks. Rundherum nur zufriedene Gesichter und keinen Nörgler!

Was nun folgte, ist mit zwei, drei Worten abgetan: Faulenzen, faulenzen und nochmal faulenzen. Dem Tagesprogramm konnten wir entnehmen, daß wir unseren ersten Ankergrund erst gegen 18 Uhr erreichen würden. Ich nutze die Gelegenheit – große durchgestylte Unterhaltungsprogramme sind auf diesem Kreuzfahrtschiff verpönt – und unterhalte mich angeregt mit dem Wachoffizier auf der Brücke. Überhaupt ist die Kommandobrücke ein zentraler und interessanter Ort, an dem es vieles zu entdecken gibt. Allein die größtenteils noch originale Ein-

Die Lounge der »Sea Cloud«; das »Mekka« der Gourmets an Bord und schlechthin der zentrale gesellschaftliche Mittelpunkt des Schiffes.

Einmal »Sailors rustikal«, ein anderes Mal vom Allerfeinsten. Die Vielfalt des kulinarischen Angebots ist hier an Bord grenzenlos und läßt keinen Wunsch offen!

richtung von 1931 und nicht zuletzt die gute Aussicht von der Brückennock auf das Mannschaftsdeck, wo es tagsüber immer etwas zu arbeiten gibt, sind für jeden Fotografen eine willkommene Aufforderung zum Arbeiten. Ob die Crew nun beim Malen war oder Putzarbeiten verrichtete, nie hatte ich den Eindruck gewonnen, daß sie es ungern tat. Vom Kapitän bis zum Moses, alle schätzen sich überaus glücklich, hier auf der S. Y. »Sea Cloud« zu arbeiten. Einige sogar, mit denen ich sprach, empfinden es als eine Auszeichnung, daß sie in ihrem Seefahrtsbuch eine Fahrenszeit auf dieser größten Privatyacht der Welt eingetragen haben. Auch vom Rudergänger, einem dunkelhäutigen Seemann, höre ich, daß er schon seinen zweiten Kontrakt unterschrieben hat. Ich glaub es ihm nur zu gern!

Hier zwischen all dem blankgewienerten Messing seinen Arbeitsplatz zu haben, welch ein Shiplover könnte da nein sagen? Die kleinen Fächer mit den bunten ABC-Flaggen, die sich optisch sehr reizvoll zur edlen Teakholzverkleidung abheben. Der prachtvolle Maschinentelegraf, mit dem Original-Schriftzug der ehemaligen Friedrich-Krupp-Germania-Werft in Kiel, alles in einem tadellosen Zustand. Es ist ein Bild für Götter, da kann man wirklich noch von deutscher Wertarbeit sprechen. Das ist echte deutsche Schiffsbaukunst. Und mehr noch: Die Bordelektrik wurde von den heutigen Eignern, einem

Teilweise noch in Originalausstattung; auf der Kommandobrücke der »Sea Cloud« bekommt man jede Menge edles Teak- und Mahogoniholz zu sehen und noch mehr blitzblankes Messing.

hanseatischen Konsortium von Reedern und Kaufleuten, mit hochmodernen High-Tech-Geräten ergänzt und so auf den neuesten Stand der Technik gebracht. Das gleiche erfahre ich auch vom IWO, dem Ersten Offizier, der mir einen Einblick in die Satelliten-Navigation gibt.

linke Seite:
Um denjenigen, der einige Augenblicke auf dem Klüverbaum verweilen und dabei in die prallgefüllten Segel schauen kann, ist es unweigerlich geschehen: Er ist infiziert mit dem Virus der »Windjammer-Faszination« – zeitlebens!

Nachdenklich verlasse ich das Ruderhaus. Nicht wegen des scheinbar laxen Nachmittags, der hat sich ja im nachhinein als sehr interessant und informativ gestaltet. Nein, ich denke an die Zeit vor hundert Jahren und noch früher. Wie schwer hatten es damals die Seeleute, überhaupt ihr Ziel zu erreichen. Mit nur einfachsten Hilfsmitteln mußte der Navigator den Kurs bestimmen und halten.

Es ist kurz nach 18 Uhr, der Anker ist schon gefallen, als wir dreisprachig mittels Lautsprecherdurchsage vom Kapitän Shannon zum Willkommens-Cocktail auf das Lidodeck gebeten werden. Unter dem königsblauen Sonnensegel geht es recht zwanglos zu, keineswegs mit der stocksteifen Zeremonie eines großen Musikdampfers zu vergleichen. Kein Glitzer, kein Glamour, anstelle des Smokings und kleinem Schwarzen mit Nerzstola gibt man sich betont leger, halt sportlich leger! Einigen Gästen gefällt es sogar, in Jeans zu erscheinen – übertragen Sie dieses Bild einmal auf ein anderes Kreuzfahrt-Schiff.

Mit tiefer, sonorer Stimme begrüßt uns Captain Shannon nochmals persönlich und stellt dabei seine Offiziere vor. Ein Mann von Format – beileibe kein »Operetten-Kapitän«! Richard Shannon, 55, in Massachusetts geboren, stammt aus einer alten Seefahrerfamilie, wie wir später erfahren. Er selbst hat in seiner aktiven Marinezeit bei der US Coast Guard gedient und bis zu seiner Pensionierung als Kommandant auf dem amerikanischen Segelschulschiff »Eagle« seinen Dienst versehen. Im folgenden Gespräch kommen wir ins Philosophieren, über den Geist der »Windjammer-Faszination«. Als er hört, daß ich auch schon etliche Großsegler befahren habe, greift er dem Zeitplan ein wenig vor und verrät mir, daß er an einem Abend seine private Diasammlung von der Windjammerparade vor New York zeigen wird. Er selbst hatte zu jenem Zeitpunkt die große Windjammer-Armada mit dem US-Segelschulschiff als Flaggschiff angeführt. »Wird bestimmt interessant«, und ich wende mich einer anderen Gesprächsrunde zu. Hier an der Open-air-Bar dreht es sich nicht nur um »Maritimes«. Nein, angeführt von der engagierten Meeresbiologin und Walexpertin Petra Deimer, dreht es sich vor allem um jene Meeressäuger, die wir in den nächsten Tagen noch aus nächster Nähe kennenlernen werden – die Grauwale. Von ihr, Frau Deimer ist neben anderen hochkarätigen Biologen und Zoologen wie Prof. Dr. Harald Schliemann und Heinz Sielmann Gründungsmitglied der 1977 gegründeten Gesellschaft zum Schutz der Meeressäugetiere e. V. (GSM), bekommen wir einen Vorgeschmack auf das, was uns alle hier an Bord der »Sea Cloud« vereint: »Moby Dick« darf nicht sterben! Mit der Vehemenz einer in der Sache unbeugsamen Vorstreiterin setzt sich unsere wissenschaftliche Begleiterin für das Überleben der Wale ein. Es ist ein ungleicher Kampf und für sie eine ruhelose Lebensaufgabe geworden. Mit fadem Beigeschmack müssen wir zur Kenntnis nehmen, daß die Profitgier des Menschen den Wal nahezu ausgerottet hat. Verschiedene Arten, wie eben auch die Grauwale, sind in einigen Gewässern schon so gut wie ausgestorben. Es bleibt abzuwarten, ob die Bestimmungen der Internationalen Walfang-Kommission (IWC) und das bedeutsame Washingtoner Artenschutzübereinkommen (WA) nun überhaupt noch rechtzeitig greifen wird. Das sinnlose Abschlachten muß aufhören und darf nicht ohne Kritik von uns allen hingenommen werden, ... so als ginge es uns nichts an.

Nicht nur moralisch verwerflich, unbestritten ist auch, daß der wirtschaftliche Nutzwert heute nicht mehr gegeben ist. Längst gibt es für all die Dinge, die man aus dem Wal produziert, ausreichend Ersatzstoffe. Welch ein Unsinn, die Chemie hält seit langem gleichartige und vollwertige Ersatzstoffe in ausreichenden Mengen bereit. Selbst für das kostbare Ambra als Duftstoffträger für die Kosmetikhersteller oder für das hitze- und druckbeständige Walrat, das lange Zeit als das Schmiermittel für Hochleistungsgetriebe galt, gibt es heute genügend synthetische Substanzen. Natürlich erfahren wir Tierfreunde an Bord auch einiges von unserer Meeresbiologin über das Verhalten der Grauwale: So etwa über die Wanderroute der Meeresbewohner von den fetten Weidegründen des Nordpolarmeeres durch die Beringsee, an den Aleuten-Inseln vorbei, entlang der Küste Alaskas bis hin zu den seichten Flachwasserlagunen der Baja California. Dabei legen die Grauwale rund 10 000 Kilometer zurück. In Flugkilometern ausgedrückt, die Strecke von München bis nach Singapore oder von Kopenhagen nach Rio de Janeiro. Welch phantastische Leistung! Welch wahre Mutterliebe ist es, die dann nach 13 Monaten Tragezeit und nach solchen Strapazen ihr »Baby« hier zur Welt bringt und aufzieht. Übertragen Sie diese Leistung einmal auf unsere Belange, so wäre es mindestens für eine Eintragung ins Guiness-Buch der Rekorde gut genug.

Wir wechseln den Ort und die Umgebung, weil es mittlerweile zum Dinner geläutet hat, jedoch nicht »unser Kardinalsthema«, das uns ja noch eine Weile lang beschäftigen wird. Das Wetter ist umgeschlagen. Der Wind hat aufgefrischt, und die Temperatur ist auch merklich gefallen. Daher entschließt sich die Schiffsleitung, das abendliche Barbecue, das im Freien unter dem Sternenhimmel vorgesehen war, in die Lounge zu verlegen. Was soll's: Es verschafft weder dem Essen noch unserer angeregten Gesprächsrunde einen Abbruch. Meinen ausgefüllten Tag lasse ich mit einem anständigen Martini on the rocks als Schlummertrunk ausklingen. Und dazu höre ich mir noch einige Takte bekannter Melodien an, die Tom Hook auf dem Piano spielt.

Bevor es nun endgültig in die »Focksel« geht, nehme ich mir das Betthupferl vor, und eine kleine »tierische Gute-Nacht-Geschichte«, die unterhaltsame Einführung über das Leben der Grauwale, aus Vitus B. Dröschers Tierwelt entnommen.

Zweiter Tag an Bord – erste Begegung mit den Walen

Wir liegen in der Magdalenen-Bucht vor Anker. Schade, das schöne reichhaltige Frühstücksbüfett muß ich unberührt lassen. Ich gehöre zur ersten Gruppe, die mit dem Tender an Land gebracht wird. Schnell einige Happen im Stehen, und ab geht es mit dem flotten Zodiac. Beim Betreten der Gangway wird der Sitz der Schwimmweste nochmals überprüft und vom Wachhabenden nachgefragt, ob man sich auch auf der Landgangs-Tafel ausgetragen hat. Bevor wir dann die vogelkundliche Exkursion beginnen, müssen wir erst einmal warten, bis alle Passagiere an Land sind. »Wollen Sie wegen der scheuen Vögel immer schön beisammen bleiben«, wird uns mit auf den Weg gegeben. »Bitte nicht ausschwär-

Einssein mit der Natur: Dichter, Maler und Komponisten öffneten der Seefahrt ihr Herz. Weit draußen in der Magdalenen-Bucht liegt unser Expeditionsschiff »Sea Cloud« auf Reede. Aufgewehte Sanddünen, seegrasbewachsene Mangrovenstümpfe und das wunderbare pastellfarbene Licht.

men und ja leise sein, um die Vögel nicht aufzuscheuchen.«

Die naßkalte Witterung, das karge Gestrüpp, die hoch aufgewehten Sanddünen und seegrasüberwachsenen Mangrovenstümpfe sind nicht gerade einladend. Wohin das Auge schaut – Tristesse! »Pst, pst«, Tom, heute morgen nicht als Pianoplayer, sondern als Führer, gibt uns mit einem Handzeichen zu verstehen, daß wir uns stiller verhalten sollen und richtet seinen Daumen nach unten, was heißt, in die Hocke gehen. Anscheinend hat er etwas bemerkt, was uns dank dessen guter Tarnung entgangen ist. Wir harren der Dinge die da kommen sollen. Aber nichts kam, rein gar nichts! Na ja, Tom, unser Allrounder, ist ja kein Zauberer. Es wird sich schon etwas zeigen, nur nicht die Flinte ins Korn werfen.

Doch zu guter Letzt konnten wir diesen Ausflug ins vermeintliche Vogelparadies abhaken. Fakt ist, daß wir die Einöde der naturbelassenen Insel bald wieder verlassen haben, ohne auch nur den Anschein einer besonderen Vogelwelt gesehen zu haben. Die Natur läßt sich halt nicht in ein touristisches Korsett pressen!

Nachdem auch die letzten Ausflügler an Bord gekommen waren, wurde der Backbordanker gelichtet. Die »Sea Cloud« verließ ihren Ankerplatz in der Magdalenen-Bucht unter Motorkraft. Das ferne Ufer hat sich inzwischen in eine undurchdringliche Wolkenwand gehüllt. In mir kommt eine heimische Stimmung auf, zudem es noch zu nieseln begonnen hat. Typisch norddeutsches Schmuddelwetter. Wenn da nicht urplötzlich ein verhaltener Ruf unsere Lebensgeister wieder voll aktiviert hätte. Just beim »Essenfassen« auf dem backbordseitigen Promenadendeck »Wal, ... da ist er!« Alle blickten gespannt in die angezeigte Richtung aufs Meer, aber kein Grauwal war zu sehen. Weit und breit nicht. Sollte es wieder eine Fehlmeldung gewesen sein, so wie heute morgen?

»Da der Blas«, kaum zwei Minuten waren seit dem ersten Ruf vergangen. Nun habe ich sie auch gesehen, die steil zur Wasseroberfläche gestellte Schwanzflosse. Und schwupp, ist der Wal auch schon wieder getaucht. Es wird eine kleine Gruppe von vielleicht vier oder fünf Tieren sein, hören wir von Frau Deimer. Sie bestärkt uns, den Blick weit übers Wasser zu richten. So kann man die Meeressäuger schneller wahrnehmen. Wir sind alle sehr aufgeregt. Vergessen ist der Leerlauf vom frühen Morgen.

Jetzt wieder, mit einer ovalen, knapp 1 Quadratmeter großen geglätteten Oberfläche inmitten einer gekräuselten See, kündigt sich der nächste Blas an. Klick, klick, im nächsten Augenblick sind die Fotografen unter uns schwer beschäftigt. Wieder und wieder ist das mechanische Klicken der Auslöser die einzige Geräuschkulisse. Längst wurden die starken Maschinen der »Sea Cloud« gedrosselt. Nun steht auch unser Servicepersonal und die Küchenbrigade an der Reling. Keiner läßt sich dieses Ereignis entgehen. Wir haben Glück, die Wale ziehen in Fahrtrichtung, so daß wir unseren Beobachtungsposten nicht dauernd wechseln müssen. Weit über eine Stunde dauerte diese erste Begegnung mit den Walen an. Ein unbeschreibliches Gefühl hielt uns gefangen. Nur langsam weicht die Anspannung, so sehr sind wir mitgenommen vom ersten »WHALE WATCHING«. Es sollte nicht das letzte Mal gewesen sein.

Unser eleganter Expeditions-Segler kommt wieder in Fahrt, jedoch nicht unter Segeln. Der Wind ist vollends eingeschlafen. Wir motoren, von respektablen 6000 PS angetrieben, in Richtung Laguna San Ignazio. Laut vorgegebenem Zeitplan werden wir sie morgen früh, gegen 7 Uhr, erreichen.

Bei solch einem Segeltörn kommt nie Langeweile auf. So wird zum Beispiel jetzt, am Nachmittag, erstmals die Bordboutique geöffnet. Eine gutsortierte Verkaufsvitrine steht auf dem achterlichen Lidodeck. Hier wird ein schlichtweißes T-Shirt überprobiert, dort eine echt seidene Krawatte begutachtet, und daneben freut man sich, auch ein Erinnerungsstück erstanden zu haben. Weiße und marineblaue Sweat-Shirts mit aufgesticktem »Sea Cloud«-Logo werden geordert, Seidenschals, Schlüsselanhänger, Feuerzeuge, Kugelschreiber und vieles mehr. Auch ich schließe mich dem »Kaufrausch« an und erstehe eine sehr schöne schneeweiße Takelbluse aus kräftigem Leinenstoff mit einem großen Takelriß auf der Rückenpartie und noch eine Handvoll Ansichtskarten, die alle noch an Bord geschrieben werden sollen – nur wann? Im weiteren Tagesablauf war für den Nachmittag eine Brückenbesichtigung mit deutschsprachiger Führung vorgesehen. Zur Teatime fiel mir auf, daß es sich wohl nur um einen reinen Männertreff handeln wird, denn wo waren die Frauen geblieben, lag es an mangelnder Information? Nein, der Grund ist ganz einfach zu erklären: Kapitän Shannon ließ seine Gäste vor dem Dinner nochmals zu einem Cocktail auf das Lidodeck bitten. Da galt es ja für die Damen, sich entsprechend anzukleiden und, mit Verlaub, herzurichten.

Abermals geht ein schöner Urlaubstag auf der »Sea Cloud« dem Ende zu – der ausgefüllt war und mich mit Sehen und nochmals Sehen beschäftigte. Für mich unter dem Filigran der himmelwärts gerichteten Takelage, zerschnitten von einer schmalen Mondsichel, die sich silbrigglänzend vom Firmament abhebt. Szymons Nachfrage zum Drink des Tages, einen »Daiquiri« nature fand meine Zustimmung, und in einem kleinen Kreis Gleichgesinnter lasse ich den Tag nochmals Revue passieren. Die Inselexpedition, wo unsere Vogel(Spuren-)suche eindeutig im Sande verlief, und die erste unheimlich starke Begegnung mit den Grauwalen. Unvergeßliche »Smalltalk«-Runde in der Kommandozentrale sprich: Brücke; die blaue Stunde zum Cocktailempfang, das vorzügliche Dinner und jetzt der stimmungsvolle Tagesausklang auf dem Achterdeck. Es ist ein unbeschreiblich herrliches Gefühl! In der Zwischenzeit hatten Feenhände die georderten Artikel fein säuberlich in die Kabine gebracht. So auch das morgige Tagesprogramm nebst Betthupferl und einem Hinweis, daß die Schiffsuhren in dieser Nacht um eine Stunde zurückgestellt werden. Fein, so können wir eine Stunde länger schlafen!

Dritter Tag an Bord »Tag der offenen Türen«

Wir liegen in der Laguna San Ignaizio auf Reede... und nicht vor Madagaskar und wir hatten auch nicht die Pest an Bord, wie es da in einem bekannten Shanty gesungen wird. Heute morgen kann ich den Tag völlig relax angehen, weil ich in die vierte Gruppe eingeteilt bin und meine Schlauchbootfahrt in die seichte und langgestreckte Bucht erst gegen 12 Uhr beginnen soll.

Um 7.30 Uhr ist für mich die Nacht vorbei. Mithin noch reichlich Zeit, um ausgiebig und in aller Ruhe zu frühstücken. Anschließend wollte ich eigentlich Postkartengrüße schreiben. Der Zufall will es aber, daß ich zur dritten und letzten »Rubberboot«-Tour eingeplant werde. Wie ich feststellen konnte, sollte ich später froh darüber sein, denn es hatte ein feiner Landregen eingesetzt. Was ist das aber schon gegenüber unserem Abenteuer »Whale-Watching«, das geringere Übel. Aber wie ich feststelle, nicht für jederman. Einige Gäste kamen schon früher als geplant zum »Mutterschiff« »Sea

Um die Grauwale hautnah zu beobachten, fahren wir mit stark motorisierten Gummibooten tief ins seichte Gewässer der Laguna San Ignazio.

Cloud« zurück – wegen des Strichregens. Ich bin darüber ein wenig verwundert. Für mich heißt es »Dabeisein ist alles« ... auch mit nassen »Büxen«, schließlich trocknen die wieder! Man muß das Wetter so nehmen, wie es ist, ändern kann man es sowieso nicht.

Die Launen der Natur sind manchmal höchst sonderbar und gehen oftmals seltsame Wege. So auch bei unserem Ausflug in die Kinderstube der Wale! Am frühen Vormittag regnete es noch Bindfäden. Just zu Beginn unserer Tour lugten die ersten Sonnenstrahlen wieder durch den wolkenverhangenen Himmel. Im Wechselbad der Gefühle glätteten sich bei einigen sofort frische Sorgenfalten auf der Stirne, und ich hatte den vermeintlich »nassen Hintern« auch schnell vergessen! »Gruppe 3, Boot eins, zwei und drei; klarmachen zum Ausbooten und vergeßt ja nicht die Rettungswesten!«

Wir fahren schon eine geschlagene Stunde mit drei stark motorisierten Schlauchbooten im flachen Wasser der Lagune. Alle sind aufs äußerste gespannt. Mit schußbereiten Kameras suchen wir die seichte Oberfläche ab, aber nirgendwo taucht ein Grauwal auf. Selbst den Bootsführern ist es unverständlich, haben sie doch zuvor eine Gruppe von vier, fünf Tieren zu Gesicht bekommen. Das beeindruckendste Erlebnis unserer Reise, mit einem Wal so hautnah in Kontakt zu kommen, läßt auf sich warten. Da werden Sekunden zu Minuten, Minuten zu Stunden – Enttäuschung macht sich breit.

Doch unser Warten wird belohnt – aber wie! Die See

ist still, kein Kräuseln bewegt die Oberfläche des Wassers. Auf einmal werden wir aufgeschreckt. Urplötzlich, ohne jede Vorwarnung, steigt an Steuerbordseite, kaum 50 m vor unserem Zodiac, eine bestimmt 8-10 m hohe Fontäne hoch. Das Ganze dauert nur einen kurzen Moment. Ehe wir uns versehen, ist der Wal schon wieder abgetaucht. Puh..., der Schreck sitzt mir noch lange in den Gliedern! Damit hatte keiner gerechnet, geschweige denn ans Fotografieren gedacht. Viel zu schnell und viel zu kurz verlief die erste Begegnung mit einem Grauwal. Mit Handzeichen verständigen sich die Bootsführer untereinander. Jetzt gilt es Ruhe zu bewahren, keine Hektik aufkommen lassen, denn wer weiß, wie die sensiblen Tiere darauf reagieren?

Was geht einem in solchem kurzen Augenblick nicht alles durch den Kopf. *Angst!* Ja, selbstverständlich, Angst! Was ist, wenn das gutmütige und tonnenschwere Tier es sich einmal anders überlegt und uns angreift? Fragen über Fragen türmen sich in diesen Minuten auf. Ob der Wal nicht unter uns taucht und mittels einem kurzen Schlag mit der Fluke uns den Garaus macht? Warum zieht es die Enkel und Urenkel Moby Dicks immer und immer wieder in diese Gewässer, wo sie doch vom Menschen keine gute Meinung haben müßten?

Auf einmal ist es wieder soweit. Die besonnenen Bootsführer haben schon seit geraumer Zeit den Außenbordmotor gedrosselt. Wir dümpeln und machen kaum noch Fahrt, als wir in respektvoller Entfernung den gewaltigen Blas einer trächtigen Walkuh miterleben. In nur Bruchteilen von Sekunden vollzieht sich vor unseren Augen das gleiche Schauspiel, das uns gerade noch in Angst und Schrecken versetzt hatte.

Der Blas steigt steil nach oben. Walfänger wie Zoologen können anhand der Blasfontäne die Walart und die Richtung erkennen, in die der Wal schwimmt. Kaum, daß sich die unter hohem Druck ausgestoßene Atemluft verflüchtigt, das Geräusch ist dem lauten Zischen einer Dampflokomotive nicht unähnlich, da bekommen wir das gewaltige, arg mit Seepocken und Entenmuscheln besetzte Rückgrat zu sehen und dann die riesige Schwanzflosse, Fluke genannt, die für einen letzten kurzen Augenblick steil in die Luft ragt. Danach folgt wieder lautlose Stille, so als wäre nichts gewesen.

Wir sind alle »very happy«, ich sehe nur strahlende Gesichter. Auch noch, als wir schon lange wieder an Bord zurückgekommen sind und uns an Szymons Open-air-Bar angeregt unterhalten. Dieser Tag verdient das Prädikat des Außergewöhnlichen. Das Ereignis, die unmittelbare Begegnung mit noch lebenden Walen, so aus allernächster Nähe, möchte ich um nichts auf der Welt missen!

Es sollte in den frühen Abendstunden noch einen weiteren Höhepunkt, gar einen gesellschaftlichen Glanzpunkt geben, wie ich den »Tag der offenen Tür« einmal nennen will. Wir »normalen« Gäste der S. Y. »Sea Cloud« bekamen einen Einblick in die elf original-historisch restaurierten Kabinen, die in der Tat den Vergleich mit denen moderner Kreuzfahrtschiffe nicht zu scheuen brauchen. Über Deck der gewaltige Dom aus Segeltuch und die Linien eines zeitlos eleganten Clippers und unter Deck ein schwimmender Palast à la Schloß Linderhof, dem Lustschlößchen des Bayernkönigs Ludwig II. Edelholzgetäfelte Luxuskabinen, offene Marmorkamine und Bäder mit massiv goldenen Armaturen. Es sind bestimmt die schönsten Räumlichkeiten auf allen sieben Weltmeeren – doch ich will nichts vorwegnehmen. Überhaupt wird es wohl das Beste sein, daß wir von vorn beginnen – von ganz vorn, mit der Historie der legendären Luxusyacht »Sea Cloud«. Nur so werden Sie die Geschichten, die Legenden verstehen, die sich um dieses Schiff ranken.

Es war einmal, ... wie alle Märchen, so hört sich auch die Biographie der luxuriösen Viermastbark wie ein Märchen an. Es wurde einmal ein Traum aus Wasser und Wind geboren, der am 25. April 1931 als weltgrößte Privatyacht auf den Namen »Hussar« getauft und auf der ehemals kaiserlichen Friedrich-Krupp-Germania-Werft in Kiel vom Stapel lief. Man schrieb die Zeit der Weltwirtschaftskrise. Die Folgen des »Schwarzen Freitags« an der Wall Street, 1929, waren verheerend und auch nach Jahren noch nicht überwunden. Und doch gab es in dieser Zeit einige schwerreiche Familien, die ihr Geld mit beiden Händen ausgeben konnten und dies auch taten; die Astors, Rockefellers, Vanderbilts und andere. In dieser schweren Zeit brachte der erfolgreiche Börsenmakler und Multimillionär Edward F. Hutton den stolzen Rahsegler »Hussar« mit in die Ehe. Es war seine wohlwollende Mitgift, ja Sie lesen richtig, sein Hochzeitsgeschenk an seine nicht minder vermögende Gattin Majorie Merriweather Post, die zuvor schon einmal kurze Zeit verheiratet war und als Alleinerbin des riesigen US General Food-Imperiums eine hervorragende Partie war.

Die Privatyacht, einst mit schwarzem Außenbordanstrich versehen, war ein Meisterwerk amerikanisch-deutscher Schiffbaukunst. Mit der Planung wurden die amerikanischen Yachtkonstrukteure Gibbs und Cox vom Designerbüro Cox & Stevens, New York, beauftragt. Die Ausführung lag, wie wir schon wissen, in den bewährten Händen der Germania-Werft in Kiel-Gaarden, die sich im Bau von Yachten und Großseglern einen hervorragenden Namen geschaffen hatte. Heute, nach über 70 Jahren, sind noch einige Windjammer auf den Weltmeeren zuhause, die bei »Fiete Krupp« von der Helling gelaufen sind. Der bekannteste Großsegler ist zweifelsohne die russische »Sedov«, ex »Commodore Johnson«, die hier in Kiel 1921 als »Magdalene Vinnen« vom Stapel lief.

Der Bau der rahgetakelten Millionärsyacht sollte alles bisherige an Abmessungen, Ausstattung und eben auch

linke Seite:
»Wal, da bläst er!« – Hier die Fluke eines abtauchenden Wales vor der prachtvollen Silhouette der »Sea Cloud«.

». . . and feel quite at home . . .«
Die vielbegehrte »Number One« – das Schlafgemach Lady Post-Huttons.

Kosten weit in den Schatten stellen. Die Baukosten: Über 2 Millionen US-Dollar. Das war die schier unglaubliche Summe von 8,4 Millionen Reichsmark. In diesen Kosten war die Inneneinrichtung noch nicht einmal inbegriffen. Die wurde von der eigenwilligen Eignerin teils selbst ausgesucht und der Einbau höchst persönlich beaufsichtigt. Das Beste und das Schönste war gerade gut genug: italienischer Marmor aus Carrara, Edelhölzer in Salons und Kabinen, und bei der Auswahl der Armaturen für das Bad entschied sich die Bauherrin für eine exklusive Goldausführung. Die weitsichtige Marjorie sah es mehr von der praktischen Seite, denn »schnödes« Messing mußte ja geputzt werden – Gold hingegen benötigt keine große Pflege. Luxus über Luxus, wohin man schaut!

Ihre großzügig angelegte Eigner-Suite war im pastellfarbenen Schleiflack gehalten, so wie man es noch heute vorfindet. Aufwendige Stuckarbeiten, wertvolle Orientteppiche, rohseidene Gardinen, kostbare Holzschnitzarbeiten, goldene Leuchter und goldgerahmte Kristallspiegel, die gar nicht nach Windjammeratmosphäre anmuten. Damals wie heute sind die Räumlichkeiten, die seit eh und je über eine reichlich verzierte Wendeltreppe vom Hauptsalon zu erreichen sind, mit französischem Louis XIV.-Mobiliar eingerichtet.

rechte Seite:
Der englische Kamin – »nur« eine Attrappe.

Der »Princessroom« – ehemals Spielzimmer der Hutton-Tochter »Deenie«.

Nicht anders die Ownersuite »Number two«, das einstige Privatgemach des segelsportbegeisterten Ed. Hutton. Die Ausstattung im Stil vergangener Epochen sucht noch heute ihresgleichen. Die Wände sind aus massivem Oregon Pine, und die Zeichnung des Marmors im Bad ist in einem wunderschönen Rotton gehalten, wie auch der englische Kamin, den wir hier zu sehen bekommen. Wen stört es da, daß die im Kolonialhaus-Stil erbauten Feuerstellen »nur« dekoratives Beiwerk sind. Attrappe hin, Attrappe her, heute sorgt eine Klimaanlage für angenehme Temperaturen.

Kaum weniger interessant der sogenannte »Princessroom« – es war ehemals das Spielzimmer der reizenden Tochter »Deenie«, die selbstverständlich immer mit auf Reisen kam. In dieser original restaurierten Kabine dominieren helle Farben und eben das exquisite Kirschholz-Paneel. Gestern wie heute, die luxuriöse Viermastyacht war und ist immer in den schönsten Segelrevieren der Welt anzutreffen. Von einer steten Unrast getrieben, machten die charmanten Gastgeber ausgedehnte monatelange Fahrten, mit oftmals imposanten Gästen an Bord, natürlich angemessen, was Rang und Namen hatte. Gekrönte Häupter wie König Gustav V. von Schweden, König Haakon V. von Norwegen mit Gemahlin und die Herzogsfamilien von Windsor und Kent sowie unzählige Persönlichkeiten aus Wirtschaft, Wissenschaft und Politik und Stars der Leinwand.

The golden bath.

Die schönsten Ankerplätze rund um den Globus wurden angelaufen. In ledergebundenen Alben hat die Eignerin ihre Reiseerlebnisse teilweise minuziös niedergeschrieben. Zwölf Bände stehen heute noch in der Bordbibliothek, so daß wir darin ein wenig blättern können. Dort ist nachzulesen, daß nicht selten diese Reisen einer abenteuerlichen Expedition glichen und tief in unerforschte Gebiete führten. Kein noch so exotischer Hafen, keine Inselwelt war ihnen zu entlegen, als daß sie nicht angelaufen werden konnte. Die glückliche und ungemein aufregende Zeit der Hutton-Post-Familie dauerte jedoch nicht ewig an. Man hatte sich nach 15 Jahren Ehe auseinandergelebt und wurde im August 1935 geschieden. Edward, einem äußerst sportlichen wie charmanten Typ, wurden Frauengeschichten nachgesagt, Marjorie hatte sich zunehmend dem sozialen Engagement zugewandt. Sie trennte sich von ihrem Mann, aber nicht vom Schiff!

Noch im gleichen Jahr, Dezember 1935, wurde aus dem Freund und der Freundschaft Ehemann und Ehe – er hieß Joseph E. Davies und war amerikanischer Diplomat. Eine höchst imposante Episode als Diplomatenyacht sollte jetzt folgen, denn ihr Gemahl war als US-Botschafter in Moskau akkreditiert. Marjorie ließ ihr »Spielzeug« auf den Namen »Sea Cloud« umtaufen, der schwarze Rumpf erhielt einen weißen Anstrich, wie überhaupt alles, was an die vergangenen Zeiten erinnerte, ausgetauscht oder mit neuem Namen versehen wurde. Das war nicht gerade wenig: sämtliche Rettungseinrichtungen, das Tafelsilber, ja selbst die schneeweißen Uniformen der Crew und die Bademäntel in den Gästekabinen erhielten jetzt einen »Diplomatenstatus«.

Es kam die Zeit, da auf dem Schiff mit den »Stars and Stripes« am Heck häufig mehr russisch gesprochen wurde, als es der »Hausherrin« lieb war. Die Yacht war zeitweilig in Leningrad, dem heutigen St. Petersburg, festvertäut, und dem sowjetischen Polit-Adel gefiel es sichtlich gut an Bord der »Sea Cloud«. Es war Marjories Preis, um als Diplomatengattin stets im Mittelpunkt des politischen Geschehens und in den Schlagzeilen der Weltpresse zu stehen. Wieder einmal gab sich die High society an Bord ein Stelldichein. Neben Südsee-Hochadel und karibischen »Inselkönigen« traf sich am Ende

Sails – weißer Mythos! Blick von der Brückennock der S. Y. »Sea Cloud« ins »Gebälk«.

der dreißiger Jahre ganz Europa auf dem politischen Parkett der »Sea Cloud«. Das belgische Königshaus gab sich die Ehre. Türkei und Spanien waren weitere Stationen, die von der schwimmenden US-Mission angelaufen wurden. Wir schreiben das Jahr 1941, ein neues Kapitel in der bewegten Chronik der »Sea Cloud« wurde aufgeschlagen.

Einst imposante Millionärsyacht, dann die Zeit als luxuriöse Diplomatenyacht, und nun sollte die Viermastbark im Dienste der US-Navy eingesetzt werden. Das Schiff erhielt, nachdem es von den patriotischen Davies-Post dem US-Staat für nur einen symbolischen Dollar im Jahr überlassen wurde, einen tarngrauen Anstrich, einige leichte Geschütze und eine neue Bezeichnung. Als »WPG 284« in Boston stationiert und später als »IX-99« versah die zwischenzeitlich abgeriggte Yacht als Patrouillenboot und schwimmende meteorologische Station ihren Dienst im Nordatlantik und zwischen den Azoren bis hin zur Südküste Grönlands. Einige Zeitungen hatten berichtet, daß die »Sea Cloud« als U-Boot-Jäger eingesetzt gewesen sei. Das war schlichtweg eine Zeitungsente, die sich aber hartnäckig bis zum heutigen Tag gehalten hat. Will man alliierten Kriegsberichterstattern glauben, so war das Schiff mit logistischen Aufgaben an der großen Landungsoffensive in der Normandie beteiligt.

Noch heute sind von dem aufmerksamen Betrachter sichtbare Kennzeichen für ihre »passiv«-aktive Dienstzeit bei der US Coast Guard, die übrigens im November 1944 endete, nicht zu übersehen. Als äußeres Merkmal des nationalen Einsatzes im Zweiten Weltkrieg zieren fünf Messing-Winkel den Bereich der Kommandobrücke.

Die einstige Schönheit der Yacht hatte arg unter den Gegebenheiten gelitten. Es muß für das Eignerehepaar ein schrecklicher Anblick gewesen sein, ihren einst so stolzen Windjammer ohne Masten und ohne Rahen zu sehen. Doch die lebensbejahende Marjorie setzte in diesen schwierigen Zeiten abermals alles daran, ihr Schiff und ihr Lebenswerk im Glanz der alten Tage wieder neu aufzuriggen. Es sollte über vier Jahre dauern und der Eignerin nochmals ein Vermögen von mehr als drei Millionen Dollar kosten.

Doch die Reisen, die nun folgten, waren auch nicht mehr das, was sie einmal waren. Sie hatten keinen Expeditionscharakter mehr. Sehr zur Freude des gar nicht so seefesten Politikers Davies. Man beschränkte sich auf Fahrten entlang der Ostküste Amerikas, die ja weiß Gott keine Monate dauern. Die »Sea Cloud« unternahm in den letzten Jahren nur noch Tagestrips, New York, Bahamas und Florida. Das brachte der Yacht abermals Schlagzeilen ein, jedoch in den Klatschspalten der internationalen Regenbogenpresse. Es war ein Abgesang in Raten, und Marjorie, nun auch in die Jahre gekommen, sagte sich: Lieber ein Ende mit Schrecken als ein Schrecken ohne Ende. Mrs. Post-Davies trennte sich 1955 von ihrem Mann und von ihrem liebgewonnenen Schiff.

Die wechselhafte Geschichte der »Sea Cloud« nahm nun im August des gleichen Jahres einen verhängnisvollen Verlauf. Der neue Eigner war kein geringerer als der Diktator Trujillo, sen. Er erstand den Windjammer für einen »Discountpreis« von nur 500 000 Dollar, um dann aber nochmals immense Summen für die Instandsetzung und Verschönerungsarbeiten auszugeben. Die Yacht erhielt den Namen seiner erstgeborenen Tochter »Angelita«. Nachdem auf dem Vorschiff kurzerhand ein Geschütz zum Salutschießen angebracht war, wurde aus der Präsidentenyacht ein »Kriegsschiff« und war so von jeglichen Hafenabgaben befreit. Welche Fahrten der Machthaber der Dominikanischen Republik mit seiner Yacht gemacht hat, blieb weitgehend unbekannt. Zumindest brachten sie keine Schlagzeilen, anders als die ausschweifenden Partys seines nicht minder korrupten Sohnes. Von seinen exzessiven Orgien spricht man heute noch. So lag die private Lustyacht, die übrigens nahezu doppelt so viel Segeltuch wie die »Gorch Fock« als Segelschulschiff am Wind hält, zeitweilig vor Los Angeles als »schwimmende Studentenherberge« auf Reede. Alles, was im Showgeschäft einen Namen hatte oder einen Namen bekommen wollte, traf sich auf dem Schiff. Das Talent der mehr oder weniger bekannten Filmsternchen war nicht so ausschlaggebend. Nur eines mußten die willigen »Funnygirls« mitbringen – eine vernünftige Oberweite! Damals soll unter anderem auch Kim Novak an Bord gewesen sein. Die Klatschspalten sind voll von den Besuchen der heißblütigen Ungarin Zsa Zsa Gabor. Sie hatte in dieser turbulenten Zeit eine Art von Favoritenrolle unter den Gespielinnen eingenommen.

Der unaufhaltsame Niedergang des Viermasters nahm abenteuerliche, ja zunehmend düstere Formen an. In dieser rasanten wie rastlosen Odyssee der »Grand Lady« war auch von illegalen Geschäften die Rede – von Drogen, Gold, Schmuggelfahrten und Meuterei. Es kam sogar soweit, daß amerikanische Kongreßabgeordnete davon sprachen, daß man die Wirtschaftshilfe der Dominikanischen Republik doch gleich dem Despotensohn Ramfis persönlich überweisen solle. Das Maß aller Dinge war voll!

Der Generalissimo orderte Sohn und Schiff umgehend zurück in heimische Gewässer, um so seinen Namen aus dem Mittelpunkt des öffentlichen Ärgernisses zu bekommen. Was ihm auch gelang. Die vermeintliche Ruhe in den folgenden Jahren war jedoch trügerisch. Im Mai 1961 kam der Diktator auf offener Straßes durch Gewehrkugeln ums Leben. Wer aber nun meint, daß sich die glücklose Zeit der Luxusyacht durch den Putsch wieder zum Guten wenden würde, der ist der Geschichte um zwanzig Jahre voraus.

In einer spektakulären Nacht- und Nebelaktion entschwand Ramfis und der gesamte Trujillo-Clan mit der Yacht außer Landes, nachdem die Staatskonten geplündert und der Leichnam seines Vaters in einem Mahagonisarg an Bord geschafft worden war. Es hieß, es sei in Richtung Cannes gegangen. Playboy Ramfis, wie er unter Freunden genannt wurde, hatte zuvor Lunte gerochen und das Weite gesucht, um sich der gerechten Strafe zu entziehen. Wenden wir uns von seinem Schicksal ab, er kam 1969 bei einem Autounfall ums Leben, und schenken wir der einstigen »Königin der Meere« wieder unsere Aufmerksamkeit.

1963 wechselten abermals die Besitzverhältnisse, nachdem die arg gebeutelte Nachfolge-Regierung sich das Schiff wieder beschafft hatte. Die Offerte eines südamerikanischen Landes, den Windjammer als Segelschulschiff herzurichten, schlug fehl, und das feuchtwarme Tropenklima tat ein übriges. Der neue Eigner, ein Schiffahrtssachverständiger namens John Blue aus Louisiana, kaufte von der dominikanischen Regierung das Schiff für 725 000 Dollar und ließ es in Panama auf den Namen »Antarna« registrieren. Er investierte nochmals 2 Millionen Dollar, um den Viermaster als Kreuzfahrtsegler flottzumachen. Mit Charterreisen wollte er das große Geld machen. Seine Bemühungen strandeten schon

rechte Seite:
Gestern wie heute, ob als Millionärsyacht oder als luxuriöser Kreuzfahrtsegler, alles war und ist vom Feinsten – von A bis Z! Hier stimmt einfach jedes Detail. Die »Sea Cloud« ist der Inbegriff der Vollkommenheit!

SEA CLOUD

»Siesta in Lee«, oder einfach einmal abschalten und entspannen. Ein Liegestuhl auf dem Kapitänsdeck, ein gutes Buch aus der Bordbibliothek, den Himmel über dir und die reizvolle Architektur der Segelpyramiden – so fangen Träume an!

am Anfang seiner Aktivitäten. Lag es am Mißmanagement seiner Betreiberfirma, oder war es einfach ein mangelndes Interesse im Kreuzfahrtgeschäft? Tatsache ist, er war seiner Zeit um zehn Jahre voraus. Die Irrfahrten à la Fliegender Holländer nahmen nun ein endgültiges Ende, als es zu Streitigkeiten mit den US-Steuerbehörden kam, die die Yacht kurzerhand in Miami an die Kette legten. Eineinhalb Jahre dauerte es, bis das exquisite »Oceanic-College« die anstehenden Steuerschulden tilgte und mittels anpackender Studentenhände versuchte, das noble Internatsschiff wieder in Fahrt zu bringen. Es gelang mehr schlecht als recht, den Großsegler aus den Untiefen zu befreien. Die »Antarna« wurde abermals festgehalten und dümpelte einem ungewissen Schicksal entgegen. War es das unrühmliche Ende einer Legende...?

Mitnichten, auch wenn die Yacht in Vergessenheit geriet und in der Bucht vor Colón, Panama, erst nach acht Jahren wiederentdeckt wurde. Mittlerweile schreiben wir das Jahr 1978. Kapitän und Diplom-Volkswirt Hartmut Paschburg fand den völlig heruntergekommenen Windjammer wieder, als er auf der Suche nach einem geeigneten Segler war. Er war es auch, der als erster die jetzigen Zeiten goldrichtig erkannte, und mit dem vormals neuaufgeriggten Dreimastschoner »Ariadne« der Wiederbelebung der Windjammer maßgeblichen Anschub gab. Mit dem schmucken Kreuzfahrtsegler, der für 46 Gäste ausgerichtet war, hat der rührige Hanseat Akzente zur »Renaissance der Windjammer« gesetzt.

Seine Idee, mit Windjammern Kreuzfahrten zu unternehmen, war so erfolgreich, daß sie über Nacht kopiert wurde und so entscheidende Impulse zur heutigen Großseglerszene gegeben hatte. Nochmals konnte der tüchtige Seemann und clevere Geschäftsmann interessierte Kaufleute und Reeder davon begeistern, sich an diesem Projekt zu beteiligen. Die Idee war geboren, die neue finanzkräftige hanseatische Eignergruppe gefunden – und doch sollte es noch einige Zeit und noch mehr Mühen kosten, um die »Sea Cloud« wieder flottzumachen. Abermals erhielt unser »Hans im Glück« von der Glücksgöttin Fortuna Beistand, als er für »nur« 800 000 Dollar den Zuschlag für das Schiff bekam. Mittels einer Zeitungsannonce fand »Paschi«, wie er im Freundeskreis gerufen wird, weit über 100 Helfer, die bereit waren, per »Hand für Koje«, also für Kost und Logis hart zu arbeiten, um den Segler wieder so weit herzurichten, daß man den Sprung über den großen Teich wagen konnte. Kurzum: Die letzten Meilen der endlich glücklich zu Ende gehenden rastlosen Odyssee brechen an. In über drei Monaten hatten 45 Windjammerfreaks mit zum Teil nur primitiven Bordmitteln oft bis an die Grenze ihrer Leistungsfähigkeit gearbeitet und das scheinbar Unmögliche geschafft. Sie konnten im Oktober 1978 den 5200 Seemeilen langen Überführungstörn via Puerto Rico und die Azoren nach Hamburg starten und nach einigen unvorhergesehenen Hindernissen, die sie bravourös meisterten, am 15. November 1978 an den Überseebrücken in Hamburg/St. Pauli festmachen.

Was dann alles in den nun über sechs Monaten Werftzeit folgte, läßt sich an dieser Stelle gar nicht erschöpfend beschreiben. So viele Anstrengungen waren notwendig, und ebensoviel Geld mußte nochmals investiert werden, um das Schiff und Rigg von Grund auf zu überholen. In eingeweihten Kreisen an der Küste spricht man von stolzen 7 Millionen DM für den Umbau und für die liebevolle Restaurierung der Innen- und Sicherheitseinrichtungen, weit mehr, als die Eigner eingangs bei ihren Planungen kalkuliert hatten. Doch damals wie heute lautet die oberste Maxime: Qualität geht vor Kosten! Von daher haben sich die hanseatischen Anteilseigner entschlossen, wegen der Rentabililtät zusätzliche Kabinen zu schaffen, damit der neue Abschnitt im Leben der »Sea Cloud« auf solidem Fundament beginnen konnte – die Ära als Kreuzfahrtsegler der Luxusklasse!

Lassen wir es dabei, auch mit dem Wissen, daß wir hier einige Informationsdefizite tolerieren müssen, denn die Einführung der jetzt wieder im alten Glanz erstrahlten Segelyacht in ihr Element als nobler Kreuzfahrer für eine Handvoll Individual-Touristen in europäischen Gewässern hat sicherlich viele touristische und martime Highlights. So zum Beispiel ihre Beteiligung an verschiedenen Operation Sails, wie die Paraden der Großsegler im Fachjargon heißen, so die Begegnung mit anderen Windjammern anläßlich des 790. Hafengeburtstages von Hamburg im Mai 1979 oder das Zusammentreffen mit der »Dar Pomorza«, »Gorch Fock« und »Kruzenshtern« und anderen Windjammern im Folgejahr in Amsterdam. Alles unbestritten interessante Begegnungen, die eigentlich eine größere Beachtung finden sollten, doch wenden wir uns nun wieder dem weiteren Reiseverlauf im Golf von Niederkalifornien zu, der uns schon einen Einblick in die Kinderstube der Wale gab und uns morgen zu den See-Elefanten führen wird.

Tom Hook, der Barpianist, beschließt den heutigen Tag mit einem Reigen bekannter Melodien und Evergreens.

Vierter Tag an Bord – vor den Islas San Benitos!
Ob ich denn gut geschlafen hätte, erkundigte man sich am Frühstückbüfett. Ich muß wohl arg verdutzt ausgeschaut haben »... danke, aber es geht mir ausgezeichnet, nur verstehe ich die Frage nicht.« Über Nacht war kein Unwetter, sinniere ich, das hätte ich bemerkt, und die Betreuung an Bord läßt auch keine Wünsche offen »Nein, ich fühle mich rundherum sehr wohl!« Alle am Tisch waren stumm. Nur der Wortführer lächelte verschmitzt. Ein Spaßvogel also. Beim gestrigen Ausflug in die illustre Vergangenheit habe er zu hören bekommen, daß es eine Zeit an Bord gab, wo tagtäglich jede Menge Highlife los war und dazu noch mehr wohlgeformte Schönheiten, nur so zum Zeitvertreib, und so! Dann sei zur Sprache gekommen, daß auch Zsa Zsa Gabor, das Idol ganzer Männergenerationen, auf der Lustyacht war, als sie noch »Patria« hieß. Auf die Frage nun, wo die skandalumwitterte Diva gewohnt und in welchem Bett sie denn genächtigt habe, habe er eine kurze, aber prägnante Antwort bekommen »... In jedem!« Daher wehte also der Wind. Jetzt konnte ich den tieferen Sinn der Frage verstehen. Etwas hintersinnig, ich wollte kein Spielverderber sein, gab ich zu verstehen, daß die Filmdiva aber nicht in meinem Bett geschlafen hat. »Das gibts doch nicht, wir haben doch gehört...« »Es ist mir sehr wohl bekannt«, sagte ich, »daß Trujillos Favoritin jede Liegewiese offenstand, nur eben nicht meine Koje«. Aufgrund seiner Ungläubigkeit und sichtbaren Enttäuschung über das drohende Mißlingen seines Witzes wollte ich mein Gegenüber nicht länger auf die Folter spannen. »Bestimmt hat sie nichts ausgelassen, doch ich wohne in einer Kabine des »Wohncontainers« auf dem hinteren Promenadendeck, und der wurde ja erst 1978/79 geschaffen.« »Tatsächlich, es stimmt...«, meiner Aufklärung folgte ein allgemeines Gelächter.

nächste Seite:
Kolossale Familie. Begegnung mit den See-Elefanten. Es ist eine ganz andere Welt – geheimnisvoll, exotisch, ja faszinierend und bizarr. Eine Wunderwelt der Natur, die es zu erhalten gilt!

Nach dem Frühstücken wurden wir über den Bordlautsprecher auf den bevorstehenden Landgang zu den See-Elefanten aufmerksam gemacht. Ab 9.30 Uhr lagen die Tender längsseits der Gangway bereit, um uns an Land zu bringen. »Aber mit angezogener Handbremse!« Was soviel heißt, wie auf keinen Fall Einzeltouren machen. Im Klartext: Wir hatten so lange zu warten, bis auch die letzten Passagiere ausgebootet worden sind, um dann gemeinsam unter der Führung von Frau Deimer zu den See-Elefanten zu gehen.

Meine Bedenken, daß es vielleicht wieder so ein Reinfall werden könnte wie bei unserer sogenannten Vogelpirsch in den Mangrovengründen der Laguna San Ignazio, zerstreute unsere Biologin schon auf dem Tender »Ich kenne die Insel schon von vorherigen Besuchen«, gab sie uns zu verstehen, »...ob wir aber mexikanische Fischer antreffen werden, das kann ich nicht versprechen – wohl aber See-Elefanten. Vielleicht hatten sich die Kolonien der Rüsselrobben sogar vergrößert, ... gleich werden wir es wissen!«

An einer seichten Stelle werden wir ausgebootet und stoßen zu den anderen Ausflüglern. Frau Deimer gibt uns allen noch einige Verhaltensmaßregeln mit auf den Weg. Tunlichst alles vermeiden, was irgendwie mit Müll verbunden ist. Und nun zum Allerwichtigsten, zu See-Elefanten müsse auf jeden Fall ein respektvoller Sicherheitsabstand eingehalten werden. Die tonnenschweren Tiere können sich trotz ihres plumpen und tolpatschigen Aussehens ungemein schnell bewegen.

Wir sind kaum fünfzehn, zwanzig Schritte gegangen, da bekommen wir erstmals Kontakt mit einem See-Elefanten. Wir wurden urplötzlich durch seine Drohgebärden auf ihn aufmerksam. Unweit einer kleinen Fischersiedlung hatte es sich »unser Fettwanst« bequem gemacht. Fernab seiner Artgenossen hat er einen sonnigen Platz gefunden, aber anscheinend keine Ruhe. Bestimmt haben wir den See-Elefanten in seiner Siesta gestört, so wütend prustet und schnaubt er. Seine Tarnung war perfekt. Hätte er sich nicht bemerkbar gemacht, ich glaube, ich wäre an ihm vorbeigegangen. Wir marschieren weiter und erreichen eine kleine Anhöhe, wo wir mehr und mehr seiner Artgenossen entdecken. Ob nun direkt am Strand oder einige Meter davon ab, sie liegen überall zwischen Felsen, Steingeröll und allerlei angeschwemmtem Unrat, dicht an dicht dahindösend. Es sind mindestens drei, vier Gruppen von 15 bis 20 Tieren, durchweg Weibchen mit ihrem »Pascha«, die sich auch als solche aufführen! Sie wuchten ihren zentnerschweren Leib hoch und geben fürchterliche Laute von sich. Sind es Drohgebärden, oder wollen sie ihren »Harem« bei Laune halten? Hier und da sehen wir auch noch vereinzelt saugende Babys. Die meisten »Youngster« sind schon abgestillt. Sie sind am dunklen Fell gut zu erkennen und liegen in einer Art von Kindergarten beisammen und schimpfen jämmerlich. Etwas weiter davon entfernt liegt die Gruppe der vorjährigen Tiere. Die drei- bis vierjährigen Robben zeigen auch schon ein gewisses Imponiergehabe und eben auch Narben und Blessuren von den Balgereien mit ihren Spielkameraden. Zwei, drei Leiber weiter mache ich einen Jungbullen mit einem blutunterlaufenen Auge und tiefen klaffenden Wunden aus, die noch bluten. Das soll alles nur Spiel sein...? Wohl kaum!

Da wir an diesem Vormittag nicht unter Zeitdruck standen, kamen alle Fotografen unter uns voll auf ihre Kosten. Jeder bekam sein Motiv formatfüllend ins Visier. Wo hat es so etwas schon einmal gegeben, so nah mit den gewichtigen See-Elefanten auf Du und Du, wenn wir einmal vom Zoo in der Heimat absehen?

Sichtlich zufrieden treten wir den Rückweg an und kommen an kleine Häufchen handtellergroßer Muschelschalen vorbei. Prächtig, wie sie so grünlichtürkis in den unterschiedlichsten Perlmuttfarben schillern. Welch verdrehte Welt: Die Fischer auf dieser einsamen Insel interessieren sich nur für das Fleisch, und unsereins ist richtig »narrsch« auf diese nutzlosen Abfälle, als Mitbringsel für die eigene Vitrine oder für den Setzkasten der Bekannten.

Nun müssen wir uns aber doch sputen, die »Sea Cloud« ruft. Einige schreiende Möwen begleiteten unseren Heimweg zur S. Y. »Sea Cloud«, die Anker werden gelichtet und die Segel gesetzt, San Benitos wird zunehmend kleiner, bis wir die Inselgruppe aus den Augen verlieren.

Ich hatte meine helle Freude daran, den Toppsgasten und Matrosen bei ihrer Arbeit in der Takelage zuzuschauen. Ja, regelrecht sattsehen konnte ich mich daran. Wie gerne wäre ich einer von ihnen. Dort oben in 50, knapp 60 m Höhe zur obersten Großroyalrah oder sogar bis zum Skysegel wäre ich auch zu gerne gewesen, zumal ich seefest bin. Auch wenn ihre Arbeit noch so schwer und noch so gefahrvoll ist. 30 Jahre früher wäre ich bestimmt einer von ihnen gewesen und hätte von der Bramsaling die tolle Perspektive aufs Schiff genossen. Ich bewundere ihre Ruhe und ihre Tapferkeit, wie sie die nicht gerade leichte Arbeit verrichten. Sie können es mir ruhig glauben, es war keiner dabei, der mit schlotternden Knien und mit einem mulmigen Gefühl im Bauch in die Wanten stieg.

Es geht in nördlicher Richtung weiter, die Islas de Guadalupe werden wir morgen mittag erreichen. Dort soll es noch einige der seltenen Seebären geben. Hoffentlich haben wir Glück und bekommen die scheuen und possierlichen Tiere zu sehen. Frau Deimer sagt uns, daß es gar nicht so sicher ist, so sehr haben die Pelztierjäger den Seebären wegen seines kostbaren »Seal«-Fells nachgestellt. Früher hätte man über 20 000 Tiere gezählt, heute sind es höchstens 2000 Einheiten. Frau von Wehren

rechte Seite:
Eine Nostalgie-Reise mit der legendären »Sea Cloud« ist etwas Besonderes. »Streicheleinheiten« fürs Auge und für die Seele.

Blick von der Groß-Saling, Segel sind aufgegeit.

hat auch hierfür einen passenden Spruch parat. Ihre Definition von Glück lautet »Glück ist eine Zwischenstation zwischen zu wenig und zu viel.«

Was soll ich Ihnen sagen, Fortunas Füllhorn ging auch heute abend an uns Windjammerfreunden nicht spurlos vorüber. Zum einen verwöhnte uns der Küchenmeister aus dem Badischen mit hausgebeiztem Lachs in Dillsenfsoße, einer Geflügelconsommé mit Trüffelklößchen und anschließendem Kalbsfilet auf zweifarbiger Pfefferrahmsoße, kleinem Gemüse und Butternudeln. Auch mit dem Dessert, einer Walnußparfait mit kandierten Orangenfilets, traf er wie immer genau unseren Geschmack.

Nach dem abendlichen Kaffee und einigen Pralinen folgte ein weiterer Höhepunkt: Kapitän Shannon zeigte und kommentierte seine Dia-Sammlung der Windjammer aus aller Welt. Es bedarf wohl keiner großen Worte: Die Lounge war gut besucht! Alle Gäste waren gekommen, um die große Armada der Tiefwassersegler zu sehen. Wer die Schiffe kennt, der nennt ihre Namen. Alles was Rang und Namen hat, war vertreten, von A, wie »Amerigo Vespucci«, die vollschiffgetakelte Fregatte aus Livorno, Italien, bis hin zum Z. Dafür stand der

»Rolling home ...«!
Genau die richtige Umgebung und Kulisse für die stimmgewaltigen Shanty-Singers auf der »Sea Cloud«. Nach ihrem Auftritt geht es mit den Gästen des Nobelseglers an die Bar. »... denn man Cheers«!

Stagsegelschoner »Zawisza Czarny«, den man von weitem schon an seinem unverwechselbaren »Wishbone«-Rigg erkennen kann. Wir bekamen nahezu alle bekannten Großsegler aus aller Herren Länder zu sehen. So hörten wir auch, daß unser Kapitän 1976 anläßlich des 200. Geburtstages der USA die Operation Sail '76 vor New York mit dem Flaggschiff »Eagle« anführte. Es war ein unbeschreibliches Erlebnis, wie Richard Shannon freimütig bekennt. Im Anschluß seiner Ausführungen, die wir mit langanhaltenem Beifall belohnten, hielt uns die Windjammer-Faszination noch lange wach. Wir sprachen auch über die andere Seite der sogenannten Windjammer-Romantik. Das sind enge Logis, die man sich zumindest auf den Traditionsseglern mit einer weiteren Person der Gastcrew teilen muß. Es gibt noch genügend bestens restaurierte Oldtimer, die sogar nur einen einzigen Wohnraum mit sechs oder gar acht Kojen haben. Zudem befindet sich im Mittelpunkt noch eine Pantry, Anrichte und ein großer Tisch, an dem man gemeinsam das selbst gekochte Essen ißt. Ganz zu schweigen von »nice aircondition«, Kabinenservice und bordeigenem Laundrydienst, wie wir es hier an Bord der »Sea Cloud« genießen. Auf anderen Schiffen findet man kaum eine Waschmaschine, geschweige denn ein eigenes Bad

»Kapitäns-Empfang«! Einst Commander der »Eagle«, das Segelschulschiff der US Coast Guard, heute gibt Kapitän Richard Shannon sich und seinen Gästen die Ehre und Szymon reicht dazu einen guten Schluck.

oder komfortabel eingerichtete Kabinen. Von wegen King-size-Format oder sogenannte Pullman-Kojen. Keinesfalls ist die Raumaufteilung auf den Traditionsschiffen mit dem großzügigen Angebot unserer »Queen« zu vergleichen. Kaum anders verhält es sich mit der Ausstattung. Da gibt es nichts, was überflüssig ist, und keine Schnörkel. Wer denkt da an französisches oder designgestyltes Mobiliar. Das hätte ja sowieso keinen Platz. Hier eine Steckdose, da ein kleiner Wandspiegel mit Ablage; wer Glück hat, hat ein Oberlicht in seiner Kammer, eine Kojenlampe und einen Mini-Spind. Eventuell gibt es noch eine schmale, gepolsterte Backskiste, die, wenn man sie aufklappt, zusätzlichen Stauraum für die schweren Gummistiefel, Friesennerz und anderes mehr bietet. Dann aber hört es mit der Gemütlichkeit auch schon auf.

Aber irgendwie strahlt diese nüchterne, zweckdienliche Welt auf einem Traditionssegler, wo ein Kalenderblatt an der Wand der einzige Schmuck ist, eine eigenartige Atmosphäre aus. Man wundert sich manchmal, wie diese Schiffe vom Publikum angenommen werden. Manche Törns auf diesen meist schonergetakelten Schiffen haben ihr Stammpublikum und sind auf Jahre hinaus belegt. Zu besonderen Anlässen wie Traditionsregatten, z. B. die Rum-Regatta in Flensburg, Hafengeburtstage und Oldtimerflotillensegeln, werden Wartelisten angelegt. Es ist ein ganz besonderer Reiz, auf solch einem Schiff anzuheuern. Glauben Sie mir, binnen zwei Tagen werden Sie den Fernseher, das Telefon etc. kaum noch vermissen, und die anfänglichen Rollbewegungen des kleinen Seglers sind Ihnen in Fleisch und Blut übergegangen. Ich will da nichts beschönigen oder gar verschweigen, doch ist es auch schon mal vorgekommen, daß es neunmalkluge Typen an Bord gab, die mit ihrer mürrischen »Rühr-mich-nicht-an«-Haltung alles besser wußten und kannten, überall ihren Senf dazugaben oder andere in Grund und Boden redeten. Und siehe da, spätestens, wenn sie auf einer Station eingeteilt waren und von der fachkundigen Stammcrew die Handhabung der Takelage erklärt bekamen, dann war es um den letzten Querulanten geschehen. Die Arbeit an Bord schweißt alle in kürzester Zeit zusammen – ohne Ausnahme. Ich garantiere Ihnen, schon beim Anlaufen des ersten Ankergrundes wird ein Außenstehender die Gastcrew nicht mehr von der Stammbesatzung unterscheiden können. Und bei dem wohlverdienten »Fastmokerbeer«, hat ja früher einmal »Besan Schot an« geheißen, wird aus dem Nörgler wirklich ein umgänglicher Kumpel. Nun aber zurück zur »Sea Cloud«, »...es ist verdammig spät geworden, man schnell in die Focksel«!

Fünfter Tag an Bord – und ein stimmungsvoller Abend

Heute konnte ich endlich einmal bis in die Puppen schlafen, es hieß ja, daß wir den Ankergrund vor den Guadalupe-Eilands erst in den Mittagsstunden erreichen werden. Da habe ich eben den Frühaufsteher-Kaffee selbigen sein lassen und mich einfach wieder umgedreht. Sehr zu meinem Bedauern, wie ich es später noch vom Ersten Offizier erfahren sollte. Er erzählte mir, daß eine Gruppe von weit mehr als 100 Delphinen unser Schiff in den frühen Morgenstunden begleitete. So, als wollten die Tiere mit der »Sea Cloud« ein Wettschwimmen veranstalten. Aber mit welch einer Eleganz, mit welcher Grazie. Schade, das ich es nicht gesehen habe, es muß toll gewesen sein. Ich war auf mich selbst richtig sauer, daß ich dieses einmalige Erlebnis versäumt, schlimmer noch: verschlafen hatte!

Die Souvenir-Boutique war an diesem Morgen nochmals geöffnet, aber nicht für mich »...ik wor fünsch, un gung mit 'nem Book Siesta moken«! Weit vor dem Ankerplatz läßt Kapitän Shannon ein Schlauchboot zu Wasser. Unsere Meeresbiologin will auskundschaften, wo und an welcher Stelle sich Seebären befinden können. Bei Leuten an einer einsamen Wetterstation will sie nachfragen. Dabei begegnete sie einem Wachboot der mexikanischen Küstenwache. So etwas ist immer mit unguten Gefühlen verbunden, denn andere Touristen wurden rigoros aus dem Naturschutzgebiet unter Androhung hoher Strafen zum Verlassen aufgefordert. Unsere Kundschafterin hat aber weit mehr Erfolg! Sie wird sogar äußerst zuvorkommend und gastfreundlich auf dem Marineschiff empfangen und erhält auch brauchbare Hinweise, wie wir später feststellen werden.

Unser Käpt'n hielt auf eine langgezogene Bucht zu. Dort befanden sich einige See-Elefanten, wie wir im Nachtglas gut erkennen konnten. Aber wo waren die anderen Tiere? Wenn wir einmal von den frechen Möwen absehen, war nichts zu sehen. In Sechser-Gruppen werden wir auf die Schlauchboote verteilt und wollen uns die Tierwelt für eine gute Stunde aus nächster Nähe anschauen. Die trägen, schwerfälligen See-Elefanten kannten wir schon vom gestrigen Tag, wo aber waren die anderen Tiere, die Seehunde, Seelöwen und Seebären? Weit und breit war nichts zu sehen, nur nackter Felsen, der an einigen Stellen steil und schroff ins Wasser fiel. Das machte einen Landgang unmöglich. Das Wetter war auch nicht gerade ideal ausgefallen. Ein feiner Nieselregen hatte eingesetzt und einige Gäste zum Frösteln gebracht. Daran waren sie aber selbst schuld, denn ihre Ausrüstung war auch »unmöglich«: offene Sandalen, ein dünner Nickipullover und darüber, natürlich farblich aufs beste abgestimmt, ein Seidenblouson. Völlig unpassend für unsere Exkursion, aber äußerst Haute Couture mit maritimen Accessoires. Das Paar sprach gerade den Wunsch aus, daß es gerne wieder an Bord wollte, als just in diesem Augenblick unser Bootsführer einige Bewegungen auf den Felsklippen wahrnahm. Was soll ich Ihnen sagen, die trübselige Stimmung war mit einem Male verflogen. Was hatte er gesehen..., und vor allem wo hatte er es gesehen?

Nachdem der Seemann dem frierenden Paar zwei abgetragene »Friesennerze« herübergereicht hatte, sahen beide gar nicht mehr so hochmodisch gestylt aus. Sie gehörten nun auch vom Äußeren her zu uns, und der Bootsmann konnte den Zodiac vorsichtig weiter an das Ufer manövrieren. Wir mußten schon sehr genau hinschauen, um etwas zu erkennen. Die naturgegebene Tarnung der seltenen Tiere war auf dieser Distanz, immerhin gute 80 m, nahezu perfekt. Die dunklen Felsschattierungen und nicht zuletzt die trübe Witterung erlaubten keine optimalen Lichtverhältnisse. Erst nach längerem Hinsehen nahmen unsere Augen konkrete Umrisse wahr. Die schmutziggrünlichgraue Felswand schluckte alles – bis wir endlich die drolligen Seebären erkannten. Nach und nach konnten wir weitere Tiere wahrnehmen, gut getarnt und lange nicht so behäbig wie die eingangs erwähnten See-Elefanten. Auf den Felsvorsprüngen putzten sich die Seebären ihr Fell, und manche sprangen dann voller Übermut und Lebensfreude in die kalten Fluten, um kurze Zeit später, unweit der ebenfalls vorhandenen Seelöwen und Seehunde, aus dem Wasser zu klettern. Es bereitete uns allen sichtliche Freude, die spaßigen Seebären, es mögen höchsten sechs, maximal acht Tiere gewesen sein, dabei zu beobachten, wie sie wahre akrobatische Kopfsprünge von den Klippen machten. Immer und immer wieder kletterten sie mit erstaunlichem Geschick die Felsen hoch, um im nächsten Moment mit dem Nachbarn zu palavern, ihr kurzes struppiges Fell zu putzen oder sich erneut mit einem gewagten Sprung ins Wasser zu stürzen.

Es war eine grandiose Show, an der wir uns nicht sattsehen konnten. Ich denke, daß eine Inszenierung in einem Delphinarium, so wie wir es später noch im »Sea World« in San Diego sehen sollten, nicht schöner sein kann.

Der Abschied von den überaus putzigen Seebären tat richtig weh. Wir hatten gar nicht gemerkt, wie schnell die Zeit vergangen war. Die anderen noch an Bord verweilenden Gruppen sehnten sicherlich ihren Ausflug herbei. Was uns blieb, waren unvergeßliche Augenblicke in einer heilen, wenn auch naßkalten Welt, ... und der wärmende Tee »mit Schuß«, den wir dankbar an Oberdeck von Szymons entgegennahmen.

Tagsüber Seebären in den Felswänden und abends »Seebären«, sprich Shantysingers, in der Lounge, was will man mehr...? Die Lounge war wieder einmal gut besucht, und zudem hatte die Hanseatic-Reiseleitung für diesen vorletzten Abend als passende Kleidung »Sailors-Look« vorgeschlagen!

Gesagt, getan! Was wir dort zu sehen bekamen, die vielen Piraten mit und ohne Augenbinde, man glaubte, Störtebekers Mannschaft wäre komplett angetreten. Dazu ein gutes Dutzend Matrosen im Ringelhemd und einige »Kolbenringe-Träger«. Ein gestandener Admiral wäre vor Neid erblaßt, so viel »Lametta« und Goldtressen gab es zu sehen. Spaß beiseite, jede Faschingssession hätte diese »Mannnschaft« mit offenen Armen empfan-

Schönwetterarbeiten auf dem Vordeck: »Bekleeden« einer Stahltrosse am Auge mit der Kleedkeule.

gen, und wären Neptun mit Thetis nebst Gefolge dabei gewesen, so wäre ohne Frage an diesem Abend noch das »maritime Dreigestirn« gekürt worden!

Nun aber zurück zu unseren »Sea Cloud«-Singers. Die Mädels gaben in ihrer schmucken Takelbluse ein tolles Bild ab. Christine, tagsüber für den Service zuständig und ihres Zeichens die Angetraute unseres Küchenchefs Harald, sowie die beiden appetitlichen »Schwedenhappen« Marie und Gunila, die am Tag an Deck das Sagen als »Mastcaptain« hat. Alle stimmten zum »Hamburger Veermaster« kräftig an. Es ist übrigens die plattdeutsche Ausgabe vom amerikanischen Originallied »Sacramento«, das zur Zeit des Runs nach dem Gold, 1848/49, auf den schnellen Clippern gesungen wurde. Aber nicht nur auf den Yankee-Tradern wurde dieser Gangspill-Shanty gesungen. Er war auch auf den deutschen Weizenseglern und in der Salpeterfahrt bekannt. Selbst Schüler in ganz Europa kennen das populäre Lied – es wird als eines der wenigen Seemannslieder auch in den Schulen gelehrt. Wußten Sie, daß die Shantys in ihrer Urform ausschließlich Arbeitslieder waren? Man hat sie – ihr Ursprung geht zurück bis in das 16. Jahrhundert – zu ganz bestimmten Tätigkeiten gesungen. So gab es »Hand über Hand«-Shantys, die beim Heißen der leichten Stagsegel gesungen werden, Vorschot-Songs und Rahfall-Shantys sowie Pumpen- und Ankerspill-Shantys. Weiter sind es, wenn man so will, auch die ersten Protestsongs. Hier konnten sich die Salzbuckels, all die Jan Maaten vor dem Mast ihren Frust von der Seele singen. Die freudlosen, oft unmenschlichen Arbeitsbedingungen, der schlechte Zustand eines »Seelenverkäufers« oder eben das Essen, das in vielen Fällen doch nur als Fraß bezeichnet werden konnte. Pardon, aber heißt es nicht an einer Stelle »...Dat Deck weer vun Isen, vull Schiet un vull Smeer, ... dat Soltfleesch war gröön, un de Speck weer vull Maden«! Von wegen schöne alte Zeit, Romantik und so!

Und an Roy aus Sheffield, den Boots'n der »Sea Cloud«, erinnere ich mich auch noch gut. Er war der Vorsänger der Gruppe, aber was für einer! Seine Stimme hatte Volumen, und als Shantyman wußte er natürlich auf ein breites Repertoire zurückzugreifen!

Natürlich gab es für uns eine Menge zu erzählen – über Windjammer, was denn sonst. Er wollte unbedingt etwas von den anderen deutschen Großseglern wissen. Von der »Amphitrite«, »Großherzogin Elisabeth« und all den anderen. Die Pause war zu Ende, unser Küsten-Klönsnack aber nicht. Der wurde nur kurz unterbrochen. Roy und seine »Sea Cloud«-Singers hatten wieder ihren Auftritt.

Hören wir doch zwischendurch einmal wieder hin »My Bonnie is over the ocean...« und »de ohle Kassen, een Klipper mit Nomen het he Magelhan...«! Ich behaupte einmal, daß Sie das Ursprungslied bestimmt kennen oder zumindest schon einmal gehört haben: »Rolling home across the sea...«, habe ich zuviel versprochen? Klar, daß es sich heute im Zeitalter der »Power-Sound-mashines« alles ein klein wenig anders anhört als bei der schweißtreibenden Arbeit an Deck der »California-Runner«. »Blow boys, blow for california oh...«, oder das jetzt auch schon legendäre »Happy sailing« von Rod Stewart trieb bei uns in der Lounge der »Sea Cloud« die Stimmungswogen hoch. Was lag nahe? Gemeinsam mit den »Shanty-Singers« im Anschluß ihrer Darbietung die Wogen und die Wellen zu glätten! Womit fragen Sie, bei stürmischer See nimmt der Seemann Öl und wir...? Ja, und auch für uns Gäste hieß es bald »rolling home«, noch gut 36 Stunden, dann hieß es Abschied zu nehmen.

Sechster Tag – ein Seetag!

Das Wetter hat sich über Nacht zunehmend gebessert. Es war in den frühen Morgenstunden noch lausig kalt, aber dafür regnete es nicht mehr. Gegen 10 Uhr sollten sich dann auch die Temperaturen ändern und nach oben klettern. Ein versöhnlich strahlender Sonnenhimmel meinte es gut mit uns, und ringsherum zeigte sich eine tiefblaue See, die nur hier und da einige weiße Flecken aufwies, welche aber nicht weiter von Bedeutung waren.

Für uns »Abenteuertouristen« geradezu ideale Wetterbedingungen und eine optimale Umgebung, um von der »blauen Lagune« – das Achterdeck wird wegen seiner blauen Polsterung so genannt – ein Tontaubenschießen, Gäste gegen Mannschaft, zu veranstalten. Es ist kein »stinknormales« Wettschießen. Es ist schon etwas anderes, mit einer doppelläufigen Schrotflinte eine Bordmeisterschaft auszutragen, als eben auf dem Schießstand. Die ganze maritime Einbindung, die ungewohnten Bewegungen, die ungewohnten Geräusche auf einem Großsegler, das Knarren der Blöcke, die Melodie des Windes, wenn er durch die Takelage streicht, und das leise Gurgeln des mit Leben erfüllten Kielwassers, das Glucksen und Plätschern der Wellen, wenn sie sich an der Bordwand brechen. Vieles ist anders und ungewohnt, wie eben auch die fast unmerkliche Dünung des Pazifiks eine andere ist als auf dem Atlantik. Eins ist aber für jeden der Schützen gleich – die Bedingungen an Bord: Es gibt nur eine Flinte, fünf Schüsse, davon einen zum »Aufwärmen« und drei Durchgänge.

Der Gewinner? Unser Schützenkönig war eine Schützenkönigin, eine junge Spanierin aus gutem Hause. Sie machte übrigens die Reise mit ihrer Mutter, nachdem ihr Vater wegen beruflicher und gesellschaftlicher Verpflichtungen am spanischen Königshaus die Reise nicht antreten konnte. Genügend Sportgeist hat die junge Dame ja mitgebracht, um ihren Vater würdig beim Wurftaubenschießen zu vertreten. Den zweiten Rang hat ein Gast aus Österreich gewonnen, und den unglücklichen dritten Platz mußte sich wegen gleicher Trefferzahl ein Mannschaftsmitglied der »Sea Cloud« mit einem amerikanischen Passagier teilen. Aber wie heißt es: Dabeisein ist alles. Dies gilt auch für die Nichtbeteiligten, zu denen ich mich gesellte. Wir »Neunmalklugen« am Rande der Arena, wir »Besserwisser« haben jedenfalls

»Moby Dick darf nicht sterben – er gehört in unsere Welt!« Petra Deimer, die engagierte Meeresbiologin und Gründungsmitglied der Gesellschaft zum Schutz der Meeressäugetiere (GSM) ist eine couragierte Vorstreiterin, wenn es um den Erhalt des Lebensraums der Meeressäuger geht.

kräftig den Daumen gedrückt und uns, mit Verlaub, »das Zielwasser schmecken lassen«.

Kein Tag, weder der frühe Morgen noch der späte Abend, gleicht dem anderen. Ja, auch auf dem Meer können Sie Tag für Tag die ständige Abwechslung im Spiel der Farben hautnah mitverfolgen. Die Farben des Himmels und des Wassers ändern sich von Minute zu Minute. Und dann ist da ja noch dieser Himmelsdom von Takelage, der uns mit einem Hauch von Romantik umgibt.

Die Seele baumeln lassen. So läßt sich das Gefühl der ausdrucksstarken Harmonie und das unvergleichliche Naturerlebnis auf einem Tiefwassersegler umschreiben. Und wenn gar der Windjammer noch »Sea Cloud« heißt, dann ist es mit Sicherheit ein Traumurlaub, wo immer Sie auch mit der »Queen of the seven seas« segeln.

Windjammerfreaks mit starken Nerven und zwei Händen, die auch zupacken können, eine Hand fürs Schiff und eine Hand für sich selbst, sei übrigens unbedingt ein »Ausflug« aufs Vorschiff empfohlen. Vielleicht bekommen Sie ja sogar das »O. K.« vom Käpt'n, daß Sie einmal ins Klüvernetz dürfen. Aber immer daran denken: Der Kapitän ist für alle und für alles, was an Bord seines Schiffes passiert, verantwortlich. »Master next good«, hat es früher einmal geheißen. Hat man die Erlaubnis, muß als nächstes unbedingt der wachhabende Offizier in Kenntnis gesetzt werden. Und dann ist es soweit. Sie durchleben neue unbekannte Dimensionen der Erlebniswelt pur: wie der messerscharfe Bug das Wasser teilt und die tiefblaue aufgewühlte See als weiße Gischt zischend zurückfällt. Jetzt erst kann man Heinrich Hauser verstehen und das nachempfinden, was er in den einhundertzehn Tagen an Bord der »Pamir« erlebt und in seinem Buch »Die letzten Segelschiffe« niedergeschrieben hat: daß der Windjammer nicht die Masten mit all den prallvollen Segeln trägt, sondern umgedreht, daß die mit Leben erfüllten weißen Segelschwingen den »Schiffsrumpf tragen«. Für jeden einzelnen Tag hat sich Hauser bei der F. Laeisz-Reederei bedankt; Tage, die zu den schönsten seines Lebens zählten.

Ich genieße den letzen Tag auf See unter dem Stell der gewaltigen Segelpyramide ausgiebig. Für den technisch interessierten Gast bestand am Nachmittag nochmals die Möglichkeit, das »Herzstück des Rolls Royce der See«, die Maschinenanlage, zu besichtigen. Mein Freund Krzysztof, der Chief-Engineer, gerät ins Schwärmen. Es gibt immer noch den Original-Motorenleitstand der Friedrich-Krupp-Germania-Werft in Kiel, wie auf den beiden blitzblanken Messingtafeln zu lesen ist. Der Leitstand ist von 1931, an Maschinen aber hatte Trujillo damals vier niegelnagelneue Enterprise-Dieselmotoren mit je 1500 PS einbauen lassen. Warum der Diktator solche Motoren einbauen ließ, die das Schiff immerhin 18 Knoten schnell machen, das sind an Land beachtliche 32,4 km/h, ist mir nicht bekannt. Heute aber ist es die Gewähr dafür, daß die »Sea Cloud« als Flautenschieber den Fahrplan einhalten kann.

Apropos Fahrplan, nun war leider viel zu schnell die Zeit gekommen, sich zum Abschiedscocktail bereitzumachen, wozu uns Kapitän Shannon für 18.30 Uhr in die Lounge bitten ließ. Eine interessante wie ungewöhnliche Reise näherte sich dem Ende. Für mich wieder einmal eine Reise zwischen Traum und Wirklichkeit. Das traumhaft schöne Ambiente »meiner« S. Y. »Sea Cloud« und das Zielgebiet, die Kinderstube der Grauwale und der See-Elefanten. Mit einem »Tropical Drink«, bestehend aus dem Saft frischgepreßter exotischer Früchte, weißen Rum auf gestoßenem Eis, in der Hand, unterhalten wir uns ganz zwanglos in der Lounge bis zur Aufforderung zum Farewell-Dinner, das in wenigen Augenblicken beginnen soll. Für mich und einige andere Gäste

rechte Seite:
Lebewohl, good bye, auf Wiedersehen . . . ! Mit blanken Augen schaue ich der legendären »Sea Cloud« nach, bis sie am Horizont entschwindet, und wünsche ihr allzeit Gute Fahrt und immer drei Handbreit Wasser unterm Kiel!

SEA CLOUD

ist es die vorerst letzte Möglichkeit, noch einmal auf dem 100 m langen Promenadendeck auf und ab zu gehen und sich die vergangenen Tage noch einmal zu vergegenwärtigen. Hier draußen hat sich aber schon vor gut zwei Stunden der strahlende Tag zum mondhellen Abend gewandelt. Für eine kurzen Moment lasse ich mich nochmals von der gewaltigen Stimmung einfangen. Dort wo es am schönsten ist, auf dem Kapitänsdeck richte ich ein letztes Mal meinen Blick in die vom Wind geblähten Segel – und sofort werden Träume Wirklichkeit.

Majestätisch, alles was mich in diesen Minuten umgibt. In mir stellt sich das tiefe Gefühl der Zufriedenheit ein. Es sind Momente, die man nie im Leben vergißt... Allzugut kann ich Heinrich Heine nachempfinden, als er sagte »ich liebe das Meer wie meine Seele, denn das Meer ist meine Seele!« »Sea Cloud«, auch jetzt nach über 60 Jahren bewegte Geschichte, Du hast nichts von Deiner Anziehungskraft verloren.

»Anheuern« auf Zeit, einmal die hölzernen Planken eines Großseglers betreten, dabei wie augenblicklich in die gefüllten Rahsegel schauen, die eingetaucht sind im silberfarbenen Licht des Mondes und der Sterne, das ist meine Welt des Abenteuers! »Es riecht nach Teer, es schmeckt nach See...«, die herrlich erfrischenden Worte des unvergessenen »Kuddeldatteldu« von Joachim Ringelnatz lassen sich nachvollziehen. Dieses außergewöhnliche Erlebnis, was Friedrich Schiller, Joseph von Eichendorff, Ernest Hemingway und unzählige andere Dichter und Schriftsteller vor über 200 Jahren bis heute so bewegte und zur Feder greifen ließ, ist heute in uns genauso lebendig, wie es eben zu Lebzeiten der Romantiker und Träumer war. Wer hat noch nicht den Wunsch verspürt, seinen Kindheitstraum, von der Seefahrt unter Segeln, auszuleben? Die Seefahrt von ihrer schönsten Seite kennenzulernen, mit der »Sea Cloud« in ferne fremde Gewässer segeln, so wie es die Kunstmaler vor Jahrzehnten und Jahrhunderten mit ihrem maritimen Œuvre darstellten, geht es zu Ende. Claus Berger, F. Robert Schmidt-Hamburg, Willy Stöwer, Derek G. M. Gardner und Roger Chapelet, ihr seid mir unvergessen. Allesamt sind es Berührungspunkte für jeden Shiplover, die durchaus auch in unsere so gefühlsarme Welt gehören. Wie ist es sonst zu verstehen, daß die totgesagten Windjammer uns immer und immer wieder faszinieren?

»Meine Damen und Herren..., Abschied nehmen! Nochmals gibt Kapitän Richard Shannon sich und uns die Ehre und weiß mit jedem Gast einige Worte zu wechseln. Und noch einen Grund haben wir an diesem Abschiedsabend, um den Worten des Kapitäns noch einen herzlichen Toast hinzuzufügen. Ein Gast, die reizende Frau Bartsch aus Hannover, hatte Geburtstag und bekam eine wunderschöne »Feuerwerkstorte« zu ihrem Ehrentag.

Dem Chefkoch Harald Laatsch gelang es heute nochmals, mit einer ausgefallenen Idee aufzuwarten. Er setzte für den Ausgang dieser wunderschönen Reise das berühmte I-Tüpfelchen auf das Farewell-Dinner. Und so sah die Symphonie zwischen dem Einblick in die Kinderstube der Grauwale und dem Ausblick auf das morgige Vonbordgehen aus: Sevruga malossol Kaviar in einer Lachsrosette, Toast. Eingestimmt mit wohlschmeckenden Früchten des Meeres folgten nochmals Jacobsmuscheln in Helgoländer-Hummersoße auf Blätterteigkissen. Als Dankeschön und sicherlich als Kompliment an unser eidgenössisches Schiffsärzteteam aus St. Gallen gab es Prime Rib mit Barner Soße, kleines Gemüse und Kartoffelkrapfen. Der Schlußpunkt wurde vom jungen Koch mit dem Omelette »Surprise« persönlich aufgetragen, eine exotische Überraschung für den Gaumen wie fürs Auge.

Bewußt lasse ich dieses Kapitel mit einem Wort unserer Walexpertin ausklingen. Frau Deimers stetem Bemühen, sich für die Wale uneingeschränkt einzusetzen, gilt mein Lob und unser aller Aufmerksamkeit.

Es ist enorm, wie sich Frau Deimer in unserem Bundestag wie auch in anderen Parlamenten der ganzen Welt Gehör verschafft und dabei keineswegs nur mit schulmeisterlich erhobenem Zeigefinger Dinge zur Sprache bringt, die wirklich keinen Aufschub dulden. Wenn es um den Artenschutz, genauer um den Schutz der Meeressäugetiere geht, kennt sie kein Pardon – denn es ist höchste Zeit geworden, schützend zu handeln. Es muß nochmals gesagt werden, wie ernst es um den Fortbestand der Tiere bestellt ist. Fakt ist: Einige Arten sind so gut wie ausgestorben. Von Menschenhand sind der Finnwal, der Grönlandwal und der Pottwal nahezu ausgerottet worden. Obwohl die internationale Walfang-Kommission (IWC) seit über einem halben Jahrzehnt ein weltweites Walfang-Verbot beschlossen hat, tötet man die großen wehrlosen Meeressäuger unaufhaltsam weiter. Welch eine Farce: Die Begründung der am Walfang beteiligten Nationen ist in den Augen aller Zoologen und Meeresforscher blanker Hohn. Japan, Island und Norwegen behaupten, den Walfang nur noch zu Forschungszwecken zu betreiben, in Wahrheit tun sie es aber zu kommerziellen Zwecken. Wie ist es sonst zu verstehen, daß in Wirklichkeit das Walfleisch nicht in die Forschungsinstitute gelangt, sondern vielmehr nachweislich in die Kochtöpfe der japanischen Gastronomie? Welch ein Zynismus, was für eine Ironie steht hinter dieser Aussage, wo es doch für alle Walprodukte in der Zwischenzeit längst Ersatzstoffe in Hülle und Fülle gibt. Warum also das sinnlose Abschlachten, warum das Morden ohne Sinn und Verstand, warum...?

Der »Sea Cloud«-Törn endet am nächsten Morgen in Ensenada, nachdem wir insgesamt 870 Seemeilen zurückgelegt hatten. Nach dem Bustransfer über San Diego trennten sich unsere Wege. Die Veranstalter hatten hier für uns noch eine Besichtigung im bekannten »Sea World« vorgesehen. Mich, wie könnte es anders sein, zog es aber zum Hafen, zum Museumshafen, um dort der 1863 erbauten »Star of India« meine Referenz zu erweisen.

KAPITEL 5

»CLUB MED 1« – LEINEN LOS, AUF ZU NEUEN UFERN!

Mit dem weltgrößten Fünfmaster zwischen Luv und Lee

Blick auf die Promenade der Sonnenanbeter – mit Pool!

Eben sitze ich noch im Air-France-Flieger, der mich wohlbehalten und sicher von Hamburg via Paris nach Fort-de-France, Martinique, brachte, und nun liegt der Welt größte Windjammer, der Fünfmaster »Club Med 1« mit der enormen Länge von 187 Metern, vor mir. Genau gesagt, ich stehe vor dem schlanken, schneeweißen Rumpf des Großseglers und bin entzückt.

Im Pulk der Neuankömmlinge warte ich geduldig an der Gangway auf die Dinge die da kommen sollen, und lasse über mich das notwendige »Einchecking« ergehen – muß ja sein! Ich bin von dieser ersten Begegnung mit dem »Jumbo der Kreuzfahrtsegler« wirklich beeindruckt! Der schmucke Großsegler gefällt mir gleich auf Anhieb. Und heißt es da nicht im Volksmund: »Der erste Eindruck ist immer der beste Eindruck«! Und dieser widerlegt sofort die Vorurteile, die mir ein paar Windjammer-»Freaks« vor meinem Abflug mit auf den Weg geben wollten »... was, auf solch einen Windjammer willst Du gehn, das ist doch gar kein richtiger Windjammer«. »Stilbruch«, maßten sie sich an, »daß ist bestenfalls ein Musikdampfer wie jedes andere Kreuzfahrtschiff!«

Wer bezüglich der »Club Med 1« seine Vorstellungen vom Bild einer traditionell aufgeriggten Takelage bei Windjammer nicht freimachen kann, der hat den Fortschritt im Schiffbau noch nicht erkannt. Der stete Trend zum Individual- und Abenteuer-Urlaub machte es möglich, daß auch bei den Großseglern ein neues Zeitalter begonnen hat. Das erfolgreiche Konzept der zeitgemäßen Urlaubsgestaltung ist geboren! Auf der einen Seite der ungebrochene Sinn nach Segel-Nostalgie, romantischen Vorstellungen vom Meer und von der Seefahrt und der Sehnsucht nach fernen fremden Ländern und andererseits modernste Schiffbaukunst, wobei die Computer-Technologie im gesamten Schiffbetrieb voll mit einbezogen ist. So werden die sieben gewaltigen Triangelsegel der »Club Med 1« mit einer gesamten Segelfläche von 2500 Quadratmetern wie von einer unsichtbaren Geisterhand gesetzt und geborgen. Das Segelmanöver dauert nur wenige Minuten und wird per Knopfdruck von der Kommandobrücke aus gesteuert. Den Rest erledigen die leistungsstarken, hydraulisch gesteuerten E-Motoren, wie eben der komplexe Hochleistungsrechner, der zum Setzen der Segel bis zu 640 Informationen in der Sekunde verarbeitet. Auf den herkömmlichen Windjammern dauerte es hingegen ein Vielfaches an Zeit, bis der Segler endlich unter Vollzeug stand. Und weiter mußten dafür oftmals mehr als zehn, zwölf Paar Hände ordentlich zupacken. Versteht sich von selbst, für jeden Mast! Von wegen schöne alte Zeit, manch ein Seemann verfluchte diese kräftezehrende Arbeit. Da floß reichlich Knochenschmalz, bei jedem Wind, bei jedem Wetter!

Wohltuend fiel mir bei der ersten Begrüßung auf, daß jeder neue Passagier in seiner Muttersprache empfangen wurde. Betont leger wurden die notwendigen formellen Regularien angegangen, wobei der wachhabende Offizier am Landgang Bescheid bekam, daß wir, meine Reisegefährtin Tanja und ich, ohne Bording-Unterlagen aufs Schiff durften. Uns fehlte für die persönliche Identitätskarte ein Paßfoto, das der Bordfotograf am nächsten Morgen nachliefern sollte. »O. K.«, sie können an Bord...«! Endlich wieder Schiffsplanken unter den Füßen – einfach herrlich das Deck aus birmesischem Teakholz.

Tina, eine typisch norddeutsche Erscheinung, mit hellblauen Augen und strohblonden Haaren, nahm sich unserer an. Sie führte uns mit einigen anderen Gästen in den großzügig ausgestatteten Salon Calypso. Die gediegenen Sitzgruppen aus schweren Polstermöbeln und die Chagall nachempfundene Deckenmalerei gefiel mir auf Anhieb. Es folgte die herzliche Begrüßung des Chef de Ville, Frank Gueguen, der uns auch im Namen von Kapitän Lambert und der gesamten Besatzung an Bord recht herzlich willkommen hieß. Zwischendurch reichte man uns kleine leckere Kanapees und toll schmeckende Drinks. Selbstverständlich auch Non-Alcoholics! Franks charmante Assistentin Annette aus München gesellte sich mit an unserem Tisch und gab noch einige ergänzende Erläuterungen, wobei sie auf eine Besonderheit des heutigen Abends hinwies: Die Schiffsführung hatte in Abänderung ihres allabendlichen Showprogramms

rechte Seite:
Von wegen kein Windjammer...! Der jüngste Neubau unter den Kreuzfahrtschiffen der neuen Generation ist die gelungene Harmonie zwischen traditioneller Seefahrt unter Segeln und den wissenschaftlichen Erkenntnissen im Schiffbau.

Club Med 1

Das Computer-Zeitalter ist auch auf der »Club Med 1« angebrochen. Doch nicht überall läßt sich der Mensch durch eine Maschine ersetzen.

eine populäre Theatergruppe aus Martinique verpflichten können. »Das solltet ihr keineswegs versäumen«, gab sie uns noch mit auf den Weg zu unserer Kabine, »auch wenn ihr noch so müde seid«. Die Folklore-Dabietungen waren dann auch, wie sich später zeigte, einfach Spitze!

Tina, im täglichen Bordbetrieb als »GO« für die gymnastische Betreuung der Gäste zuständig, zeigte uns die Einrichtungen an Bord und den Weg zur Kabine. Im Sprachgebrauch der Club Med-Philosophie heißt »GO« soviel wie »gentil organisateur«, also freundlicher Helfer auf deutsch. Auf dem Weg zum Bali-Deck, wo unsere Kabine lag, hörten wir vom quirligen Wuschelkopf, daß sie es vor Jahren bis zur deutschen Vizemeisterin im Boden- und Kunstturnen gebracht hatte. Alle Achtung!

Viel Licht flutet durch die beiden großzügig bemessenen Bullaugen unserer 18 Quadratmeter großen Kabine. Helle Pastellfarben dominieren. Davon heben sich sehr gut die warmen Blautöne der Tagesbettdecke und des Teppichbodens ab, optisch abgestimmt mit den kräftigen Farben der Mahagonimöbel. Radio, Farbfernseher, Tresor und, ja nicht zu vergessen, eine gutsortierte Minibar, die selbstverständlich täglich aufgefüllt wurde, und, und, und! Bevor Tina uns verläßt, erklärt sie noch die Handhabung des Satelliten-Telefons, die Regulierung der Klimaanlage und last not least TV-Apparat und Safe. Mit dem Hinweis, daß die Koffer jeden Augenblick eintreffen müßten, verabschiedet sie sich, und »...wir sehen uns ja später zur Showtime, oder?!«

Man hatte uns wirklich nicht zu viel versprochen, so sehr hat uns die Caribbean Night Show gefallen, zu der exotische Live-Musik gespielt wurde. In der Tat, man kann hier schon von einem Höhepunkt der Reise sprechen, die doch gerade erst begonnen hatte! Die mitreißenden Rhythmen gingen wohl jedem unter die Haut und die akrobatisch anmutenden Tanzdarbietungen wurden mit großer Begeisterung aufgenommen. Mehr noch: Bei dem folgenden Potpourri von bekannten Karibik-Songs waren die Gäste zum Mitmachen aufgefordert, das mußte man uns nicht zweimal sagen!

Der Abend war ein voller Erfolg – auch wenn wir gegen Mitternacht, die »Club Med 1« hatte schon unmerklich abgelegt, völlig übermüdet ins frischgemachte Bett fielen. Nur eine kurze Katzenwäsche und dann endlich schlafen, schlafen, schlaf...!

Unsanft wurde ich vom Wecker aus dem Schlaf gerissen, der wie immer, viel zu kurz war. Doch nach dem Grundsatz unseres alten Turnvaters Jahn »Frisch, fromm, fröhlich und frei« lasse ich mein Tagewerk angehen, wobei spätestens unter der morgendlichen Dusche der Rest von Müdigkeit verfliegt. So auf Drehzahlen gekommen, nehme ich mir das Tagesprogramm mit zum Frühstückstisch, um es dort in aller Ruhe zu studieren.

Nicht weniger als 201 vollklimatisierte Kabinen gibt es an Bord des ersten schwimmenden Club Med-Dorfes. Sie sind alle einheitlich eingerichtet und großzügig wie funktionell optimal ausgestattet.

Ein grandioses, illustres Hafenpanorama, die Bucht vor Bourg, Terre-de-Haut!

Doch von himmlischer Ruhe konnte keine Rede sein, es schien so, als hätten sich alle Gäste abgesprochen, gerade an diesem Morgen früh aufzustehen, um gemeinsam zu frühstücken. Aber keine Bange, so schlimm war es nun auch wieder nicht! Weder gab es am Frühstücksbüfett Gedrängel, noch mußte man sich um einen freien Tisch bemühen! Nein, alles, wirklich alles war in ausreichender Menge da. Platz hatte es auf der Veranda, im Restaurant L'Odyssée, und wer wollte, der konnte natürlich auch an Deck frühstücken.

Sie müssen es mir einfach abnehmen: Das reichhaltige wie erlesene Frühstücksbüfett hier näher zu beschreiben hieße Unmögliches zu vollbringen – es wird immer nur ein Stückwerk bleiben. Auch auf die Gefahr hin, daß ich mich wiederhole: Es gab nichts, was es nicht gab, nirgendwo wurde gespart – auch nicht an den wunderschönen Dekorationen, denn bekanntlich ißt das Auge ja mit!

Tanja, ansonsten zu Hause ein typischer »Laß-mich-in-Ruh«-Morgenmuffel, kam in strahlender Laune und sommerlich freizügiger Kleidung zum Frühstücken. Unser ausgiebiges Frühstück wurde von einem kurzen Hinweis aus dem Bordlautsprecher unterbrochen. Die Kommandobrücke unterrichtete uns, daß wir im Augenblick querab steuerbords die Insel Dominica passierten. Welch herrlicher Anblick im glitzernden Gegenlicht der Morgensonne. Was sag ich, es war ein Bild für Götter, das strahlende Silbermeer!

Das freundliche und aufmerksame Bedienungspersonal, auf das wir später noch näher eingehen werden, schenkte uns French Coffee nach, und unsere morgendliche Unterhaltung verlief voller Harmonie. Leise von bezaubernden Melodien des Pop-Pianisten Richard Claydermann untermalt, ohne Hetze oder sonstige Unterbrechungen, wie sie wohl jeder von zu Hause her kennt. Die wohlverdiente Ruhe und Erholung zeigte jetzt schon ihre Auswirkungen. Man wurde nicht von endlosen Telefonaten gestört, obwohl man hier an Bord überall und zu jeder Zeit – auch per Fax erreichbar war, keine unangenehmen Konferenzen oder Aufträge, die flott, flott erledigt werden mußten! Hier konnte ich sofort abschalten, die Seele baumeln lassen! Ein traumhafter Urlaub nahm seinen Anfang!

Bevor wir unseren ersten Stopp vor den Iles des Saintes erreichten, fand ich noch ausreichend Gelegenheit, einige Einrichtungen in Augenschein zu nehmen. Damit verbunden war auch der kurze Gang zum Fotografen. Wegen der fehlenden Paßfotos und der Identitätskarte, die ich dann auch kurze Zeit später an der Rezeption ausgehändigt bekam. Auf dem Weg zum Gregolimano-Deck, wo ich das gläserne Fitneß-Studio in Augenschein nehmen wollte, kam ich an der Skipper-Bar vorbei, wo tagsüber frischgepreßte Softdrinks gereicht werden. Trotz der frühen Stunde fand dieser Treffpunkt regen Zuspruch – wohl als »Kommunikationszentrum«, um sich zu Beginn der Kreuzfahrt untereinander kennenzulernen, beim lockeren small talk! Wer sagt es, auch das in lindgrün gehaltene Fitneß-Studio war gut besucht. Einige Passagiere waren schon ganz schön aktiv. Auf der Hantelbank wurden von einer jungen Frau kiloschwere Scheiben hochgedrückt, und eine andere nicht minder junge Sportlerin trat emsig in die Pedale des Trimm-dich-Fahrrades. Beim Weggehen sah ich, daß ein graumelierter Mitvierziger von Tina, die ich wegen ihrer Kleidung beinahe nicht wiedererkannt hatte, Hilfestellung beim Thai-Stretching erhielt. Sie trug einen popfarbenen Aerobic-Dress mit solch komischen Leggings und ein lustiges Stirnband. »Nein nein, bloß das nicht«! Ich winkte dankend ab, als sie mich einlud mitzumachen. Das sportive Unterhaltungs- und Freizeitangebot wollte ich etwas ruhiger angehen und entschloß mich daher, einige Bahnen in einem der beiden Pools zu schwimmen.

Tanja ging es an diesem Morgen noch ruhiger an. Sie machte es sich in einem der vielen Liegestühle auf dem Sonnendeck bequem, um die ersten Streicheleinheiten der Morgensonne, die ja noch nicht so heiß war, zu genießen. Für mich wurde es Zeit, mich auf den Landgang vorzubereiten.

Vergegenwärtigen Sie sich doch einmal folgendes Bild: Wir schreiben Ende Februar, in den heimischen Breiten wütet ein ungemütlicher naßkalter Schneesturm, wie wir es aus den Tagesnachrichten erfahren, die bei der Rezeption ausgehängt sind, und wir befinden uns augenblicklich gut 9000 Flugkilometer von zu Hause entfernt. Voraus liegt Terre de Haut, eine der Saintes Inseln. Glauben Sie es, man denkt, man befände sich auf direktem Weg ins Paradies – so schön ist es hier! Nicht umsonst ist in den einschlägigen Reiseführern nachzulesen, daß die acht Mini-Eilande, von denen nur drei bewohnt sind, zu den traumhaft schönsten Inseln der gesamten Karibik zählen. Etliche Motorboote und Segelyachten haben in der landschaftlich sehr reizvollen Bucht von Bourg einen Tagesankerplatz gefunden, wie eben auch unsere »Club Med 1«. Der Tender, der uns zum Anleger bringen soll, muß sich erst eine Gasse durch die vielen Gastlieger im Hafen suchen. Dabei zeichnet sich sehr schön die weiße Gischt des Kielwassers an der Oberfläche des glasklaren türkisfarbenen Wassers ab. Es ist ein Festival der Farben!

Westwards ho – und die Poesie einer Momentaufnahme!

Kurz vor dem Landungssteg sehen wir den prächtigen historischen Nachbau einer spanischen Karavelle vor Anker liegen. Das Bild versetzt mich sofort zurück in die Zeit, als diese Inselgruppe am 4. November 1493 von Christoph Kolumbus entdeckt wurde. Wegen ihrer geographisch ungemein wichtigen Lage kam es 1666 in diesem Gebiet zu mehreren Seeschlachten. Der damalige Haupthandelsweg von Europa nach Südamerika führte durch diese enge Passage, die im Norden von Guadeloupe und im Süden von Dominica begrenzt wird.

Welch ein Kontrast: Draußen auf Reede unser hochmoderner Fünfmaster mit stolzen 187 m, und andererseits die kaum 14 m lange, auf zweieinhalb Masten rahgetakelte »Ayacanora«. Eben eine Nußschale, mit bild-

nächste Seite:
Mit 13,5 Knoten »pflügt« die »Club Med 1« durch die azurblaue See der Karibik. Tag für Tag werden von dem größten Windjammer der Welt neue Sonnenziele angelaufen.

Ein Ankerplatz findet sich bald in jeder Bucht. Doch vor den Iles des Saintes auf Reede zu liegen ist etwas Besonderes – ein unvergleichliches Erlebnis!

hübscher Galionsfigur am Bug und reichlichen Verzierungen am Heck, Kastell und Galerie. Dazwischen liegen Welten!

Am Anlandesteg angekommen, werden wir abermals von der geschichtsträchtigen Vergangenheit eingeholt. Dort direkt am Leuchtturm stehen die Überreste einer Kanone – seewärts gerichtet. Unweit davon entfernt, eine große Tafel, auf der die Inselgruppe abgebildet ist, und ein internationaler Willkommensgruß, der den Touristen einen angenehmen Aufenthalt wünscht. Prächtig! Insgesamt gibt das Hafenpanorama eine gute Kulisse zum Fotografieren ab, wie auch die kleinen weißen Häuser mit ihren feinsäuberlichen Vorgärten und den roten Blechdächern. »O. K., ihr seid die letzten, ... dann kann der Bus abfahren«, gibt uns Petra, die junge Holländerin, die wir gestern schon kurz beim Transfer vom Airport FdF-Lamentin kennengelernt haben, zu verstehen. Sie ist mit Mark, dem Kanadier, für die Betreuung der Landausflüge zuständig und weiß auf dem Hinweg zum Fort Napoleon allerhand Interessantes zu berichten.

rechte Seite:
Das Abenteuer Windjammersegeln liegt auf der »Club Med 1« fernab von Raum und Zeit. Das Gefühl grenzenloser Freiheit, wenn der Wind durch die turmhohe Takelage streicht und das silberglänzende Meer Träume wahr werden läßt.

Je höher unser Minibus kommt, um so phantastischer wird die Aussicht. »Wart's nur ab, es kommt noch besser, wenn wir oben auf dem Scheitelpunkt angekommen sind«, gibt uns Petra zu verstehen. Sie sollte recht behalten!

Dort oben steht die guterhaltene Festungsruine, die 1867 auf Befehl Napoleons erbaut wurde und heute ein kleines Museum und einen kleinen botanischen Garten beherbergt. Von dieser Anhöhe aus liegen alle umliegenden Inseln in scheinbar greifbarer Nähe. Der Anblick ist einfach atemberaubend – das satte Grün der gegenüberliegenden Erhebungen, eingetaucht ins Wasser des tiefblauen karibischen Meeres und, wie von Perlen umsäumt, die herrlichen Sandstrände und die seichte Dünung! Sehr deutlich kann ich in nordwestlicher Richtung das Fort Joséphine auf der kleinen Nachbarinsel Iles a Cabrit erkennen. Ganz anders hingegen der rückwärtige Blick über das kleine Rollfeld, auf dem just eine kleine zweimotorige Maschine, ein »Islandhopper« der Air Guadeloupe gelandet ist. Grande Anse, ein etwa 1 Kilometer langer Sandstreifen, allerdings ohne den sonst üblichen Palmengürtel. Dafür aber eine beeindruckende Brandung. Ein grandioses Naturschauspiel hält mich hier gefangen, hat mich nachhaltig beeindruckt!

Ich merke gar nicht, wie schnell die Zeit vergeht. Petras Ruf holt mich aus meinen Tagträumen zurück.

Let's go – zum Tagesausklang führen alle Wege in die »Lounge Calypso«!

»Wir müssen jetzt aufbrechen, ... doch wenn ihr wollt, könnt ihr ja noch eine Weile bleiben und den Weg auf Schusters Rappen ohne uns machen«, sagt sie, »verlaufen könnt ihr euch nicht, denn es gibt nur die eine Straße, die abwärts führt.« Klar, daß wir diesen außergewöhnlichen Sightseeing-Point nicht so schnell verlassen wollen. Aber irgendwann hat jeder Traum einmal ein Ende. Noch schnell ein letztes Erinnerungsfoto, natürlich mit unserem schmucken Segler aus dieser reizvollen Perspektive und dann gehts »Downtown«!

Die »Mainstreet« ist in wenigen Minuten abgelaufen, und doch benötige ich für die letzten Meter weit mehr Zeit. Dabei sind es keine Denkmäler, keine Prachtbauten, die mich aufhalten. Nein, es sind Fischer, größtenteils Nachkommen der vor über 300 Jahren ausgewanderten Bretonen, die sich mit ihren kleinen Häusern direkt unter den Palmen angesiedelt haben. Sie kehren vom Tagesfang mit ihren bunten Booten heim. Früher fuhren sie noch mit Segelbooten zum Fang in die äußerst fischreichen Gewässer um nach Thuns, Bonitos, großen Lambi-Muscheln und Langusten zu fischen. Wie die umherstehenden Hummerkörbe sind mir die Kanus und eben auch die malerischen Häuser der Einheimischen, die sich an die Berghänge schmiegen, willkommene Fotomotive. Auch die fröhlichen Kinder lassen sich bereitwillig ablichten, ohne daß sie gleich eine Hand aufhalten, für »Bakschisch«.

Bevor es nun endgültig an Bord zurückgeht, halte ich in zwei, drei Läden nochmals Ausschau nach einem Mitbringsel. Dabei entdecke ich sehr schöne Batikarbeiten und die typischen breitkrempigen »Salako«-Hüte aus geflochtenen Samtpalmenfasern.

Ehe wir die Gangway unseres schwimmenden Domizils erreichen, sehe ich am nördlichen Rand der Ansiedlung ein ganz besonders skurriles Haus, das direkt ins Meer gebaut wurde und wie der Schiffsbug eines Ozeanliners aussieht.

Durch Mark und Bein dringende Töne erinnern uns an die bevorstehende Sicherheitsübung. Siebenmal kurz einmal lang, genau um 17.30 Uhr! Es folgen wohlgemeinte und direkte Instruktionen, was im Ernstfall zu tun und was zu unterlassen ist. Mehrsprachig und mit dem notwendigen Ernst verfolgen die eingesetzten Schiffsoffiziere ihre Aufgabe sehr gewissenhaft. Diese international auf allen Schiffen vorgeschriebene Sicherheitsübung wird keineswegs lax angegangen. Anhand von Listen wird peinlich genau die Vollständigkeit überprüft – bei Passagieren und Besatzungsmitgliedern! Man achtet auf den korrekten Sitz der Rettungsweste, gibt dazu Hilfestellungen und Erläuterungen und läßt sogar Boote zu Wasser. Enorm, denke ich mir, mit welcher Akribie die Sicherheitsmaßnahmen durchgesetzt werden. Nicht ohne Grund! Denn in jüngster Vergangenheit haben einige Kollisionen und Totalverluste in den Medien negative Schlagzeilen gemacht. Dabei waren die Schiffsunglücke meist auf menschliches Versagen zurückzuführen. Lieber investiere ich eine halbe Stunde für eine solche Informationsveranstaltung, bei der man ohne weiteres auch noch seinen Spaß haben kann, als später einmal »Gott hat ihn zu sich geholt – auf See« auf meinem Grabstein stehen zu haben!

Polly und Raj sind auf der exotischen Insel Mauritius zu Hause, wie ihre anderen Stewardkollegen an Bord. Neben ihrer vorzüglichen Eigenschaften als aufmerksame wie umsichtige Bedienung überraschten die beiden mich mit ihren sehr guten Deutschkenntnissen.

Der Anker war schon lange gelichtet, die längste Teilstrecke zu den Saint Barths lag vor uns. Saint Barthélemy sollten wir tags drauf gegen 9 Uhr erreichen, Zeit genug also für uns und den heutigen Abend!

Kapitän Alain Lambert ließ zur »Cocktail-Stunde« in die Bahama-Bar und zum anschließenden festlichen Dinner im Salon Calypso bitten. Ein elegantes Outfit ist angebracht! Die GO's erscheinen ebenfalls in festlich weißen Kostümen und leisten den Gästen beim Gala-Dinner Gesellschaft. Wir sitzen an diesem Abend neben dem französisch-deutschen Team, Frank und Assistentin Annette zu Tisch und unterhalten uns angeregt. Dabei lassen wir uns die kulinarischen Köstlichkeiten munden, als Entree Potage Julienne Darblay, Gänseleber »Perigod« sowie gebeizten Lachs und Jakobsmuscheln Aumoniere in zerlassener Butter serviert. Es schmeckt vorzüglich: gegrilltes Rinderfilet in einer Morchelsauce, dazu frischer Salat der Saison, vom Küchenchef mit vielen Kräutern angerichtet, und Croutons mit einer herrlichen Knoblauch-Vinaigrette. Ich sage Ihnen, was wir vom

Chefkoch und seiner Crew vorgesetzt bekommen, ist absolute Spitzenküche – da gibt es nichts zu deuteln – wie auch die allabendlichen GO-Shows einsame Spitze sind! Die heutige Veranstaltung steht ganz unter dem Thema »Paris Paradise«.

Würde ich eben nicht gerade erst mit dem Club-Chef und Annette gesprochen haben, ich würde meinen, wir befänden uns auf der bunt illuminierten Amüsiermeile von Paris im Moulin Rouge. Die beiden Akteure haben auch im Showteil ihren festen Platz. Es kann durchaus schon einmal vorkommen, daß man das eine oder andere Besatzungsmitglied in drei, ja in vier verschiedenen Aufgabenbereichen antrifft. Da erinnere ich mich an Doris, eine langhaarige brünette Mailänderin. Sie gab mir frühmorgens an der Rezeption meine Unterlagen. Am Nachmittag, so hörte ich von ihr, als wir noch den Fußstapfen eines kleinen französischen Feldherrn folgten, war sie an anderer Stelle für die Ausgabe von Badetüchern zuständig. Beim Abendessen konnte ich sie wieder als charmante Unterhalterin neben ihrem Landsmann und Kollegen Georgio bei einer Gruppe italienischer Gäste beobachten. Und jetzt, die ersten beiden Bühnenbilder waren bereits abgetanzt und mit langanhaltendem Beifall bedacht, da sehe ich unsere hochgewachsene Italienerin wieder – in einem recht gewagten Etwas aus Tüll und Boafedern!

In der Tat, es sind Tanzdarbietungen, wie wir sie auch im Lido oder Pigalle zu sehen bekommen. Es mag ja sein, daß sie vielleicht nicht so perfekt getanzt haben, wie es die attraktiven Ballettmädels vom Champs-Élysées bieten. Eines mußte man ihnen aber lassen, sie waren mit der gleichen Hingabe dabei, einen Cancan zu tanzen und nach weltbekannten Melodien auf der Bühne herumzuwirbeln. Später, die Scheinwerfer waren schon lange aus, und ich saß beim Gin-Tonic an der Bar, verriet mir der PR-Manager Gerald aus der französischen Schweiz mit verheißungsvollem Blick, daß dies noch lange nicht der Höhepunkt des Programms gewesen sei – die Kreuzfahrt habe ja erst begonnen! Er wollte ja nicht vorgreifen, doch einige interessante Veranstaltungen stünden noch auf dem Programm. Na ja, denke ich mir, da wird es bestimmt noch das obligatorische Kostümfest geben, wie auch auf anderen Cruises-Linern. Mitnichten, den »Barbara-Abend« und das tropische Tanzvergnügen unter dem karibischen Sternenzelt auf dem Achterdeck verrät er mir dann doch noch.

Sternenhimmel, das war für mich das Stichwort! Ich wollte nur noch einen kurzen Blick zum Firmament werfen und dann schlafen gehen. Es war eine sternklare Nacht, allein einige Wolkenreste schoben sich hin und wieder vor den Mond. Ich genoß die göttliche Ruhe, keine Nebengeräusche, nur das sanfte Rauschen des nachlassenden Windes und die Wellen, die sich am Rumpf des Schiffes brachen, waren zu hören. Ja, es war eine tolle Stimmung, die ich mit den Worten Joseph Conrads nachempfinden möchte »Die See gibt Dir, was immer Du suchst...«! So auch die unendliche Weite des Meeres, auf dem sich das fahle Mondlicht wie ein glänzender Silberstreifen abzeichnet.

Mein Blick schweifte über die Takelage, die von speziellen Halogenscheinwerfern angestrahlt wurde. Ein Licht, das mich gefangen nahm! Die gewaltigen Dreiecke des Segeltuchs reflektierten das zauberhaft saphirgrüne Licht, das sich deutlich von der Dunkelheit des Tropenhimmels abhob. Mit diesen Streicheleinheiten für die Seele ließ es sich gut zu Bett gehen.

Dem nimmermüden Nachtschwärmern steht auf der »Club Med 1« die Discotür bis in die frühen Morgenstunden offen – dort lief ein fetziges Programm mit einer Live- und Lasershow und viel Musik aus den wilden fünfziger und sechziger Jahren.

Was soll das denn?! Frühstück im Regen, damit hatte heute morgen wohl keiner gerechnet. Er war kurz aber heftig —, »...es schüttete wie aus Eimern«! Vorbei ist es mit dem Wunsch, heute ein »Outdoor-Frühstück« unter den gewaltigen Segelpyramiden einzunehmen. So nehme ich in der gläsernen Veranda Platz und werde wie immer freundlich empfangen und nach meinem Befinden gefragt, »Danke der Nachfrage, ... mir und Tanja geht es gut«!

Mag ja sein, daß eventuell alte, erfahrene Salzbuckel das Rollen des Schiffes auf der »Club Med 1« vermissen werden, wenn z. B. ihr eigenes Segelboot in einer Quersee an Stabilität verliert. Hier an Bord der »Club Med 1« wird es nur bis max. 6 Grad Schlagseite geben. Schlingerbewegungen werden dank der Stabilisatoren und eines ausgeklügelten Ballastsystems auf ein Minimum reduziert. Ich meine, gerade gut genug, um sich in den Schlaf wiegen zu lassen.

Polly und Raj, zwei der über 80 Stewards, verstehen es hervorragend, ihre gute Laune auf die Passagiere zu übertragen. Mehr noch, sie lesen einem förmlich jeden Wunsch von den Augen ab, noch ehe man ihn äußern kann. Beide beeindruckten mich wegen ihrer ausgezeichneten Deutschkenntnisse, obwohl ihre Heimat, Mauritius, doch viele tausend Kilometer von Deutschland entfernt ist. Sie bestachen durch ihr gepflegtes Äußeres, die vorzüglichen Umgangsmanieren und nicht zuletzt durch die aufmerksame und umsichtige Art, mit der sie die nicht gerade leichte Servicearbeit erledigten. Alle Stewards bringen beste Hotelfachschulkenntnisse mit und sind sozusagen handverlesen auf ihre Eignung getestet worden. Sie verstehen es als eine Auszeichnung, hier an Bord der »Club Med 1« arbeiten zu dürfen, wie ich es weiter von Polly erfahre.

Schon vor einer ganzen Weile hatte sich Tanja verabschiedet. Sie wolle nur einmal kurz in die Boutique schauen. Ich beschloß, ihr zu folgen. Was ich dort nun zu sehen bekam, das konnte auch gut und gern in jeder anderen Nobel-Boutique an der Côte d'Azur oder anderswo über den Verkaufstresen gehen – so reichhaltig und exquisit war das Angebot. Geschmackvoller Modeschmuck, poppige Armbanduhren aus Plastik lagen da wie selbstverständlich neben teuren goldenen Uhren und

Im Restaurant L'Odyssée haben wir gelebt wie Gott in Frankreich! Ein Tempel für Gourmets. Geflügel, Edelfisch, knackfrisches Gemüse, exotische Spezialitäten und vieles mehr. Das Festival der kulinarischen Genüsse findet die Zustimmung aller Gäste.

Juwelen. Exklusive design-gestylte Sonnenbrillen und als letzter Schrei der Avantgarde neonfarbene Mode-Accessoires im Grazy Jones-Stil sowie vieles andere für den täglichen Gebrauch. Diese kurze Darstellung über die Vielseitigkeit des Angebots wäre jedoch unvollständig, ohne die verschiedenen Artikel mit dem ureigenen »Club Med 1«-Logo zu erwähnen: fünf gelbe Dreiecke auf blauem Grund.

»Hallo, I'm Véronique«, werde ich von einem GO in der Duty-Free-Boutique empfangen, »nice to meet you...!« Wir machen uns miteinander bekannt; den Rest erledigt die bordeigene Kreditkarte. Bargeld ist auf der »Club Med 1«, wie auch das leidige Thema des Trinkgeldes, verpönt. Tatsächlich profitiert man hier an Bord vom Inklusivpreis. Dabei denke ich insbesondere an die vielen sportlichen Aktivitäten, die anderswo ganz schön zu Buche schlagen.

Kurz vor 9 Uhr erreichen wir die Trauminsel St. Barth. Das Schiff ankert in der tiefeingeschnittenen Bucht vor Gustavia, nach dem Schwedenkönig Gustav III. benannt.

In der Tat, dieses Eiland, das in der Reiseliteratur gerne als das schönste französische Fleckchen in der Karibik dargestellt wird, mißt in der weitesten Ausdehnung

Von wegen große Klappe . . . ! Ist der Anker erst einmal gefallen, zeigt der Kreuzfahrtsegler im wahrsten Sinne des Wortes, was in ihm steckt: eine Nautic-Station, die es in sich hat!

keine 10 Kilometer. Die Fahrt mit dem Non-Stop-Shuttle vom Schiff bis zum Steg führt in Zickzacklinien zwischen den kleinen Segelbooten hindurch und dauert nur wenige Minuten.

Was uns an Land erwartet, ist einfach berauschend. Exotik pur, die wir in vollen Zügen genießen! Es ist so, als hätte St. Barth auf uns Entdecker gewartet. Unberührt- und Naturbelassenheit ist mein erster Eindruck. Die wenigen, höchstens doppelgeschossigen Häuser empfinde ich dabei als gar nicht störend. Im Gegenteil, sie fügen sich sehr schön in die hügelige Landschaft ein.

Kolumbus entdeckte diese Insel 1493 und benannte sie nach seinem Bruder Bartolomeo. In ihrer Abgeschiedenheit wurde sie erst 155 Jahre später, 1648 kolonialisiert – aber bis auf den heutigen Tag nicht zersiedelt. Im geschichtlichen Hin und Her traten 1748 die Franzosen die Insel gegen Freihandels- und Hafenrechte in Göteborg ab, um sie dann knapp 100 Jahre später, 1878, vom schwedischen Königshaus für 320 000 Goldfranken zurückzuerwerben. Die nördlichen Leeward-Inseln, Inseln unter dem Winde, wozu auch Saint Barth zählt, haben ihren natürlichen Charme bis auf den heutigen Tag erhalten können.

»Vergiß ja nicht, in Gustavia die Auslagen der kleinen Läden in Augenschein zu nehmen«, wurde mir mit

Wassersportaktivitäten werden an Bord der »Club Med I« groß geschrieben.

auf den Weg gegeben. Auch hier waren die Regale randvoll, mit allerlei Shopping-Artikeln und zollfreien Waren, wo mir die breite Angebotspalette der japanischen Fotoapparate und Videokameras neben jeder Menge Schnickschnack auffielen. Auf dem Heimweg sehe ich auch noch zwei Geschäfte mit allerhand Edel-Nippes aus Gold, Silber und Juwelen. Diese »Gucci-« und »Hermes«-Häuser sind wohl für den internationalen Jetset gedacht. Noch einen kurzen Blick zu den beiden Kirchen am Ortseingang, wo ich nicht umhin kann, einen überdimensionierten Stockanker, der auch schon bessere Tage gesehen hat, zu fotografieren und dann gehts gen Heimat! Und doch muß ich noch von einer Begegnung berichten, bevor es zurück an Bord geht. In der »Mainstreet« wurde ich auf einen kleinen Verkaufsladen »The first caribbean shell shop« aufmerksam. Wie ich denn da so laut vor mich hindenke, das breite Sortiment an Schmuckgegenständen und die schillernden Schildpattfarben hatten es mir angetan, merkt der Besitzer, daß ich aus Deutschland komme. »Es kommt nicht alle Tage

nächste Seite:
»The Baths« an der Südwestspitze von Virgin Gorda – ein Stück schwergewichtige Ewigkeit! Die riesigen Felsbrocken sind Zeugnisse aus der grauen Urzeit.

vor, daß sich ein Landsmann hierher verirrt«, meinte der freundliche ältere Geschäftsmann. Richard Wulff heißt er. Aus Österreich haben ihn die Kriegswirren nach den Vereinigten Staaten verschlagen und irgendwann, es liegen schon wieder etliche Jahre dazwischen, da hat er sich hier in St. Barths niedergelassen. Obwohl er seit Jahrzehnten nicht mehr in der Heimat war, die Muttersprache hat er nicht vergessen – wohl aber bald das Geschäft, so ausgiebig haben wir uns unterhalten. Ehe ich mich verabschiede, erstehe ich noch zwei Chiton-Muschelgehäuse, die es nur in den Gewässern vor St. Barths gibt und wunderschön gemustert sind... natürlich zu einem speziellen Freundschaftspreis!

Rechtzeitig zur Lunchzeit komme ich wieder an Bord zurück. Lecker, was da alles geboten wurde. Eines der Hauptelemente waren die verschiedenartig gefüllten Tortillas. Runde, handtellergroße Maisfladen mit pikanten Rind- und Schweinefleischeinlagen, Tortillas mit Huhn oder Puter und Käse überbacken in chilischarfer Tomatensauce. Dazu gab es schwarze Bohnen, und natürlich durfte Guacamole, ein Avocadopüree mit Zwiebeln, Knoblauch und Tomaten, nicht fehlen. Die Reihe der mexikanischen Gaumenfreuden ließe sich endlos fortsetzen. Einfach toll, was der Koch uns da Tag für Tag auf den Tisch zauberte. Wer unbedingt auf seine europäische Küche oder amerikanisches Fast Food nicht verzichten wollte, der bekam selbstverständlich auch dieses. Mir aber machte es ungeheuren Spaß, auch einmal eine andere schmackhafte Kost kennenzulernen, wie auch die Vielfalt der exotischen Früchte – naturell oder

Windsurfen, Segeln, Schnorcheln, Flaschentauchen und Wasserski..., hier ist alles möglich!

»Lobster satt«!
Barbeque am Colonialhouse unweit »The Baths«. Für die besondere Note empfiehlt sich ein Aperitif nach Art der Kreolen vor den lokalen Köstlichkeiten vom Grill.

als Obstsalat angemacht. Einzig die Qual der Wahl machte mir zu schaffen, Mangos, Papayas, Ananas, Melonen, frische Feigen und vieles mehr.

Für den Nachmittag hatte ich mir ein ganz besonderes Abenteuer vorgenommen – den Besuch der »Nautique Hall«. Es war, wenn man so will, ein weiterer Höhepunkt meiner Seereise. Ich vergnügte mich köstlich, ja königlich mit dem Synchron-Wasserski-Laufen. Doch alles schön der Reihe nach!

Sobald der Anker gefallen ist und Kapitän Lambert den Hebel des Maschinen-Telegraphen auf Stopp gestellt hat, kann das einmalige Festival der jugendlichen und junggebliebenen Sport-Enthusiasten beginnen. Wenn sich anderswo bei einem Fährschiff die große Heckklappe öffnet, dann doch nur, um eine Unmenge Pkw, Lkw und sogar Eisenbahnwaggons aufzunehmen. Wenn sich hingegen bei unserem Kreuzfahrt-Segler die Klappe am Heck öffnet, dann zeigt sich erst im wahrsten Sinne des Wortes, was in ihm steckt. Eine überaus großzügig bemessene Plattform senkt sich per Knopfdruck in die Fluten, dabei wird der Blick ins Innere der gewaltigen Wassersporthalle frei, da geraten alle Wassersportler ins Schwärmen, ... werden alle Surfer, Segler und Wasserskifans restlos begeistert sein. An alles ist gedacht, alles ist bestens durchorganisiert und in ausreichendem Maße vorhanden! Nicht weniger als zwölf Surfboards, zwanzig Flaschentauch- und Schnorchelausrüstungen sowie etliche Neopren-Anzüge nebst Wasserskiern. »Glauben Sie mir, es machte allen riesigen Spaß, selbst dem ungeübten Anfänger«! Auch dann, wenn er nur genüßlich vom Badesteg aus das bunte Treiben der Wasserratten beobachten konnte.

Es ist gar nicht so einfach, neben den vorgeschlagenen Tagesausflügen auch noch alle anderen Angebote im bordeigenen Programm wahrnehmen zu wollen. Wem der Sinn danach steht, kann direkt in Streß kommen: Halb- oder Ganztagesausflüge, Besichtigung einer Zuckerrohrplantage mit anschließender Verköstigung in einer Rum-Destillerie. Sich mit Freunden zusammentun, einen Geländewagen mieten und eine ausgedehnte Fotosafari in den Regenwald machen. Nicht genug, wie wäre es mit einem exklusiven Champagner-Büfett, oder wollen Sie bitteschön einfach relaxed im Liegestuhl einen Planters Punch genießen...? Für eins müssen Sie sich entscheiden!

»K«, wie Kennenlernen – auch hierauf wußte die »Club Med 1« eine Antwort. Zu Beginn einer Reise veranstaltet man für Singles und Alleinreisende ein »Kennenlern-Treffen«, das in den bewährten Händen der PR-Assistentinnen Annette und Jennifer, einer waschechten New Yorkerin, liegt. Um es an dieser Stelle noch einmal zu sagen, alle Akteure verstanden es ausgezeichnet, sich für das Wohlbefinden der Gäste einzusetzen, und hatten ein vortreffliches Gespür, auch im richtigen Augenblick das Richtige zu machen – eine Spitzentruppe! Später am Abend sehe ich abermals meine Worte bestätigt. Meine abenteuerliche Außenbords-Exkursion habe ich erfolgreich durchgestanden, da treffe ich meine drei Sportakteure am Bahama-Pool wieder, wo justament Franky sein gesamtes GO-Team vorstellt. Mit viel Musik und guter Laune. Alle sind gut drauf – die Service-Crew im schmucken weißen Dress und die Animateure in toll gestylter Kleidung! Der Funke der Begeisterung springt über. Die Stimmung steigt von Stunde zu Stunde. Das quirlige Showteam hat heute die Präsentation der Boutique-Kollektion in den Mittelpunkt ihrer Darbietung gestellt. Echt professionell, wie sie zur flotten Disco-Musik Edeljeans mit goldigen Applikationen vorstellen! Jedenfalls gefällt mir die Kleidung auf einmal viel besser als eben nur so auf einem Bügel! In einem Gespräch zum Nachbartisch erfahre ich, daß Hugo Boss seine Frühjahrs- und Sommerkollektion hier auf der »Club Med 1« fotografieren ließ. Daher weht also der Wind – auf der einen Seite den Windjammer als vorzügliche Kulisse und andererseits die einheitliche Kleidung des GO-Teams. Wenn das kein perfekter Deal ist!

Ein neuer Tag bricht an, und abermals werde ich meinen Morgenkaffee im gläsernen Frühstücksstudio einnehmen müssen. Wieder einmal ist das Wetter durchwachsen.

Tanja erzählt mir, daß wir über Nacht neue Gäste an Bord bekommen haben – namens Neptun und Rasmus! Spaß beiseite, der Seegang war wesentlich stärker zu spüren. Ich hatte es bei meiner Nachtruhe gar nicht gemerkt, ... oder lag es an meinem Schlummertrunk?

Virgin Gorda voraus! Es ist, man kann die Uhr nach dem vorgegebenen Fahrplan stellen, 8.30 Uhr, und die Crew bereitet alles zum Übersetzen an Land vor. Wir haben unweit der berühmten »The Baths« geankert. Ich kenne sie schon von meinen früheren Törns, was ja nicht unbedingt das Schlechteste sein muß. Und richtig, diese Begegnung stand unter ganz anderen Vorzeichen. Neben den mittlerweile idealen Witterungsbedingungen gab es jede Menge Aktivitäten, die die fleißigen Animateure vorbereitet hatten. Grund genug also, sich nicht nur dem süßen Nichtstun hinzugeben.

Spielten die einen am Spring-Beach Volleyball, vergnügten sich die nächsten beim Spiel mit Boccia-Kugeln, und andere wieder die zog es, wie mich auch, in die tolle Brandung, die sich über Nacht aufgebaut hatte, oder in die mystische Welt der großen Grotten von Virgin Gorda. Eines hatten wir aber alle gemeinsam – wie zu Mutters Zeiten, die Mittagessenszeit mitzubekommen. Das wollte sich denn wohl keiner entgehen lassen. Hierzu hatten unsere Köche von Bord alles Notwendige im Kolonial-Haus, das in der Nähe des Landungssteges stand, vorbereitet.

Nur wenige Schritte vom herrlich schneeweißen Badestrand ist der Picknick-Grill aufgebaut. Eifrige Hände wenden das Grillgut, aromatische Düfte steigen auf, aus dem Hintergrund ertönt eine Erkennungsmelodie der Karibik, Steelbandmusik, und in der rechten Hand halte ich einen gekühlten Lemonen-Aperitif. So genieße ich den zum Märchen gewordenen Augenblick. Der Ausblick von der Hochterrasse unseres im Kolonialstil erbauten Restaurants ist einfach phantastisch! Draußen vor einem gewaltigen Korallenriff liegt unser Luxus-Liner auf Reede. Das dunkelblaue Meer blitzt in der Mittagsonne wie Diamanten und der Himmel, wie könnte es anders sein, zeigt sich ebenfalls von seiner schönsten Seite – strahlendblau mit kleinen weißen Kumuluswölkchen. Es ist so, als schauten wir geradewegs in den Garten Eden.

Über unseren nicht minder aufwendigen kulinarischen Ausflug müßte ich das gleiche Loblied anstimmen! Es sollte für mich noch schöner kommen, ich nutzte hier die Möglichkeit, um einen Teil der karibischen Inselwelt und eben unsere »Club Med 1« unter voller Besegelung aus luftiger Höhe zu betrachten.

Nach einer kurzen Fahrt mit einem Open-air-Taxi treffen wir, Tanja, Annette und eben ich am kleinen Airport, unweit vom Copper Mine Point, auf Rob, den Hubschrauberpiloten. Die Ausklarierung geht schnell vonstatten. Es folgt eine kurze, komprimierte Einweisung und einige knappe Instruktionen, und schon heben wir ab.

Unsere Trauminsel Virgin Gorda wird zunehmend kleiner und kleiner, bis wir sie achteraus im Tiefblau der Karibik aus den Augen verlieren. Zielstrebig hält der Helikopter auf unseren Windjammer zu. Welch ein Anblick zeigt sich aus dieser ungewöhnlich reizvollen Perspektive: das tintenblaue Meer, leicht gekräuselt, hier und da einige kleine weiße Schaumkronen auf den Wellen, und dann auf einmal ist es soweit – sie, die schmucke »Club Med 1«, liegt genau unter uns! Im strahlendstem Weiß, wie eine Braut in ihrem Hochzeitskleid. In diesem Moment stimmt einfach alles. Die Lichtverhältnisse, der Wind und eben mein schönstes Motiv ... unser Traumschiff! Lange Zeit ergriffen und schweigend bin ich der erste, der die Sprache wiederfindet. Aber nur um Tanja mit wenigen Worten die Kassette zum Filmwechseln rüberzureichen. Alle Handgriffe werden in diesen Minuten mechanisch vollzogen, nur keine Einstellung versäumen! Rob versteht seine Arbeit ausgezeichnet. Er hält den Helikopter minutenlang auf einer Stelle, trotz widriger Winde, und zieht dann mit einer großen Schleife zur nächsten Position. In diesem Moment war mir völlig egal, was ich an Bord unseres Windjammers, der von Virgin Gorda nach Jost van Dyke versegelte, versäumte.

Das unbeschreibliche Vergnügen, sozusagen auf des Ikarus Schwingen durch die Lüfte zu schweben, endete auf Tortola, der größten aller britischen Jungferninseln (BVI). Genauer gesagt, landen wir auf Beef Island. Sie ist mittels einer kleinen Brücke, mit dem beziehungsreichen Namen Queen Elizabeth, mit Tortola verbunden. In Roadtown, der verschlafenen Hauptstadt der BVI, wollen wir kurz mit dem Schiffsagenten zusammentreffen. Er soll uns anschließend mit seinem Speedboot 3 Seemeilen nordwestlich in die White Bay von Jost van Dyke bringen, wo die »Club Med 1« erneut einen attraktiven Tagesankerplatz gefunden hatte.

Wäre da nicht das gewisse Etwas, so könnte man Jost van Dyke als eine der vielen kleinen Inseln für Strandläufer abtun. Ja, wäre da nicht die Mär von einem sagenumwobenen Piratenschatz. Man mag es glauben oder auch nicht, hier scheint sich tatsächlich seit dem 17. Jahrhundert nichts verändert zu haben, als hier die gefürchteten Seeräuber noch ihr Unwesen trieben und auf den Inseln mit ihren kleinen wendigen Segelbooten einen sicheren Zufluchtsort fanden. Heute sind es friedvolle Eilande, nur eben nach diesem berühmt-berüchtigten Haudegen, dem holländischen Piratenkapitän Jost van Dyke, benannt.

Auf dieser kleinen Insel werden sie weder eine Landebahn für Flugzeuge noch protzige Hotelbauten vorfinden. Selbst die Anzahl der Inselbewohner, 150 Seelen, soll sich seit jenen Tagen hier auf Dyke nicht verändert haben. Einige größere Jungfern-Inseln wie St. Thomas, die wir ja morgen anlaufen werden, sind genau das Gegenteil von dem, was wir hier vorfinden. Dort hat sich der Tourismus zum wirtschaftlichen Lebensquell entwickelt. Wegen der enormen Touristenschwemme findet man dort jede Menge Hotelkapazitäten vor. Die Schattenseiten des monströsen Besucherstroms bleiben auch nicht aus, wobei die durchgehende Rush-hour im vermeintlichen Shopping-Paradies nur das geringere Übel ist. Man hat sich eben angepaßt, an die Plasticmoney-Gesellschaft. Dort herrscht ein lautstarker Rummel um die vielen Loveboats und Funships, die ständig im Freihafen an den Piers oder auf Reede liegen, so wie sie von Graham Greene und Ernest Hemingway beschrieben werden. Obwohl die Inseln oftmals nur von kleinen Blauwassergräben getrennt und in Sichtweite voneinander entfernt liegen, unterscheiden sie sich wie Tag und Nacht. Keine Insel gleicht der anderen, auch wenn die Distanz zueinander nur wenige Bootsminuten beträgt.

Jost van Dyke ist eine solche Insel, die sehr dicht am Paradies zu liegen scheint! Für den Romantiker eröffnet sich hier eine eine Oase der Ruhe und Beschaulichkeit. Tatsächlich gibt es sie noch, abgeschiedene Inseln, abseits von Hektik und Streß, fern von Motorenlärm und Straßengewühl. Hier auf Jost van Dyke bekommen Sie einen herrlichen Sandstrand, Sonne und See zum Nulltarif – das ist Natur pur!

Der bordeigene »Beatcher«, ein geräumiges Landungsboot, bringt uns trockenen Fußes zum Badestrand. Es ist ein Genuß, hier an der großen mondsichelförmigen White Bay einen ganzen Tag zu verbringen. Ein Tag ohne Reue – am Traumstrand, der seinem Namen wirklich alle Ehre macht. Die Luft ist seidenweich, der allmorgendlich aus südöstlicher Richtung einsetzende Passat streicht noch zaghaft durch die Palmenwipfel und frischt später erst ein wenig auf. Schon in den frühen Morgenstunden hat das handwarme Wasser bald 26 Grad. Für Schwimmer, Taucher und Surfer ein ideales Revier und ohne Frage auch für den Sonnenanbeter!

Die GOs, allen voran Petra, Sonja aus Brasilien und der mexikanische Sportlehrer Robert, haben hier alle Hände voll zu tun: Surfboards auszugeben, den »Ringelreigen« im Wasser, auf neudeutsch »Aqua-Gymnastik«, zu beaufsichtigen und die ungeübten Schnorchler im Auge zu behalten. Es ist sagenhaft schön, ohne Zweifel, aber auch nicht ganz ungefährlich, so mit Schnorchelausrüstung am Oststrand die faszinierende Unterwasserwelt zu beobachten. Die Strömung ist ganz schön tückisch und der Schwell gar lebensgefährlich. Interessiert schaue ich jungen Leuten zu, die sich an einem bunten Parasailing-Fallschirm hängend durch die Lüfte ziehen lassen. Es sind Tagesgäste des Sandcastle-Hotel, die mit einer großen Motoryacht in Great Harbour liegen, einer Nachbarbucht, mit einem ganz besonderen Anziehungspunkt für die Seglerwelt. Kein Skipper, der was auf sich hält, kommt hier vorbei, ohne kurz zu stoppen. Und sei es, daß er nur mal kurz in die urige »Tamarind«-Bar des Lebenskünstlers »Foxy« hereinschaut. Kein anderer verkörpert den Inbegriff der karibischen Mentalität so gut wie Foxy. Sehen wir an dieser Stelle einmal davon ab, daß er einer der wenigen Eilander ist, der die weite Welt auch schon einmal von der anderen Seite gesehen haben. Seine pure Lebensfreude und herzliche Gastlichkeit ist sprichwörtlich, wie seine ausdrucksstarke Musikalität. Tag und Nacht werden sie an der Wasserfront seine eigenen Calypsosongs hören. »Foxy, Du bist eine Institution«. Dies sagte sich auch kein Geringerer als der bekannte Filmstar Hardy Krüger, der als internationaler TV-Weltenbummler unterm Regenbogen Jost van Dyke besucht hatte. Ja, selbst in einschlägige Karibikführer ist Foxy aufgenommen worden.

Kommen wir zurück zur White Bay. Wen wundert's, daß über die Mittagsszeit der Strand verwaist ist. Menschenleer solch eine Beach. Ist es die Hitze oder einfach der Hunger, der die Passagiere an Bord zurückholt? Ich nutze diese Stunde und komme mit den Sandersons vom Sandcastle-Hotel ins Gespräch. Ihr traumhaftes Resort mit nur vier Apartments und die »Soggy Dollar«-Beachbar haben es mir angetan. Ist es die Stille, der offene weite Blick über die noch unverdorbene Natur, oder sind es die tollen Farben, die mich nachhaltig beeindrucken? Wenn das kristallklare Wasser meine Füße umspült und rücklings die immergrünen Hänge in den azurblauen Himmel ragen. Ich muß es einfach loswerden: Seit mehr als 15 Jahren erliege ich diesem einmaligen Zauber der Karibik. Jahr für Jahr zieht es mich magisch in diese Breiten.

Tiefster Friede ist in mir – eine Wohltat für Körper und Seele! Ein Traum vom Robinson-Dasein wird wahr, wenn auch nur für Stunden!

Annette ist es, die mich in die Wirklichkeit zurückruft und fragt, ob ich mit an Bord will – zum Essenfassen. Ja! Auf den Augenschmaus folgte ein Gaumenschmaus. Es wurde wieder ein Fest für die Gourmets! Tafelfreuden und Spezialitäten der ostasiatischen Küche wurden im Restaurant Le Lousiane aufgetischt und angerichtet. Bei der Auswahl von Geflügel, Rind- und Schweinefleisch sowie Gemüse helfen uns die freundlichen Stewards. Polly empfahl mir dringend eine klare Fischsuppe zum kulinarischen Auftakt, genannt Unagi. Weitere Schlemmereien aus der Welt der Suzie Wong: Gaeng ped moo, ein Currygericht mit Schweinefleisch und Gemüse. Himmlische Genüsse erwachen, wenn Ihnen Yakitori, verschiedene Fleischstückchen vom Huhn, Ente, Nieren und andere Innereien mit pikant gesäuerten Saucen serviert. Die Schilderung ließe sich bedenkenlos fortführen oder auch nur mit einem einzigen Satz abhandeln: Alles, wirklich alles war mehr als ausreichend da – Qualität wie Quantität! Eines darf ich Ihnen jedoch nicht vorenthalten, ein absolutes Muß für den Fischfreund. Das sind rohe, hauchdünn geschnittene Fischscheiben, Sashimi, mit verschiedenen Marinaden und knackfrischen Salaten. Gegrillte Garnelen, Muscheln und andere Früchte des Meeres wie auch ein raffiniertes Seafood-Ragout in Meerlattichblättern eingerollt, dazu Sake-Reiswein, oder soll es ein edler heimischer Tropfen, Bier oder Cola sein? Wirklich jedem das Seine, ... was will man mehr?

Tanja war ganz schön »down«, die Luft war auf einmal raus! Bestimmt machte ihr die ungewohnte Hitze zu schaffen, die an ihren Kräften zehrte. Sie wollte sich nach dem Essen gleich auf dem Sonnendeck für ein klei-

Wenn der Tag sich verabschiedet, zeigen sich am tiefschwarzen Himmel Millionen funkelnder Sterne, und der Cruise-Direktor lädt seine Gäste zum »Open air dancing« aufs Oberdeck ein.

Ein gewaltiges Stell: Triangel-Segel im King-Size-Format auf der »Club Med 1«! Ein Beispiel für die Ästhetik der himmelwärts ragenden Takelage auf einem Windjammer der »new generations« bei Sonnenuntergang.

nes Stündchen ausruhen – aber im Schatten. Sonne hatte sie für heute genug, wie sie meinte. Am späten Nachmittag trafen wir uns in der Bar Topkapi wieder, zur Teatime. Da sah ich die Bescherung. Tanja hatte tatsächlich einen Sonnenbrand, den sie wegen der steten Brise zunächst gar nicht bemerkt hatte. Von daher also ihr Unwohlsein. Für sie war der Tag gelaufen, ... nicht für mich, wenngleich ich dem Tanzvergnügen heute abend einen Korb gab. Für jemanden wie mich, der dem Licht und den Farben dieser Region verfallen ist, bietet sich von Stunde zu Stunde ein neues faszinierendes Bild. Unser Windjammer befand sich auf östlichem Kurs – in Richtung St. Thomas. Dabei wechselten wir das Segelrevier – von den BVI ging es auf direktem Weg ins Gebiet der US-Virgin Islands, im Vortopp hatte man die Flagge des Gastlandes schon ausgetauscht. In dieser Stunde – ich befand mich auf dem vorderen Sonnendeck – verabschiedete sich der Tag mit einer grandiosen Hochzeit der Farben. Ein phantastisches Bild zeigte sich mir auf der Freilichtbühne Neptuns. Andere Gäste bereiteten sich zum Dinner und zum Tanzabend auf dem achterlichen Bahama-Deck vor. Ich wollte an Deck bleiben, um das Feuerwerk der Farben Orangerot, Gelb und Violettblau auszukosten. Binnen weniger Minuten vollzieht sich ein majestätisches Naturschauspiel. Der untergehende Sonnenball verfärbt den Himmel, die Wolken und das Meer. Die See verwandelt sich in flüssiges Gold. Der stete Passat weht wie immer. Er streicht durch die Takelage unserer »Club Med 1« und bläht die gewaltigen Segel.

Ein neuer Tag bricht an... Noch bevor die Sonne ihre ersten Strahlen über den Government Hill schickt, bin ich auf den Beinen und erwarte die Fortsetzung des gestrigen gigantischen Himmelsszenarios, ... doch heute vergeblich. Die »Club Med 1« hatte über Nacht verholt, von den Piers der West Indies Docks nach einem geeigneten Ankerplatz zwischen der Long Bay und südlich des Coast Guard Points. St. Thomas Harbour erwacht zu neuem Leben! Hier am Kai von Charlotte Amalie vermittelt die endlose Autoschlange mit den großen wuchtigen Trucks alles andere als die bisher erlebte Beschaulichkeit. Der Besucherstrom, der täglich über den Harry Truman Airport eingeflogen wird, ist enorm. Über 1,5 Millionen Urlauber kommen Jahr für Jahr auf die Insel, die selbst nur gut 50000 Bewohner hat. Heute sind es mehr als 500 Kreuzfahrtschiffe, die per anno diesen Tiefwasserhafen anlaufen. Wenn man so will, war es Kolumbus, der den Grundstein zu diesem Touristenboom setzte. Er kehrte im März 1493 vollbeladen mit den Schätzen der Neuen Welt von seiner ersten Expedition heim. Die atemberaubende Neuigkeit verbreitete sich wie ein Lauffeuer und löste bei den spanischen und französischen Seefahrern ungeahnte Begeisterungsstürme aus. Noch im gleichen Jahr startete er seine zweite Expeditionsreise nach Westindien, die ganz unter dem Patronat der spanischen Krone und Kirche stand. Ihm folgten wagemutige Kaufleute, furchtlose Missionare wie verwegene Abenteurer, die vom Gold angelockt waren. Erst wesentlich später, am Anfang des 17. Jahrhunderts, kamen holländische Auswanderer, die St. Thomas besiedelten. 1671 gründeten Dänen und Norweger gemeinsam einen Handelsstützpunkt, das heutige Charlotte Amalie. Knapp zehn Jahre später wurde es der Umschlagplatz eines blühenden Sklavenhandels.

Wie wir dem heutigen Tagesausflugsprogramm entnehmen können, wird für jeden etwas angeboten. Da wäre die Novität, ein Tauchgang, auf max. 20 Passagiere limitiert. Mit einem der weltweit nur sechs privaten Mini-U-boote kann man in die Tiefe gleiten, um dort in unmittelbarer Nähe die bizarre Unterwasserwelt der Korallenriffe und die Vielfalt der leuchtend bunten Tropenfische zu betrachten. Ein einmaliges Erlebnis für »schlappe« 440 FF, wobei die »Nautilus«-Stunde ca. 30 Minuten beträgt. Sagt es Ihnen nicht zu, so in die Unterwasserwelt zu tauchen? Wem das nicht zusagt, der kann bei einem 20minütigen Heli-Flug über St. Thomas und St. John teilnehmen. Die Löhnung: 400 FF für den einzelnen Hobbyflieger! Als weitere Alternative ist eine zweistündige Mountain Top-Tour zu nennen. Mit einem Big-Landcruiser geht es über die 400 Meter hohe Hügelkette zu den schönsten Aussichtspunkten der Insel und das sind nicht gerade wenige. Den besten Rundblick verspricht der vielgerühmte und vielzitierte »Drakes Seat«. Von diesem legendären Hochsitz soll ehemals der gefürchtete Sir Francis Drake seine Armada, mit der er Puerto Rico erobern wollte, inspiziert haben. Zum Abschluß dieser reizvollen Inselrundfahrt lassen sich die Teilnehmer mit einem original Banana Daiquiri verwöhnen, der angeblich in der St. Peter Mountain-Hotelbar erstmalig kreiert wurde. Auch wenn's nicht ganz der Wahrheit entspricht, der Karibic-Drink schmeckt super! Und letztendlich wird das bordseitige Ausflugsprogramm mit einer aufregenden Yachtkreuzfahrt auf einem komfortablen Maxi-Katamaran komplettiert. Bestens für Jungvermählte geeignet, wie ich mir später habe erzählen lassen. Dieser Honeymoontörn führt oder entführt die Liebespärchen zum unbewohnten Buck Island. Von dort versegelt man nach St. John, wo sich ein ausgedehnter und erholsamer Spaziergang durch die unberührte Natur des Virgin Islands National Park anschließt. Das berühmte I-Tüpfelchen bewahrt sich der Skipper bis zum Schluß auf, indem er seine exklusive Gästefahrt mit einem krönenden Champagner-Büfett ausklingen läßt.

»Ist ja alles schön und gut«, meint Tanja ungeduldig, »aber was wollen wir machen?« Nichts von alledem! Nicht, daß mir das breite Angebot nicht zusagte. Nein, ich wollte heute einmal etwas auf eigene Faust unternehmen, St. Thomas erkunden, zumal ich die Insel schon kannte. Sie fragen mich, ob ich mich denn zurechtfinden würde? Um es vorwegzunehmen – es hatte sich nichts geändert, rein gar nichts! Noch immer ist St. Thomas der unbestrittene Dreh- und Angelpunkt in der Karibik. Nicht umsonst hält sich das Gerücht hartnäckig, daß Charlotte Amalie als Shoppingparadies Hongkong den Rang ablaufen will. Doch das allein ist nicht alles, was Charlotte Amalie so anziehend macht, da gibt es die Natur im Hinterland, die herrlichen Strände, ja und vor allem der bunte Menschenschlag. Von jedem etwas: fröhlich, selbstbewußt, stolz und mit unverkennbarem Geschäftssinn!

Da es Tanja ganz gelegen kommt, in den Geschäften ein wenig umherzustöbern – sie muß ja noch einige Mitbringsel für die lieben Daheimgebliebenen kaufen – lassen wir uns mit dem nächstbesten Shuttleboot zum Waterfront-Highway bringen. Hier trennen sich auch unsere Wege, nachdem ich ihr in kurzen Zügen das Einkaufszentrum um die »Dronningens Gade«, die hiesige Mainstreet, erklärt habe. »...und vergiß ja nicht den letzten Tender«, waren ihre wohlgemeinten Worte, bevor sie aus meinen Augen in den geschichtsträchtigen Gassen der Altstadt entschwand.

Ich machte mich auf den Weg und auf die Suche, um liebe Freunde, Conny und Captain Bryan von der »Sir Francis Drake«, wiederzutreffen. Es war eine reizvolle Gratwanderung zwischen der lebendig gebliebenen Vergangenheit und dem geschäftigen Treiben von heute, die mir neue Eindrücke von der terrassenförmig angelegten Hafenstadt einbrachte. Der Flair der zu Anfang dänisch geprägten Geschichte begegnete mir auf Schritt

Auf der Terrasse des romantischen Hotels »Blackbeard's Castle«. 99 Stufen führen zum Government Hill hinauf. Von hier hat der Betrachter einen atemberaubenden Blick über Charlotte Amalie, St. Thomas mit seinem weitläufigen Hafen, wo just die »Club Med 1« ankert.

und Tritt: die malerischen Kolonialhäuser entlang der Hafenfront, das lindgrüne Legislature Building und gegenüber das rostrot angestrichene Fort Christian, das in den damaligen Kerkern eine interessante Museumssammlung aus der Zeit der dänischen Besiedlung (17. Jh.) beherbergt.

Genug auf den Spuren von gestern gewandert, empfiehlt es sich, in einem der Restaurants in den engen Passagen und schattigen Innenhöfen bei einem exotischen Drink eine kurze Verschnaufpause einzulegen.

Ich wollte es genau wissen und begab mich zur »Straßee der 99 Stufen«, die steil bergan zum Government Hill und dem ehemaligen Wachturm des Fort Skytsborg führt. Ich sollte dort oben fürstlich belohnt werden! Der 1679 erbaute Turm steht heute im Mittelpunkt der romantischen Hotelanlage »Blackbeard's Castle«. Von dieser Anhöhe genieße ich einen zauberhaften Ausblick auf den Hafen und die vorgelagerten Inseln Hassel- und Water Island. Der Zufall wollte es, daß ich die Gastlichkeit und den Besitzer dieser 3½-Sterne-Restauration, Henrique Konzen, kennenlernen konnte. Und zu meinem großen Erstaunen spricht er ein ausgezeichnetes Deutsch! Seine Vorväter in der dritten Generation kamen aus dem Schwabenland und hatten sich in Brasilien ein neues Zu-

Das Karo-Design der »Bar Topkapi«.

hause geschaffen. 1978 hat der sympathische Selfmademan dieses historische Anwesen erworben und 1985 nach aufwendigen Renovierungsarbeiten als Hotel mit einem einmalig schönen Panoramablick eröffnet.

Den grandiosen Ausblick von dieser exponierten Lage zu versäumen wäre einfach unverzeihlich. Daher ist ein Besuch im »Schwarzbart«-Hotel ein unbedingtes Muß!

Gegensätze, wie sie deutlicher nicht sein können, prallen hier aufeinander! Ein sehr schöner Treffpunkt mit einer liebevollen romantischen Ausstrahlung, wozu nicht zuletzt die ständige Ausstellung des bekannten Kunstmalers Russ Elliott aus New York beiträgt. Neben Touristen aus aller Welt kommt es auch vor, daß sich hier berühmte Gäste wie die Königin Juliane der Niederlande und die Multimillionärin Tina Onassis zum exklusiven Dinner einfanden.

In der wechselvollen Geschichte ist es noch keine 300 Jahre her, als genau hier an dieser Stelle ein ganz anderer von sich reden machte. der berühmt-berüchtigte Seeräuber Edward Teach, »Blackbeard« genannt. Dem zeitgenössischen Chronisten Daniel Defoe zufolge war er der gefürchtetste Pirat der amerikanischen Ostküste. Er soll ausgesehen haben wie der Leibhaftige. Von großer Statur, mit stechenden Augen und einem furchterregenden schwarzen Bart mag der teuflische Teach bei wei-

»Dinner Spektakulum« – ein Genuß für Auge und Gaumen! Bevor die Ballettmädels zu bekannten Broadway-Melodien ihre Abendshow darboten, hieß es für die Gäste erst einmal Cocktail-Time.

tem kein Schönheitsideal verkörpert haben, und doch werden dem Haudegen und Trunkenbold weitere anrüchige Leidenschaften nachgesagt: Zeitweilig hat er hier mit 14 Frauen zusammengelebt und diese armen Geschöpfe, die Jüngste zählte gerade 16 Lenze, nach einem verlorenen Wettstreit an seine Kumpane verkuppelt. 1718 kam sein vorgezeichnetes Ende. In einer fürchterlichen Schlacht auf den eher seichten Gewässern des Ocracoke Inlets mit dem Lieutenant Robert Maynard soll Blackbeard bei einem bestialischen Gemetzel blutüberströmt den Tod gefunden haben.

»Captain Bryan am Telefon...!« Mit Hilfe des fürsorglichen Hoteliers Konzen kam denn auch die Begegnung mit meinen Freunden zustande. Connys erste Frage galt denn auch gleich der Frage nach der Zeit, die mir zur Verfügung stünde. Bei einem lobenswerten Lunch tauschten wir Neuigkeiten aus wie das Zusammenwachsen unserer Nation, das sie nur aus der Ferne mitbekommen haben. Am hauseigenen Pool erzählte ich ihnen noch einiges über meinen jetzigen Törn mit dem Fünfmaster, und ehe wir uns versahen, war die Zeit zum Aufbruch gekommen. Schade, wie schnell die Zeit doch vergeht! Beim Abschied mußte ich Conny und Bryan in die Hand versprechen, beim nächsten Mal mehr Zeit mitzubringen – um dann wieder einige schöne Tage auf ihrem Schiff zu verbringen! Ein letztes Lebewohl, und sie entschwanden aus meinen Augen – ich war rechtzeitig wieder an Bord der »Club Med 1«.

Unser nächstes Ziel, die vorletzte Station auf diesem Traumtörn, hieß St. Kitts. Doch zuvor war noch ein abendlicher Höhepunkt angesagt. Das »Dinner-Spektakulum« war für 20 Uhr angesetzt – soweit herrschte noch Übereinstimmung mit den vorherigen Abenden, aber nicht mehr mit dem, was in den nächsten Stunden folgte!

Unser liebenswerter Maître de la Table servierte köstliche Speisen: Hummersuppe, geräucherten schottischen Lachs in geschlagener Cognacsauce – ein Traum! Es folgte Scorpionfisch in einer feinen Croustine mit frisch zubereiteter Himbeerbutter, und wer noch konnte, bekam gegrillte Entenbrust in einer grünen Madagaskar-Pfeffersauce. Dazu reichte man uns Salat »Rochelle« – aus Sellerie, Ananas, Äpfeln und anderen Ingredienzien. Diesmal wurde nicht im Restaurant Le Lousiane, sondern in der Lounge Calypso serviert, wo die Show »That's Dancing« mit übergroßer Videoleinwand stattfand. Links und rechts der Bühne zeigte man ausgesuchte Filme wie »Fame«, »Flash Dance«, »Dirty Dancing«, und zu Cole Porters unvergessener »West Side Story« tanzte unser GO-Bordballett im Playback. Gemeinsam im großen Finale »A-ga-douche-douche-douche, en coffie, oh chocolat...«, wird über den nächsten Spaß in den eigenen Reihen gelacht, denn wir haben am heutigen Tag nicht weniger als vier Geburtstagskinder.

Unermüdliche finden in den frühen Morgenstunden in der Bar Topkapi noch ausreichend Zeit und beim Tete-à-Tete zueinander.

»Lothar, komm schnell her«, sagte Tanja hastig zu mir, »Du bist im Fernsehen«. Wie war das möglich? »Willst mich wohl auf dem Arm nehmen?« Mir war gar nicht aufgefallen, daß es an Bord ein mobiles TV-Studio gab, das quasi mit versteckter Kamera gearbeitet und das lustige Treiben an Bord und anderswo beobachtet hatten. Nette Kurven am Pool, quirlige Akteure auf dem Tanzparkett und am Strand, wie eben auch meinen mißglückten Surfversuch – was denn später im Kanal IV der bordeigenen »Tagesschau« gesendet wurde.

»So ist das Leben in der Marsch...!« Gegen 9 Uhr, ich war gerade in der Kabine, um meine sieben Sachen für den Landgang zu klarieren, da fühlte ich mich an die heimische Westküste unseres schmalen Landstriches Schleswig-Holstein, das Land zwischen den Meeren, versetzt. Fasziniert blickte ich aus dem Bullauge, so sehr nahm mich die magische Farbenpracht gefangen. Die satten, grünen Wiesen mit den weidenden Kühen und Schafen, hier und da in der sanft ansteigenden Landschaft ein einzelnes Gehöft, das Wasser, der Himmel und in weiter Ferne der 1100 m hohe, in Wolken gehüllte Mount Misery. Hier muß der liebe Herrgott höchstpersönlich Hand angelegt haben, so berauschend schön zeigte sich der Küstenstrich von St. Kitts. Hier zeigte sich der wahre Vorteil des geringen Tiefgangs unseres Schiffes gegenüber anderen Kreuzfahrern besonders deutlich. Wir segelten so dicht unter Land, daß ich recht genau die kaum befahrene Uferstraße erkannte, die nach Basseterre, dem Hauptort der Insel, führt.

St. Kitts und die kleine Nachbarinsel Nevis vereinen schlechthin das Klischeebild vom vielzitierten »Inselzauber« der Karibik. Dazu gehören die bildschönen palmengesäumten Strände, einsame Badebuchten ebenso das verschwenderische Blau des Wassers in allen erdenklichen Farbabstufungen. Die angenehmen Temperaturen, die unerhört üppige Flora und Fauna und die Einheimischen, die seit jeher die Freundlichkeit in Person sind. Möge sich das intakte Bild noch recht lange so erhalten! Keine Schickeria, kein Glamour und keine hoch- und kristallgestylten Prachtbauten irgendeines Hotelgiganten. Dafür aber noch eine unverdorbene harmonische Inselwelt – doch wie lange noch?

Der Anker fällt südlich der Frigate-Bay, und kurze Zeit später lassen sich die ersten Gäste schon an Land bringen. Die haben es aber »verdammt« eilig, an den Strand zu kommen, denke ich mir. Im nächsten Augenblick zerstreute Petra, die umsichtige Fremdenführerin meine Gedanken. »Nein, nicht was Sie denken, die Gästen wollen einen Ausflug in den tropischen Regenwald machen, ... wir haben gerade noch zwei Plätze frei, wollt ihr mitkommen, die Fahrt führt auch zur Brimstone Hill-Festung?« Wir bedankten uns herzlich, wollten aber lieber an den fast menschenleeren Strand.

Der nächste Tender brachte uns an den herrlichen Badestrand, der an einigen Stellen schwarzen Sand aufwies. Keine Angst, es waren keine Umweltschäden, sondern von vulkanischer Herkunft. Höchstens ein paar Handvoll, mehr Personen waren bestimmt nicht hier. Herrlich..., der kurze zwischenzeitliche Regenguß störte uns kaum, einfach himmlisch! Im Gegenteil, wir empfanden ihn eher als erfrischend! Schon von weitem können wir die melodischen Klänge der Steelband wahrnehmen, die uns mit ihren heißen Rhythmen am Strand empfängt. Perfekt organisiert, denke ich mir. Mitnichten, es sind junge wie ältere Männer, die sich selbst noch an ihrer Musik erfreuen und just per Zufall heute mal an dieser Stelle proben und begeisterte Zuhörer finden. Während sich die Ausflügler den Duft der großen weiten Welt um die Nase wehen zu lassen, haben wir unser Erlebnis sozusagen vor der Haustüre. »Karibische Träume werden wahr!« Im Hintergrund die einschmeichelnden Melodien weltbekannter Popgrößen im Steelband-Sound, vor uns eine Gruppe, die im glasklaren Wasser Gymnastik betreibt, und in der Ferne unsere »Club Med 1«, die im glitzernden Wasser einen verheißungsvollen Hintergrund abgibt. Es herrscht eine tolle, ausgelassene Stimmung am Strand. Es wird Limbo getanzt. Doch unsere eigenen Versuche enden kläglich im Sand. Macht nichts, und es tut unserer guten Laune bis zum frühen Nachmittag keinen Abbruch.

Abschied nehmen von Saint Christopher steht an, wie die Insel von ihrem Entdecker Kolumbus nach dem

Casino-Paradise: ein gutbesuchter Treffpunkt in den Abendstunden.

Namen seines Schutzpatrons, St. Christoph, benannt wurde, ich werde bestimmt einmal wiederkommen!

Ein letztes Mal bringt der Beacher uns längsseits der »Club Med 1«. Mit ein klein wenig Wehmut entere ich die Gangway hoch. Morgen werden wir in aller Frühe das Schiff verlassen ... müssen. Der Urlaub ist zwar noch nicht vorbei, und doch schreitet die Zeit schneller voran, als ich es mir wünsche. Noch ein letztes gemeinsames Mittagessen mit liebgewonnenen Freunden, Adressen werden ausgetauscht, und schon naht die »Blaue Stunde«. Nochmals eine schöne Tasse Tee in der Bar Topkapi, dem gemütlichen Treffpunkt mit dem originellen Karomuster, genießen, und dann heißt es, die ersten Sachen schon mal packen. Doch halt, wo ist Tanja? Ich habe sie seit geraumer Zeit nicht mehr zu Gesicht bekommen. Sie wird doch nicht etwa...?

Tanja hat eine neue Leidenschaft entdeckt, wie sie mir später erzählte. Keine männliche namens Yannik, Joe oder so. Meine rheinische Frohnatur, mit unverkennbarem norddeutschen Einschlag, hat an den Slotmachines auf dem Paradise-Deck Gefallen gefunden. Und auch ein klein wenig Glück gehabt. Ich denke, ich werde nach dem abschließenden Dinner auch einmal mein Glück versuchen und ins Casino schauen. Vielleicht ein Spielchen Black Jack wagen oder eine Kugel am Roulette schieben lassen.

»Hast Du mitbekommen«, sagt mein mich vor der Spielleidenschaft rettender Engel zu mir, »daß der Kabinensteward Poul uns eine Einladung zum Farewell-Dinner am Captainstable reingereicht hat?« »Du bist ein Schatz, mein Deern, was würde ich nur ohne deine Aufmerksamkeit machen.« Also wieder raus mit den Klamotten, die da schon fein säuberlich im Koffer lagen und rein in die Klamotten,... Der Kommandant läßt bitten!

»Wollen Sie das Erfolgsrezept für einen unbeschwerten traumhaften Urlaub wissen...?«, schnappe ich gerade auf, als ich zu einer Gesprächsrunde stoße, die sich um Kapitän Lambert formiert hat. Ich denke mir, da kommst du ja gerade im rechten Augenblick, und geselle mich zu dieser Expertenrunde. Reisefachleute, Journalisten und Freizeitexperten haben zueinander gefunden und ziehen recht locker, freimütig und vorbehaltlos ihre Bilanz dieser Reise.

In unserer Idealvorstellung waren wir uns weitgehend einig – die »Club Med 1« kommt der Zielsetzung eines Erfolgsrezepts schon recht nah, wobei der Persönlichkeitsentfaltung, dem Freiraum an Individualität größtmögliche Wertschätzung beigemessen wurde. Unaufdringlicher, freundlicher Service, charmantes Personal, das für guten Schwung und gute Laune sorgt, Entertainment zum Anfassen, genügend Freiraum an Bord, nicht zuletzt die exzellente Küche wie die reizvolle Umgebung des ausgesuchten Routings runden das Gesamtbild, das hier nur auf einen kurzen Nenner gebracht ist, ab. »Es wird langsam Zeit, daß sich das Kreuzfahrtvergnügen von den verstaubten Vorstellungen freischwimmt«, meine ich und fahre fort, »hier an Bord wird uns anschaulich praktiziert, was Sache ist. Es gibt keinen anderen Weg, um sich von den überlieferten Vorurteilen der klassischen Kreuzfahrt mit Erfolg abzukehren.« Kapitän Lambert ergänzt »Wir, die ganze Equipe der »Club Med 1« wollen das anbieten, was andere nicht können, und das fängt eben schon bei Kleinigkeiten an.« Unsere Unterhaltung ist nach dem wieder einmal hervorragenden Dinner noch lange nicht erschöpft. Der Abend auf dem Achterdeck neigt sich dem Ende zu. Unter mir die tiefblaue, fast schwarze See und über mir eine sternenklare Nacht. In solch einer zauberhaften Umgebung werden Märchen wahr. Eine leichte Brise trägt vereinzelt Möwenschreie an mein Ohr, tief atme ich nochmals die klare Seeluft ein und werfe einen liebenvollen Blick in die Takelage. Unsere »Club Med 1« zeigt sich mir zum Abschied von der schönsten Seite – unter gesetzten Segeln; ein Traumtörn zwischen Luv und Lee neigt sich dem Ende zu!

Und um Ihnen Appetit auf einen eigenen Windjammer-Törn zu machen, hier noch einmal die Speisekarte unseres letzten Dinners auf der »Club Med 1«

DINNER DU COMMANDANT

Suppe
Potage St. Germain (Erbsen, Kartoffeln, Speck), Creme du Potager (Zwiebeln, Karotten, Zuččhini)

Kalte Vorspeise
Geräucherter Fischteller »Les Antilles« (geräucherter Fisch, Kaviar, Auberginen)

Warme Vorspeise
Spezialitätenteller »Creole« (Accras, fritierter Merou, gefüllte Krabben), Froschschenkel in Butter geschwenkt und serviert mit einer Tomatensauce

Teigwaren des Tages
Papillons, Basilikumsauce

Hauptgericht
Gegrilltes Seeteufelfilet serviert auf Fenchel und einer Vanillesauce, gegrilltes Entrecote, Mandelbutter

Salat des Küchenchefs
Salat »Bagatelle« (Karotten, Spargel, Cremesauce)
Käsewagen
Brotauswahl

Dessert
Geeistes Nougat, Opera Bavarois, Sorbet des Tages

Namen **»THOR HEYERDAHL«,**
ex »Minnow«

Typ: Dreimast-Toppsegelschoner
Flagge/Heimathafen: Deutschland, Kiel
Baujahr: 1930, Umbau 1983
Segelfläche: ca. 700 m^2 auf 14 Segeln
Länge (über Alles): 49,83 m
Breite (auf Spanten): 6,52 m
Tiefgang: 2,25 m
BRT: 211,21
Maschinenleistung: 400 PS
Besatzung: 8 + 36 Trainess

Namen **»SIR FRANCIS DRAKE«,**
ex »Godewind«,
ex »Comoran«,
ex »Landkirchen«

Typ: Dreimast-Sprietbaum-Schoner
Flagge/Heimathafen: Honduras, San Lorenzo
Baujahr: 1917,
Umbau: 1981 und 1988
Segelfläche: ca. 630 m^2 auf 12 Segeln
Länge (über Alles): 49,5 m
Breite (auf Spanten): 6,9 m
Tiefgang: 2,8 m
BRT: 196
Maschinenleistung: 375 PS
Besatzung: 13 + 30 Passagiere

Namen **»SEA CLOUD«,**
ex »Antarna«,
ex »Patria«,
ex »Angelita«,
ex »Sea Cloud«,
ex »Hussar«

Typ: Viermastbark
Flagge/Heimathafen: Malta, Valetta
Baujahr: 1931, Umbau 1978/79
Segelfläche: 3000 m^2 auf 30 Segeln
Masthöhe: 58,5 m
Länge (über Alles): 109,5 m
Breite (auf Spanten): 14,94 m
Tiefgang: 5,13 m
BRT: 2323
Maschinenleistung: 6000 PS
Besatzung: 60 + 74 Passagiere

Namen **»CLUB MED 1«**

Typ: Fünfmast-Stagsegler
Flagge/Heimathafen: Bahamas, Nassau
Baujahr: 1990
Segelfläche: 2500 m^2 auf 7 Segeln
Masthöhe: 60 m
Länge (über Alles): 187 m
Breite (auf Spanten): 20 m
Tiefgang: 5 m
BRT: 14745
Maschinenleistung: 5000 PS
Besatzung: 184 + 400 Passagiere

Wer ist der Größte?

Derzeit wird von 2 Großseglern behauptet, daß sie der größte Windjammer der Welt seien:

zum einen von der »SEDOV«; einem traditionell geriggten Rahsegler (ex »Kommodore Johnsen«), der als Schulschiff der russischen Handelsmarine eingesetzt wird und als ex »Magdelene Vinnen« (Baujahr 1921) in Kiel auf der Friedrich Krupp Germania-Werft vom Stapel gelaufen war (Segelfläche: 4192 m^2 auf 34 Segeln; Masthöhe: 54,5 m; LüA: 117,5 m; Breite: 14,6 m; Tiefgang: 8,1 m; BRT: 3476; Besatzung: 220).

Andererseits ist es nicht falsch, vom High-Tech-Segler »CLUB MED 1« zu behaupten, daß er der größte Windjammer der Welt sei. Dies trifft jedoch nur in seiner Eigenschaft als Kreuzfahrtsegler der gehobenen Klasse zu, der vom französischen Touristik-Unternehmen Club Méditerranées S. A. Paris bereedert wird. Seine 5 Masten sind staggetakelt – auch Schratsegler genannt. Einsatzgebiete sind das Mittelmeer (Sommer) und die Karibik (Winter). Ein Schwesterschiff soll noch 1992 in Dienst gestellt werden.

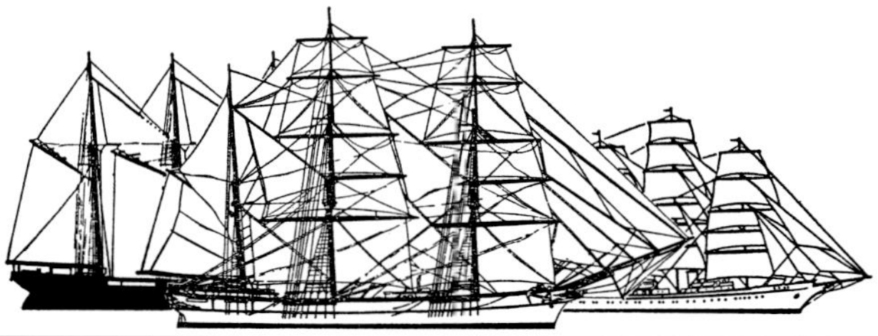

»Activ«
GMP, Elbchaussee 139, 2000 Hamburg 50

»Amphitrite«, »Albatros«, Seute Deern II«, »Johan Smidt«
Clipper e. V., Postfach 73 09 80, 2000 Hamburg 73, DJS-Geschäftsstelle, Am alten Wall 21, 2212 Brunsbüttel, Telefon (0 48 52) 70 50

»Anna Catharina«
Geschäftsstelle Reinerzaun 44 b, 7297 Alpirsbach, Telefon (0 74 44) 41 83

»Anna-Luisa»
Interessengemeinschaft Klasische Yachten e.V. Yorkstraße 5, 2300 Kiel 1, Telefon (04 31) 8 37 23

»Anny von Hamburg«
YCW Elisabethstraße 43, 4000 Düsseldorf 1, Telefon (02 11) 38 38 31

»Aron«
Joern Lund, Langager Vej 50, DK-5220 Odense

»Astarte«
Schiffergilde Bremerhaven e. V., Van-Ronzelen-Straße 2, 2850 Bremerhaven, Telefon (04 71) 4 45 02

»Athena«
Peter Harren, Deliusweg 3, 2800 Bremen 33

»Atlantic«
Harald Hans, Hammerbecker Straße 140, 2820 Bremen 70

»Atlantis«
Schifferhof-Reisen, Fliegender Holländer 5 – 7, 2300 Kiel 17, Telefon (04 31) 37 38 50; Segeltouristik, Rödingsmarkt 29, 2000 Hamburg 11

»Belem«, »Søren Larsen«, White Eagle«
Sailing Cjarter International SCI, Am Flugplatz 7 – 9, 4600 Dortmund 13, Telefon (02 31) 217172, Telefax (02 31) 2172 71

»Birgitte«
R. Warkocz und H.-W. Berns, Ruhrstraße 10, 4006 Erkrath 2

Blaue Reisen
Atlantik-Reisen, Martinistraße 58, 2800 Bremen 1, Telefon (04 21) 17 60 2 89

»Blue Clipper«, »Marithé«
Reederei J. A. Reinecke, Hohe Bleichen 11, 2000 Hamburg 36

»Brabander«,» Swaensborgh«
Wave-Incentive, Oscar-Hulscher-GmbH, Hafenstraße 13, 2304 Laboe, Telefon (0 43 43) 70 00

»Brita Leth«
Otto Bjørn Leth, Volden 14, DK-8000 Arhus C

»Carola«
c/o ORION-Schiffahrtsges. R. Donder, Postfach 50 11 09, 2000 Hamburg

»Catarina«
Wolfgang Friedrichsen, Övelgönne 107, 2000 Hamburg 52

»Chrisdo«
Strölzel, Wiemsweg 37, 4300 Essen

»Christel«
E. W. Matthias, Lenzberg 94 a, 8503 Altdorf

»Club Med 1«
Club Méditerranée, Königsallee 98 a, 4000 Düsseldorf 1, Telefon (02 11) 3 80 50

»Colomba«
Joachim Brandenburger, Taubensuhlstraße 8, 6740 Landau

»Colombaio«
Segelkreuzfahrten AG., Freiestraße 47, CH-8610 Uster, Telefon (0041) 9 41 27 41
Hanseatic Tours, Große Bleichen 21, 2000 Hamburg 36, Telefon (040) 3 56 00 00

»Diana«
H. Bültjer, Am Hafen, 2951 Ditzum

Die Junge Hanse e. V.
Geschäftsstelle S. Schadagies, Hufeisenweg 25, 2332 Rieseby, Telefon (04355) 350

»Dione«
Kurt Bambauer, Schöne Aussicht 20 a, 2000 Hamburg 76

»Dora av Raa«
Heinrich Kramer, Alte Kupfermühle 100, 2390 Flensburg

»Ethel von Brixholm«
Segelkooperative, Wischhofstraße 1, 2300 Kiel 14

»Fairwinds«
Charter-Hanse, Waldhang 2, 2107 Rosengarten, Telefon (040) 7967651

»Freia«
Heuerbaas H. Landefeld, Am Höing 33, 5800 Hagen, Telefon (02331) 81534

»Fridthjof«
Horst Greiser, Mühlenstraße 60, 2400 Lübeck 1

»Fridtjof Nansen«
»Lebenlernen auf Segelschiffen e.V.«–Reiseorganisation
Am Strom 1, 2220 Wolgast,
Telefon/Telefax (03836) 6065204

»Frieda von Hadersleben«
R. Ullrich, Alsterberg 18, 2000 Hamburg 83

»Fritiden«
Edgar Kriegel, Georg-Winkler-Straße 5, 8000 München

»Fulvia«
Imke u. Jörn Eckermann, Grasredder 47, 2050 Hamburg 80

»Gesine von Papenburg«
Frerichs, Heimatverein, 2990 Papenburg

»Gisela 2«
Peter Lülsdorf, Siegstraße 11, 5216 Niederkassel-Mondorf

»Graf Luckner«
Manfred Siebolde, Weidenstraße 7, 2959 Jemgum-Oldenburg

»Greif«
See- und Tauchsportzentrum, Yachtweg 3, O-2200 Greifswald-Wierck, Telefon (03834) 2513,
Telefax (03834) 2514

»Grönland«
Dt. Schiffahrtsmuseum, van-Ronzelen-Straße 2, 2850 Bremerhaven

»Großherzogin Elisabeth«
Schulschiffver. Grossh. Elisabeth, Rathausplatz 7, 2887 Elsfleth

GSM - Gesellschaft zum Schutz der Meeressäugetiere e. V.
Möhlmannweg 2, 2000 Hamburg 55, Telefon (040) 868774

»Havet«, »Else Constance«, »Activ« und »Circe«
Segelzentrale Lübeck, Pfaffenstraße 22, 2400 Lübeck, Telefon (0451) 151554, Telefax (0451) 151228,

»He geiht«
Michael Pohndorf, Billstedter Hauptstraße 10, 2000 Hamburg 74

Heuerzentrale für Traditionssegler
Birgit Wulff, Bohlberg 37, 2390 Flensburg, Telefon (0461) 30387

»Ingorata«
Hanseatische Yachtschule Glücksburg,
Philosophenweg 1, 2392 Glücksburg,
Telefon (04631) 505

»Jachera«
Evangelisches Jugendwerk, Aalborgstraße 17, 2370 Rendsburg, Telefon (04331) 59000

»Johann Ehlers«
P. R. Johann Ehlers, Gr. Elbstraße 38, 2000 Hamburg 50

»Julia«
Kapitän C. Overmann, Trønse-Strandvej 21, DK-5700 Svendborg, Telefon (0045) 9-226308

»Kathrin«
Schröder, Georg, Lortzinger Straße 22, 4550 Bramsche

»Kieler Hansekogge«
Förderverein Historische Hansekogge Kiel e. V., Lorentzendamm 24, 2300 Kiel 1, Telefon (0431) 519-4294

»Kiwi«
Detlef Peiser, Tinsdaler Kirchenweg 241, 2000 Hamburg 56

»Klaus Störtebecker 3«
Segelkam. Störtebecker, Vogel, Hegelstraße 58, 2940 Wilhelmshaven

»Kruzenshtern«
Freunde der Kruzen... e.V., Rickmersstraße 1, 2850 Bremerhaven, Telefon (0471) 533 62/50 34 15

»Midsommer«
Traditional Sail, Holkegade 2, DK-5600 Faaborg

»Mir«, »Khersones«, »Tovarischh«, »Kruzenshtern«, »Druzhba«, »Yuniy Baltiets«, »Greif«
Inmaris Perestroika-Sailing, Cpt. Uwe Koch, Deichstraße 11, 2000 Hamburg 11, Telefon (040) 37 27 97

»Möwe«
Skippergem. Bad Schwartau, Birkenweg 10, 2407 Bad Schwartau

Museumshafen Kappeln e. V.
Axel Strothmann, Alte Mühle, 2341 Wittkiel

Museumshafen Oevelgönne
Michael Thönnessen, Friesenweg 4, 2000 Hamburg 50

»Mutsch«
Joh. Wiest, Seesternweg 16, 2300 Kiel 17

»Najaden«, »Halmø«
Impuls incentive, Plöner Straße 1, 2319 Selent,
Telefon (04384) 926, Telefax (04384) 927

»Norden«
Peter Fleck, Stockelsdorfer Weg 54, 2407 Bad Schwartau

»Olifant«
Heinr. Woermann, Gutenbergstraße. 8, 2000 Wedel/ Holstein

»Olihamo«
Skippergem. Bad Schwartau, Birkenweg 10, 2407 Bad Schwartau

»Outlaw«
Alte Münsterstraße 26, 4402 Greven, Telefon (02571) 6043

»Peter von Seestermühe«
Christoph von Reibnitz, Am neuen Felddeich 48,
2201 Seestermühe, Telefon (04125) 738

»Passat«
Sportamt der Hansestadt Lübeck, Am Klingenberg,
2400 Lübeck, Telefon (0451) 122-5202
»Rettet die Passat e.V.«, Beckergrube 1 – 9,
2400 Lübeck, Telefon (0451) 71194

»Petrine«
Hartwig Schroeder, Geel, 2381 Brodersby

»Pipiolotta«
Kapitän Hartwig Schröder, 2381 Brodersby

»Pomuchel«
Dr. Günter Wisitzki, Storchenwiese 1, 3006 Burgwedel

»Prince Hamlet«, »Komoran«, »Ninive«,
F. Meyer zur Heyde, Reiherweg 5, 2304 Laboe, Telefon (04343) 8822, Telefax (04343) 1337

»Ra-Ra«
Friedrich Wiechers, Mittelweg 388, 2192 Helgoland

»Rakel«
F. Pfau, Dangaster Straße 8, 2800 Bremen 1

»Raptus«
Werner Wikek, Nirrnheimweg 29, 2000 Hamburg 61

»Regina Germania«
Erich Herrmann, Industriestraße 20, 6236 Eschborn 1

»Rhe«
Dr. Walter Deliue, Osterroderweg 11, 2083 Halstenbeck

»Roland von Bremen«
Peter Krallmann, Speckhorner Straße 191, 4350 Recklinghausen, Telefon (02361) 24642

»Saelors«
Uwe Landschoff, Burmeesterweg 7, 2305 Heikendorf/ b. Kiel

»Sampo«
Segelgemeinschaft H.P. Doose, Klingenbergstraße 69, 2300 Klausdorf üb. Kiel, Telefon (0431) 791640

»Satansbraut«
G. Wasner, Bismarckstraße 55, 2972 Borkum

»Sea Cloud«
Windjammer Segeltouristik, Vorsetzen 50, 2000 Hamburg 1, Telefon (040) 3690272; Hanseatic-Tours, Große Bleichen 21c, 2000 Hamburg 36, Telefon (040) 3560000

»Sedov«
Tall-Ship-Friends e. V., Meiendorfer Straße 74a,
2000 Hamburg 73, Telefon (040) 2194619,
Telefax (040) 2194620

»Seeadler von Büsum«
E. u. G. Abrat, Marommer Straße 12, 2000 Norderstedt

»Sigandor«
B.E.S.T. e.V. Kiel, Schulterblatt 55, 2000 Hamburg 6, Telefon (040) 4391816

»Sir Francis Drake«
für Europa: Eckart R. Straub, Schloß Hornberg, 7184 Kirchberg, Telefon (07954) 1001, Telefax (07954) 1003
für Amerika: Tall Ship Adventures, Inc., 1010 S. Joilet Street, Suite 200, Aurora, Colorado 80012, USA, Telefon (303) 341-03 35, Telefax (303) 341-0412

»Sir Winston Churchill«, »Malcolm Miller«
STA-Schooner, 2A The Hard, Portmouth, Hants PO1 3PT

»Solvang«
Yachtkontor Muffler, Nachtigallsteg 3, 2407 Bad Schwartau

»Solvang II«
Harald Pense, Parkweg 8, O-2338 Breege/Rügen

»Sørlandet«
Stiftelsen Fullriggeren »Sørlandet«, N-4610 Kristiansand, Gravene 2

STAG-Regionalbeauftragter Südwest
Erwin Ehlers, Hessenstraße 15, 6238 Hofheim-Wallau, Telefon (06122) 12077

STAG-Sail Training Association Germany, »Alexander v. Humboldt«
DSST-Geschäftsstelle, Am Holzwerk 1, 2850 Bremerhaven, Telefon (0471) 74455

»Star Flyer«, »Star Clipper«
Kuoni-Reisen, Hildesheimer Straße 53, 3000 Hannover 1, Telefon (0511) 8071144

»Statsraad Lehmkuhl«
Stiftelsen Sailskip »Statsraad Lehmkuhl«, Bryggen, N-5003 Bergen

»Swanti«
Willi Zeppernick, Mahlhaus 11f, 2000 Hamburg 72

»Swantje«
Wassersportschule Kruse, Am Hankhauser Busch 7, 2902 Rastede

»Te Vega«
TV-Geschäftsstelle, Raghorstlaan 17, NL-2245 BG Wassenar

»Thor Heyerdahl«
Geschäftsstelle, Kaistraße 33, Eckmannspeicher, 2300 Kiel 1, Telefon (0431) 677757

»Tijuana«
Förderverein Tijuana e.V., Schwadenburg, 2331 Unterhütten, Telefon (04353) 1019

»Timussy
Sail away – Yachtsport Kiel, Kanalstraße 41, 2300 Kiel 17, Telefon (0431) 36609

»Vadder Gerrit«
Vadder Gerrit e. V., Südstraße 10, 5416 Bissendorf 1

»Valdivia«
Eigner Uwe Kutzner, Löwenstraße 3a, 2000 Hamburg 20

»Vidar«
Hermann Ehlers, Regenpfeifferweg, 2242 Büsum

»Walross III«
Akad. Seglerverein Berlin, Scharfe Lanke 57-61, 1000 Berlin 2

»Windspirit«, »Le Ponant«
Seetours, Seilerstraße 23, 6000 Frankfurt/Main 1, Telefon (069) 13330

»Zuversicht«
CJD-Jugenddorf Eckernförde, Schnellmark 33, 2330 Altenhof, Telefon (04351) 4024

Achtern hinten; auch Achterdeck, achterlich, achteraus, Achterschiff, Achtergäste.

AK auf einem Schiff äußerste (Maschinen-)Kraft.

Anker hakenförmige Vorrichtung zum Halten eines Schiffes am Grund.

Ankerspill auch Gangspill; Winsch zum Aufholen des Ankers; früher auch Winde mit vertikaler Achse, die mittels Handspaken um die eigene Achse gedreht wird.

Ausguck Crewmitglied, das ständig die See nach Hindernissen beobachtet, auch Platz zum Beobachten, siehe Krähennest.

Back Decksaufbauten auf dem Vorschiff; auch Tisch in der Messe und Logis.

Backbord linke Seite des Schiffes in Fahrtrichtung gesehen (rote Positionslampe).

Backschaft seemännisch: Tischgemeinschaft; auch Essenvorbereitungsarbeiten; Tischdienst; Auf- und Abdecken; Abwaschen etc.

Backstag starkes Drahtseil, das den Mast von hinten hält; auch Backstagbrise – achterlicher Wind.

Ballast wertlose Ladung, meist Sand, Steine, seltener Wasser, um dem Schiff eine gewisse Stabilität zu geben.

Beaufort Windstärkeneinteilung auch franz. Admiral.

»Besanschot an« Bezeichnung für einen »Freischnaps« nach erfolgreicher Arbeit auf einem Großsegler.

Bilge unterster Raum im Schiff, wo sich Leckwasser sammeln kann, seemännisch auch Bilsch.

Blauer Peter Flagge, Wimpel, der das Auslaufen eines Schiffes binnen 24 Stunden angibt. Im internationalen Flaggen-ABC ist es der Buchstabe »P«, blaues Feld mit weißem Rechteck in der Mitte.

Block seemännisch: wie Flaschenzug; auch Talje, zum Führen des Tauwerks.

brassen Rah an den Wind holen.

Brassen Taljen und Tauwerk zum Schwenken der Rahen in der horizontalen Ebene.

Buddelschiff Schiffsmodell in einer leeren Flasche eingearbeitet. Überlieferte Seemannskunst.

Bug Vorderteil eines Schiffes.

Bugspriet Rundholz, Mast in waagerechter Verlängerung des Vorschiffes, das weit über den Vordersteven hinausreicht.

Bullauge bull's eye rundes Schiffsfenster mit Panzerglas.

Crew engl. für Besatzung, Mannschaft.

Dalben auch Duckdalben, Pfähle, die in einer Gruppe angeordnet sind und an denen die Schiffe festmachen.

Dingi kleines Beiboot, siehe Tender.

dippen Flaggengruß bei Schiffen, durch Nieder- und Aufholen der Nationalflagge.

Dollbord Obere Kante eines Ruderbootes, wo Dollen, Einrichtungen zum Halten der Riemen eingearbeitet sind.

dümpeln unregelmäßiges Geschaukel eines Schiffes bei Windstille oder vor Anker.

Dünung lange Wellenbewegung nach einem Sturm.

dwars querab, auch Dwarssee, Wellengang quer zum Schiff.

entern seemännisch: Auf- und Niederklettern in der Takelage.

Eselshaupt Vorrichtung zum Fixieren und Befestigen der Stenge mit dem unteren Mast (brillenförmig).

Etmal Fahrtstrecke eines Seglers von 12 Uhr Mittag bis 12 Uhr Mittag (Angaben in Seemeilen).

Faden seemännisches Längenmaß; 6 Fuß 1 Faden 1,83 m, 120 Faden 1 Kabellänge.

Fall Taue zum Segelsetzen oder Vorheißen der Rahen

Fallrepp siehe Gangway

Fancywork phantasie- und kunstvolle Flecht- und Knüpfarbeiten aus geflochtenem Tauwerk; Pattings, Seemannsknotentafel, Zierknoten etc.

fieren Tau, Leine »Losegeben«; auch Gegenstand herablassen.

Flögel Windfahne am Flaggenknopf.

Foksel Mannschaftswohn- und Schlafraum, selten Koje.

Fuß seemännisches Längenmaß, engl. 304 mm.

Galionsfigur Schiffsfigur unter dem Bugspriet, am Vordersteven.

Gangspill siehe Ankerspill

Gangway außenbordsangebrachte, bewegliche Schiffstreppe zum Betreten und Verlassen eines Schiffes.

Gast Seemann mit bestimmtem Aufgabenbereich; so Signalgast, Rudergast, auch Badegast für Fahrgast Passagier.

Gatt auch Speigatt, kleine längliche Öffnung an der Bordwand in Höhe des Decks.

Geitau Taue zum Hochholen der unteren Ecken (Lieken) eines Rahsegels zur Rah; auch aufgeien.

Glasen seemännische Zeit- (Wach-) Einteilung, so Vierstundenwache, wird durch halbstündiges Anschlagen der Schiffsglocke angezeigt.

Gording Taue, mit denen Segel von Deck aus »zusammengeholt« werden.

Gösch Flagge am senkrechten Flaggenstock auf dem Bugspriet, die während der Hafenliegetage gesetzt wird.

Gräting Gitter- bzw. Lattenrost, das von Wasser unterspült werden kann.

Halbmast Nationalflagge halbmast setzen, Trauerbeflaggung.

Halse auch halsen; Segler mit dem Wind auf Gegenkurs bringen.

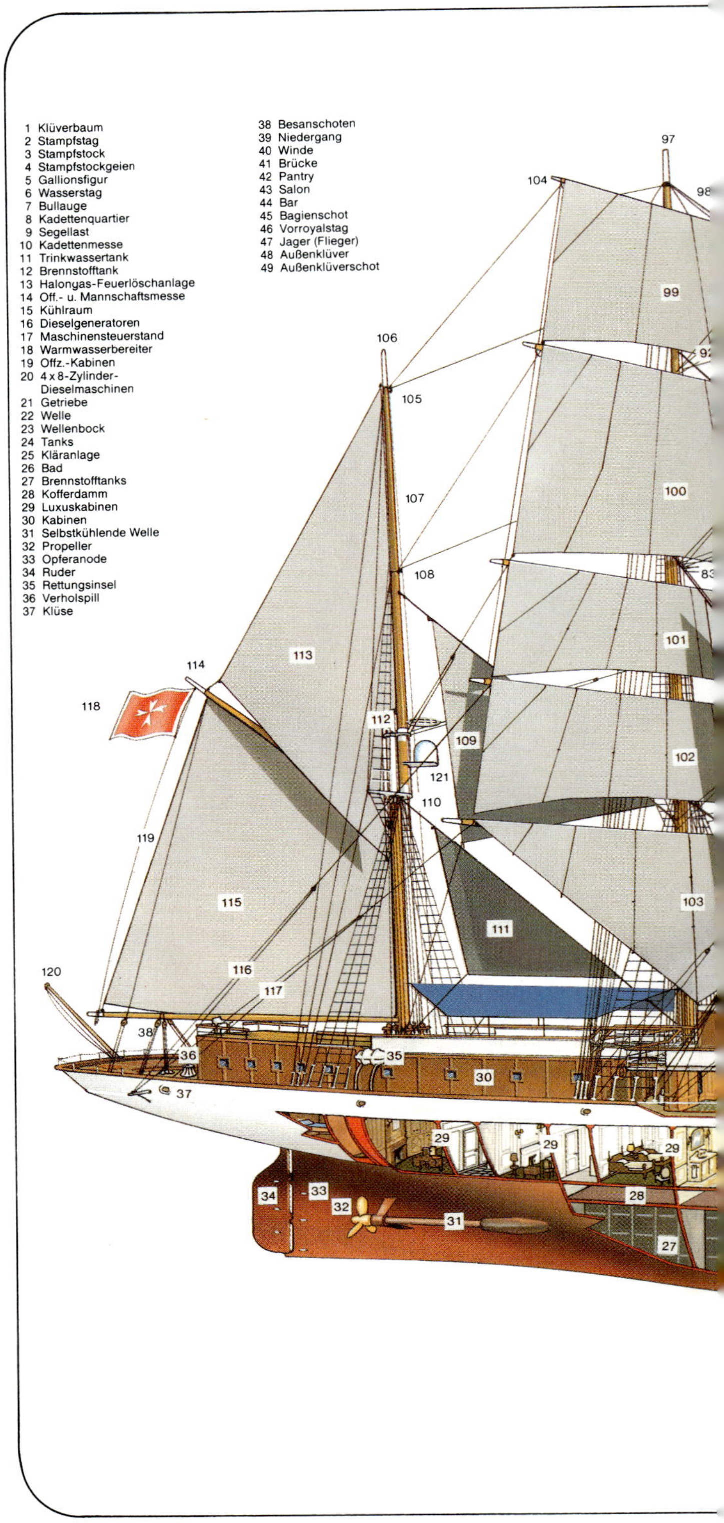

Handspake lose Holzspeiche zum Einsetzen und Drehen einer Winde (Spill).

Havarie Schiffsunfall; Beschädigung der Ladung oder des Schiffes.

Heck hintere, achtere Teil eines Schiffes.

heißen seemännisch für das Hochziehen einer Flagge, eines Segels.

Heuer Arbeitsvertrag, auch Lohn eines Seemannes.

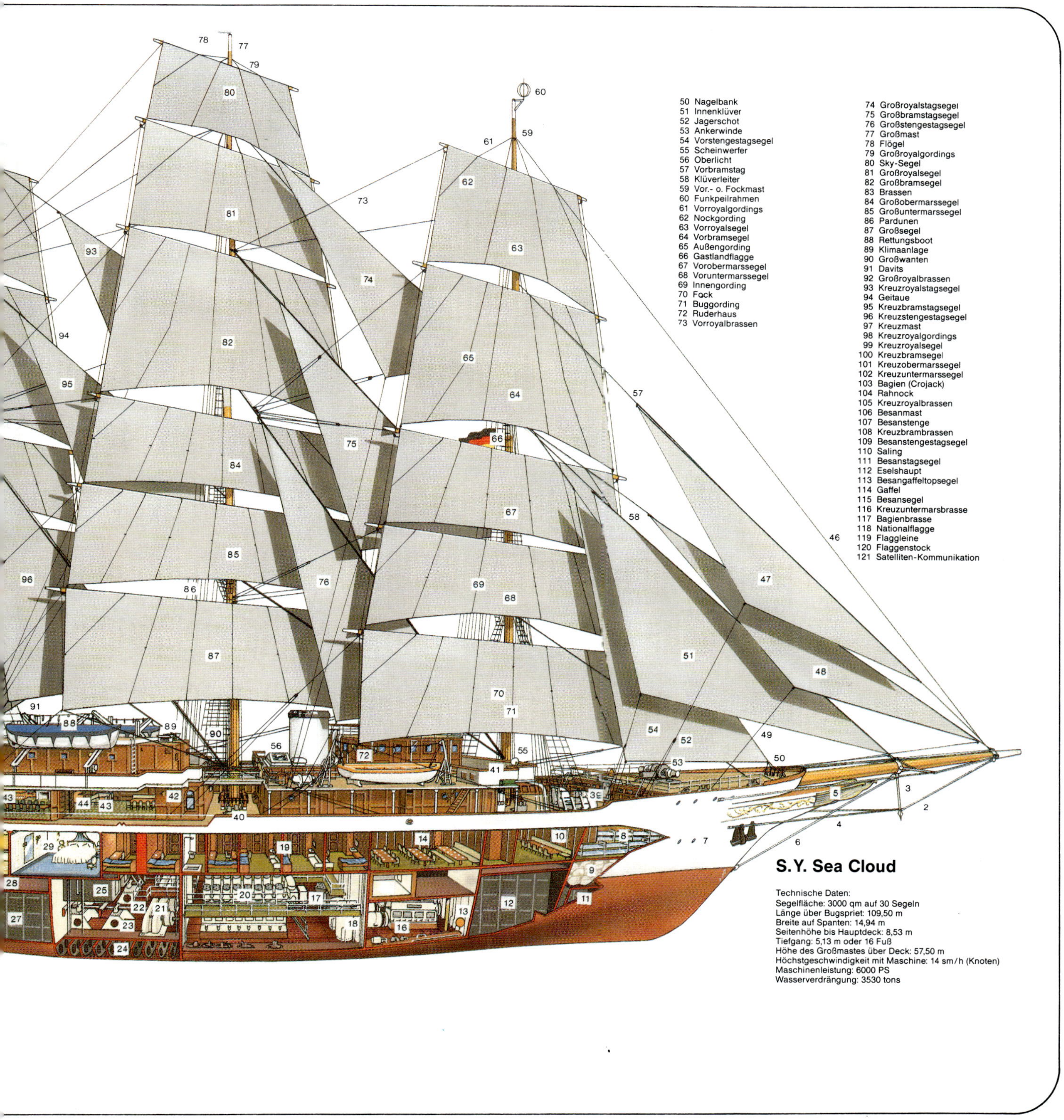

hieven seemännisch: Heraufziehen einer Last, »hiev up«!

Hundewache seemännischer Wachdienst – von Mitternacht 00.00 Uhr bis 04 Uhr morgens.

Hütte siehe Poopdeck.

Jacobsleiter auch Lotsenleiter, lose Strickleiter mit hölzernen Sprossen.

Janmaat auch nur Jan oder Jatje; für Matrose, Seemann.

Jungfer runde Holzscheibe mit drei Löchern und einer umlaufenden Rille. Zwei mit Tauwerk durchzogene Jungfern ergeben ein Taljenreep.

Kabelgat Unter dem Vorschiff befindliche Werkstatt und Vorratsraum für Farben, Segel, Tauwerk etc.

Kabellänge seemännisches Längenmaß, ca. 185 m, Länge einer Ankerkette, Minimaldistanz zweier Segler auf Ankergrund, damit sie nicht kollidieren.

Kai, Kaje Uferbefestigung, Uferstraße am Hafen.

Kajüte Wohn- und Schlafraum unter Deck eines Schiffes.

kalfatern hölzernes Deck mit Taufasern und (Pech, früher) Kautschuk abdichten.

Kalmengürtel auch Kalmenzone; in Äquatorgegend und in den nördlichen wie südlichen Subtropen. Gebiet weitgehender Windstille.

kappelig auch Kappelwasser, gekräuselte, unruhige Oberfläche eines Gewässers.

Kieker Fernglas, Nachtglas zum Beobachten der See.

killen Flattern, Schlagen eines Segels.

Kimm auch Horizont, gedachte Linie zwischen Wasser und Himmel.

Klüse auch Ankerklüse; Öffnung an Außenbordswandung, zum Durchführen von Leinen, Kette.

Knoten Schiffsgeschwindigkeit in Seemeilen pro Stunde; 1 Kn = 1 Sm = 1852 m.

Koje kastenförmige, fest eingebaute Schlafstelle an Bord eines Schiffes.

Kollision Schiffszusammenstoß; siehe auch Havarie.

Kombüse seemännisch: Küche auf einem Schiff mit einem in der Mitte stehenden Herd.

Kompaß auch Magnet-, Kreisel-, Tochterkompaß, Gerät zur Bestimmung der Himmelsrichtung.

Krähennest auch Ausguck; geschützter tonnenförmiger Platz auf einem Mast zum Beobachten der See; (Mastkorb).

Krängen auch Krängung; seitliches Neigen eines Schiffes auf Winddruck und durch Seegang.

kreuzen »Zickzackkurs« gegen den Wind segeln. Segler liegt 45 Grad zum Wind und wird durch häufiges Wende-/Segelmanöver auf Kurs gehalten.

Kurs seemännisch: Weg, Fahrtrichtung.

Landfall erster Landgang nach längerem Seetörn.

Lasching auch festlaschen; Segel »einpacken« und mittels Laschings gegen Verrutschen sichern, so auch Gegenstände bei starkem Seegang festlaschen.

Leck auch Leckage; undichte Stelle im Schiffsrumpf oder Gefäß.

Lee auch leewärts; die vom Wind abgekehrte Schiffsseite.

Leesegel zusätzliche Rahsegel, die meist im Passatwind an Leespieren, die über die Rahnock herausreichen, zum Einsatz kommen.

lenzen Flüssigkeitsbehälter, Tank, Bilge »auspumpen«.

Liek eingenähtes Tau zur Verstärkung der Segelkante.

Log Gerät zur Messung der Schiffsgeschwindigkeit.

Logbuch Schiffstagebuch, Journal, wo alle wichtigen Daten wie Kurs, Hafen, meteorologische Angaben eingetragen werden.

Logis seemännisch: Unterkunft der Mannschaft.

löschen Frachtschiff entladen.

Lot Gerät zum Messen der Wassertiefe.

Luk auch Lade- oder Schiffsluke, Öffnung des Frachtraumes im Schiffsdeck.

Luv auch luvwärts; die dem Wind zugekehrte Schiffsseite.

Macker seemännisch: Kamerad, Kumpan.

Makramee siehe Fancywork.

Mallen Gebiet, Zone am Äquator, wo der NO- und SO-Passat zusammentrifft, leichte Winde, die oft die Richtung wechseln.

Marlspieker länglich spitzer Dorn zum Spleißen – aus Holz für Tauwerk, aus Stahl für Stahltrossen.

Messe auch Mannschafts- oder Offiziersmesse; seemännisch: Speiseraum.

Moonsail engl. für höchstes dreieckiges Segel, das über dem Rahsegel gesetzt wird.

Moses auch Schiffsjunge; seemännisch: jüngstes Besatzungsmitglied auf einem Schiff.

Nagelbank dicke waagerechte Holzleiste am Schanzkleid eines Großseglers und am Mast mit senkrechten Löchern für einzusetzende Belegnägel, wo wiederum das laufende Gut befestigt wird.

Niedergang seemännisch: Treppen an Bord eines Schiffes.

Nock äußerstes Ende einer Rah, Spiere, Gaffel; auch Brückennock.

Pantry Anrichte, Kücheneinrichtung auf einem Schiff.

Pardunen schräg nach hinten und zur Seite stehende Tau- oder Eisendrähte, die die Masten stützen.

Passat ganzjähriger Wind in gleichmäßig östlicher Richtung (durch Erddrehung), der beiderseits des Äquators weht. Nordhalbkugel = Nordostpassat, Südhalbkugel = Südostpassat.

Pfortenband Beim Segler umlaufend breiter weißer Streifen auf der Höhe der gedachten Geschützpforten (siehe »Kruzenshtern«).

Pier Anlegebrücke, Hafendamm, auch Kaimauer.

Pinasse auch Gig; kleines Beiboot.

Poller Eisenpfahl an der Pier, zum Anlegen und Festmachen von Schiffen.

Poop auch Poopdeck; hinteres erhöhtes Deck eines Großseglers – dortige Aufbauten, Hütte.

pullen seemännisch: Rudern eines Bootes mittels Riemen.

Pütz auch Pütze, kleiner Wassereimer mit einem Tampen am Bügel.

Rasmus »Rasmus kommt an Bord« – Schwerwetterfahrt, Sturzseen, schwere Brecher schlagen grünes Wasser an Deck.

Reede Ankerplatz für Schiffe vor einem Hafen.

Reeder Kaufmann, Eigentümer von Handelsschiffen; auch Eigner von Seglern.

reffen bei zunehmendem Wind die Segelfläche durch Reffs verkleinern.

Reling Schiffsgeländer zur Sicherung.

Riemen auch Ruderriemen; runde Holzstange mit einem Blatt zum »Rudern« oder Wriggen.

Rigg gesamte Takelage eines Seglers – siehe dort.

rollen Schlingerbewegung um die Längsachse eines Schiffes.

Ruder seemännisch: Steuer eines Schiffes; so auch Ruderblatt, Rudergast, Rudergänger.

schamfilen ständiges Scheuern und Reiben an einem anderen Gegenstand; siehe auch Tausendfuß.

Schanzkleid niedrige mit dem Deck verbundene Schutzwand.

schlingern wie Rollen, Stampfen, Schaukeln eines Bootes.

Schot Tau, am unteren äußeren Ende eines Segels befestigt, zum Bedienen und Halten des Segels.

Schott feuerfeste und wasserdichte Schiffszwischenwände in Längs- und Querrichtung.

schralen Wind dreht – kommt zunehmend aus Fahrtrichtung.

schwoien auch schwojen; durch Wind und Strömung der See wird ein Schiff vor dem Anker hin- und hergetrieben.

Spiere seemännisch: Rundholz zum Ausschlagen eines Segels.

spleißen seemännisch: Tau oder Drahtseil durch Verflechten zusammenspleißen, auch Augspleiß.

Stag starkes Drahtseil zum Abstützen von Mast und Stenge eines Großseglers in die Längsrichtung.

stampfen unruhige Schiffsbewegung um die Querachse.

Stampfstock senkrechter »Stock« unterhalb des Bugspriets, dient zur Haltevorrichtung des Klüverbaums.

Stell Satz aller vorhandenen Segel an Bord.

Stenge Mastverlängerung

Steuerbord rechte Seite des Schiffes in Fahrtrichtung gesehen (grüne Positionslampe).

Steven auch Vorder- oder Achtersteven, Anfang und Abschluß eines Schiffsrumpfes.

Stropp ein Stück Tampen, auch Tauende.

Süll kniehohe Kante vor Ladeluken, Niedergängen, die das Einlaufen von Wasser verhindern soll.

Takelage auch Rigg; Sammelbegriff für alles, was auf einem Großsegler dem Segeln dient – laufendes, stehendes Gut, einschließlich der Masten, Rahen, Stengen, Bäume und Segel.

Talje seemännisch für Flaschenzug aus zwei ein- oder mehrscheibigen Blöcken, um sich die kräftezehrende Arbeit auf einem Segler zu erleichtern.

Tampen Endstück, kleines Stück geflochtenes Tauwerk.

Tausendfuß am Steg und Want umlaufendes Flechtwerk aus Tau, Prinzip Flaschenbürste, um ein Schamfilen der Segel zu verhindern.

Tender kleines bordeigenes Motorboot zum Übersetzen von Passagieren an Land, wenn das Schiff auf Reede liegt.

Tide auch Gezeitenbezeichnung für auf- und ablaufendes Wasser (bei Flut steigt, bei Ebbe sinkt der Pegelstand).

Tonne Schiffsraummaß, eine Registertonne = 2,83 m^3.

Topp obere Mastspitze, auch Topplicht, Toppsgast.

Törn auch Seetörn; Seereise in Verbindung des Gebiets, Zeit oder Schiffsart; Karibiktörn, 14-Tagetörn oder Windjammertörn, auch Abenteuertörn, Traumtörn...

trimmen seemännisch: Ladung richtig verstauen, auch Segel trimmen, um das Schiff, den Segler in gute Lage zu bringen.

Trosse auch Stahltrosse, armdickes Tau (Manilaleine), um ein Schiff festzumachen oder von einem Schlepper ziehen zu lassen.

Troyer dicker, wollener Seemanns-Rollkragenpullover.

Typhon Schiffssirene

verholen den Liegeplatz des Schiffs verändern.

Vollzeug Großsegler unter vollen Segeln.

vor dem Mast früher waren die Mannschaftslogis vor dem Mast.

Vorpiek vorderster Raum im Vorschiff.

Wanten starke Taue oder Drähte, die die Masten und Stenge seitlich und nach hinten abstützen.

Warschau! seemännischer Ausruf: Vorsicht

Wasserstag starker Stahldraht unter dem Bugspriet, siehe Stampfstock.

Webeleinen die geflochtenen Quersprossen im Want.

Wende auch wenden; Segler durch den Wind drehen, damit er den Wind von der anderen Segelseite bekommt.

Winsch Winde, siehe auch Spill/Ankerspill.

Wooling seemännisch: dichtes Durcheinander, wenn sich im Hafen viele Schiffe behindern, Taue, die auf dem Deck herumliegen und noch nicht aufgeschossen sind.

wriggen kleines Boot durch seitliches Hin- und Herbewegen eines Riemens in einer Gabel gelegen, vom Heck aus vorwärts bewegen.

Zampel auch Zampelbüttel; kleiner offener Seesack aus kräftigem Segeltuch, Tragebeutel für Werftarbeiter.

Zeising kleine Taustücke zum »Einpacken« und Befestigen eines Segels an der Rah oder Gaffelbaum.

1956 Torbay – Lissabon
1958 Brest – Las Palmas / Brest – La Coruña
1960 Oslo – Ostende / Cannes – Neapel
1962 Torbay – Rotterdam
1964 Plymouth – Lissabon – Bermudas – New York
1966 Southsea – Cherbourg / Falmouth – Skagen – Den Helder
1968 Göteborg – Orney-Inseln – Kristiansand – Harwich
1970 Amsterdam / Plymouth – Teneriffa – La Coruña
1972 Cowes – Skagen / Malmö – Travemünde – Kiel
1974 Darthmouth – La Coruña / Kopenhagen – Gdynia
1976 Portsmouth – Lissabon – Teneriffa – Bermudas – Newport – New York
1978 Göteborg – Fair Island – Oslo – Harwich
1980 Skagen – Amsterdam – Bremerhaven / Carthagena – Norfolk – Boston – Kiel – Karlskrona – Frederikshavn
1982 La Guaira – Philadelphia – Newport – Lissabon – Vigo – Southampton – Kiel
1984 St. Malo – Bermudas – Puerto Rico – Halifax – Quebec / Frederikshavn – Greenock
1986 Newcastle – Bremerhaven – Larvik – Göteborg
1987 Kiel – Norrköping – Stockholm – Rønne
1988 Karlskrona – Helsinki – Mariehamn – Kopenhagen
1989 London – Hamburg – Malmö – Travemünde
1990 Plymouth / La Coruña / Bordeaux / Amsterdam
1991 Milford Haven / Cork / Belfast / Aberdeen / Delfzijl
1992 Genua / Lissabon / Cadiz – Kanarische Inseln – San Juan – New York – Boston – Liverpool – Kiel – Karlskrona – Kotka – Tallinn – Gdynia
1993 Bremerhaven / Den Helder / Newcastle / Bergen / Larvik / Esbjerg / Amsterdam
1994 Rouen / Weymouth / La Coruña / Oporto
1995 Göteborg / Edinburgh / Bremerhaven / Frederikshavn / Amsterdam

Anlegemanöver der »Großherzogin Elizabeth« während des SAIL Bremerhaven '86.

Allen, Oliver E.; **»Die Seefahrer – Windjammer«**; Amsterdam 1980.

Bartholmes, Bernhard; **»Virgin Island – Nautischer Reiseführer«**; Hamburg 1987.

Bock, Bruno u. Paschburg, Hartmut; **»Sea Cloud – Die Story eines eleganten Luxusseglers«**; Herford 1979.

Bökemeier, Rolf u. Wagner, Gerd; **»Die letzten großen Segelschiffe«**; Lausanne 1982.

Botting, Douglas;; **»Die Seefahrer – Die Piraten«**; Amsterdam 1979.

Brennecke, Jochen; **»Windjammer«**; Herford 1980.

Brustat-Naval, Fritz; **»Die Kap Hoorn Saga«**, Göttingen 1975.

Buchheim, Lothar Günther; **»Das Segelschiff«**, Oldenburg 1982.

Burmester, Heinz;; **»Mit der Pamir um Kap Hoorn«**, Oldenburg 1974.

Dausien, Werner;; **»Taschenbuch der Schiffe«**, Hanau 1980.

Deimer, Petra;; **»Das Buch der Robben«**, Hamburg 1987.

Deimer, Petra; **»Das Buch der Wale«**, Hamburg 1988.

Deimer, Petra; **»Wale und Delphine«**, Hamburg 1989.

Dyson, John u. Christopher, Peter; **»Spirit of Sail«**, Stuttgart 1988.

Eisenack, Thomas und Marx, Horst; **»Hanse-Sail Rostock«**, Rostock 1991.

Furrer, Hans Jörg;; **»Die Vier- und Fünfmastrahsegler der Welt«**, Herford 1984.

Grobecker, Kurt u. Neumann, Peter;; **»Sea Cloud – Legende unter weißen Segeln«**, Hamburg 1986.

Grube, Frank u. Richter, Gerhard;; **»Das große Buch der Windjammer«**, Hamburg 1979.

Hampden, John; **»Sir Francis Drake, Pirat im Dienste der Queen«**, Stuttgart 1977.

Hauser, Heinrich; **»Die letzten Segelschiffe«**, Herford 1976.

Hollins, Holly; **»The Tallships are sailing«**, Newton A. London 1982.

Hugill, Stan; **»Windjammerlieder«**, Düsseldorf 1978.

Jürgen, Hans Peter; **»Abenteuer Walfang«**, Herford 1977.

Kabat, Henryk; **»Dar Pomorza«**, Warschau 1985.

Kruzenshtern, Adam Johann v.; **»Reise um die Welt«**, Reprint, Leipzig 1985.

Lloyd, Christopher; **»Atlas zur Seefahrtsgeschichte«**, Hamburg 1980.

Lorenz, Lothar; **»Sea Cloud – Sailors Daydream«**, Kiel 1992.

Lorenz, Lothar; **»Sea Cloud – Auf Erfolgskurs«**, Kiel 1987.

Neptun & Thetis. Die Galionsfigur der »Sir Francis Drake« als sie noch S. Y. »Godewind« hieß.

Lorenz, Lothar; »**Thor Heyerdahl – Portrait eines Windjammers**«, Kiel 1986.

Lysenko, N. J.; »**The Voice of the Sea**«, Moskau 1988.

Miller, Russell »**Die Seefahrer – Die Ostindienfahrer**«, Amsterdam 1980.

Nakamura, Tsuneo; »**Windjammer**«, Japan 1983.

Norden, Peter; »**Die größte Parade der Windjammer**«, München 1976.

Oesau, Wanda; »**Hamburgs Grönlandfahrt auf Walfischfang**«, Hamburg 1955.

Petersen, Hans u. Scheer, Wolfhard; »**Sail 86**«, Bremerhaven 1986.

Phillips-Birth, Douglas; »**The Love of sailing**«, London 1976.

Reich, Konrad u. Pagel, Martin; »**Himmelsbesen über weißen Hunden**«, Hamburg 1981.

Ried, Walter u. Lehmann, J. F.; »**Deutsche Segelschifffahrt seit 1470**«, München 1974.

Roth, Manfred; »**Erziehung auf Segelschiffen**«, Diplomarbeit, Frankfurt/M. 1991.

Scal le Yves; »**Segelschiffe – Photographien aus ihrer großen Zeit 1850-1920**«, Luzern 1977.

Schäuffelen, Otmar; »**Die letzten großen Segelschiffe**«, Bielefeld, versch. Jahrgänge.

Schneider, Dieter; »**Der Seemann**«, Reprint, Stuttgart 1981.

Schreiber, Herrmann »**Sir Francis Drake – Der Schrekken der Meere**«, Wien 1988.

Stackelberg, Hans Freiherr v.; »**Rahsegler im Rennen**«, Göttingen 1974.

Whipple, A. B. C.; »**Die Seefahrer – Die Klipper**«, Amsterdam 1981.

Wood, Peter »**Inselwelt der Karibik**«, Amsterdam 1976.

Worlitz, Jürgen; »**Windjammer – Gestern und Heute**«, Kiel 1980.

ZEITSCHRIFTEN

»**Der Albatros**« – Mitteilungsblatt der Cap Honiers, Bremen.

»**Hamburger Abendblatt**«

»**Kieler Nachrichten**«

»**Segler-Zeitung**«, Mitteilungsblatt Segler-Verband, Timmendorfer Strand.

»**Typhon**«, Zeitung des Thor-Heyerdahl-Vereins, Kiel.

Zu Beginn des Buches auf Seite 2:
Südamerikanischer Besuch bei der »Hans Sail '91« in Rostock, der Dreimastschoner »Capitan Miranda« unter Vollzeug und über die Toppen beflaggt.

Seite 3:
Tiefwassersegeln ist wie eine Droge – es macht süchtig nach dem Meer! Die »Sir Francis Drake« scheint wie ein »Fliegender Holländer« mit volen Segeln über die See zu fliegen.

Die Fotografien zu diesem Buch entstanden zwischen 1986 und 1992. Soweit es die Zeit zuließ und die Familie ein Einsehen zeigte, zog es mich hinaus aufs Meer, ... hinaus in die weite Welt! Während dieser Zeit habe ich unzählige Filme belichtet, noch mehr Flugkilometer und Meilen auf verschiedenen Schiffen zurückgelegt.

Den Personen, Institutionen, den Firmen und dem Verlag, die mich hilfreich bei meiner Arbeit unterstützten, sei hiermit recht herzlich gedankt. Vor allem haben aber die Eigner der Großsegler, die Kapitäne, Crews und Gastsegler zum Gelingen dieses Bildbandes beigetragen. Gleichwohl möchte ich an dieser Stelle stellvertretend Herrn Reichenbacher von Foto-Dose-Kiel Worte des Dankes entgegenbringen. Die fotografische Betreuung, die mir bei dieser Firma widerfuhr, ist an Kontinuität, Zuverlässigkeit und Schnelligkeit nicht zu überbieten. Nicht zuletzt schließe ich in meinen Dank auch die Verlegerin Frau Dr. Scholten ein. Ihr verdanke ich, daß sie mit ihrer Initiative und dem jahrelangen Vertrauen eine optimale Voraussetzung zum Erscheinen dieses großartigen Fotobildbandes schuf.

Ihnen allen, die mittelbar wie unmittelbar zum Gelingen des Projektes beigetragen haben, nochmals von der Waterkant ein herzliches Dankeschön und allzeit »fairwinds«!

Lothar Lorenz
Kiel, im Januar 1992